Lügner, die die Wahrheit sagen, der Klimawandel als apokalyptischer Weltenbrand, das Schöne und das Hässliche – kaum jemand kombinierte seine Beobachtungen zu Gesellschaft, Politik und Kultur zu so überraschenden Einsichten wie Umberto Eco. ›Auf den Schultern von Riesen‹ versammelt zwölf populäre Vorträge, die er bis kurz vor seinem Tod gehalten hat und in denen noch einmal alle Themen aufscheinen, die zeitlebens im Zentrum seines wissenschaftlichen, literarischen und essayistischen Schaffens standen. Das geistige Vermächtnis eines begnadeten Schriftstellers und Intellektuellen.

Umberto Eco, 1932 in Alessandria (Piemont) geboren, lehrte Semiotik an der Universität Bologna und lebte bis zu seinem Tod 2016 in Mailand. Der Roman ›Der Name der Rose‹ machte ihn weltberühmt, viele weitere Bücher folgten und wurden Bestseller. Eco war einer der bedeutendsten Schriftsteller und Wissenschaftler unserer Zeit. Für sein Werk wurde er mit nicht weniger als neunundvierzig Ehrendoktorwürden aus aller Welt geehrt.

Umberto Eco

Auf den Schultern von Riesen

Das Schöne, die Lüge und das Geheimnis

Aus dem Italienischen
von Martina Kempter und
Burkhart Kroeber

dtv

MIX
Papier aus verantwor-
tungsvollen Quellen
FSC® C002795

Ungekürzte Ausgabe 2020
2. Auflage 2021
dtv Verlagsgesellschaft mbH & Co. KG, München
© der deutschsprachigen Ausgabe:
Carl Hanser Verlag GmbH & Co. KG, München 2019
Titel der italienischen Originalausgabe:
›Sulle spalle dei giganti‹
© La nave di Teseo Editore, Mailand 2017
Das Werk ist urheberrechtlich geschützt.
Sämtliche, auch auszugsweise Verwertungen bleiben vorbehalten.
Für Inhalte von Webseiten Dritter, auf die in diesem Werk
verwiesen wird, ist stets der jeweilige Anbieter oder Betreiber
verantwortlich, wir übernehmen dafür keine Gewähr. Rechtswidrige
Inhalte waren zum Zeitpunkt der Verlinkung nicht erkennbar.
Umschlaggestaltung: dtv nach Entwürfen von
Peter-Andreas Hassiepen, München, und
La nave di Teseo; Motiv: William Blake, Newton, 1795–c. 1805;
London, Tate Gallery; Foto Scala, Florenz
Satz: Greiner & Reichel, Köln
Druck und Bindung: Livonia Print, Riga
Printed in Latvia · ISBN 978-3-423-34982-6

Inhalt

Editorische Notiz
zur italienischen Originalausgabe

Die hier veröffentlichten zwölf Texte verfasste Umberto Eco in den jeweils am Ende angegebenen Jahren für das Mailänder Kulturfestival La Milanesiana, wo er sie von 2001 bis 2015 in Form einer auch illustrierten *lectio magistralis* vortrug. Seit 2008 stand jeder Jahrgang der Milanesiana, wie ebenfalls jeweils am Ende vermerkt, unter einem bestimmten Thema, an das Eco sich hielt und das er mitunter selbst angeregt hatte.

Der erste, nicht illustrierte Vortrag »Auf den Schultern von Riesen« aus dem Jahr 2001 wird hier als Einleitung vorangestellt. Er vermittelt Ecos Sicht auf den Beitrag der Klassiker zu unserer Gegenwart sowie seine Auffassung von der Aufgabe des Intellektuellen.

Das letzte Kapitel »Darstellungen des Heiligen« wurde, obwohl ausdrücklich für La Milanesiana gedacht, dort nicht vorgetragen. Deshalb wurde es hier ans Ende gestellt.

In Ecos Vorträgen gibt es wiederkehrende Themen, die eher Leitmotive als Wiederholungen sind. Sie bezeugen vor allem seine nie erlahmende Aufmerksamkeit für die Fragen, die ihm am Herzen lagen.

Die redaktionellen Eingriffe beschränken sich auf einige wenige Anmerkungen und die Einfügung der Bilder, selbstverständlich·unter Berücksichtigung der Angaben des Autors.

Auf den Schultern von Riesen

D ie Geschichten von Zwergen und Riesen haben mich schon immer fasziniert. Allerdings ist die historische Fehde zwischen Zwergen und Riesen nur ein Kapitel des jahrtausendealten Kampfes zwischen Vätern und Söhnen, der auch uns noch, wie wir am Ende sehen werden, aus der Nähe betrifft.

Man braucht nicht die Psychoanalytiker zu bemühen, um zu erkennen, dass Söhne dazu neigen, ihre Väter zu töten – und nur um mich an die einschlägige Literatur zu halten, benutze ich hier die Maskulinformen, wohl wissend, dass es eine ebenfalls jahrtausendealte gute Gewohnheit ist, von den üblen Beziehungen zwischen Nero und Agrippina bis zu den Zeitungsmeldungen auf den Seiten Vermischtes, auch die Mütter zu töten.

Das Problem ist eher, dass es symmetrisch-parallel zum Angriff der Söhne auf die Väter immer auch den der Väter auf die Söhne gegeben hat. Ödipus erschlägt Laios, sei's auch schuldlos, aber Saturn verschlingt seine Söhne, und Medea kann gewiss nicht eine vorbildliche Mutter genannt werden. Lassen wir den armen Thyestes beiseite, der sich ahnungslos einen Big Mac aus dem Fleisch seiner Söhne zubereitet, aber auf soundso viele Erben des Throns von Byzanz, die ihre Väter blendeten, kommen in Konstantinopel ebenso viele Sultane, die sich nur dadurch vor einer zu frühen Nachfolge retten konnten, dass sie ihre Erstgeborenen umbrachten.

Der Konflikt zwischen Vätern und Söhnen kann auch gewaltlose, aber deshalb nicht minder dramatische Formen annehmen. Man kann sich auch gegen den Vater wenden, indem man ihn verhöhnt, denken wir nur an Ham, der Noah nach all dem vielen Wasser keinen Schluck Wein gönnt, worauf Noah bekanntlich mit einer Abschiebung der

rassistischen Art reagiert, indem er den respektlosen Sohn in die sogenannten unterentwickelten Länder verbannt. Und geben wir's zu,
ein paar Tausend Jahre endemischen Hungers und Versklavung als
Strafe für eine Ungehörigkeit gegenüber dem Papa, der zu tief ins Glas
geschaut hat, sind entschieden zu viel. Oder denken wir an die Bereit-
schaft Abrahams, seinen Sohn Isaak zu opfern: Auch wenn man sie als
sublimes Beispiel für Unterwerfung unter den Willen Gottes betrachtet, würde ich sagen, dass Abraham seinen Sohn als sein Eigentum behandelt, über das er nach Belieben verfügen kann – doch den eigenen
Sohn als Opfer zu schlachten, um sich Jahwes Gunst zu erwerben, ist
das die Art, wie man sich nach unseren moralischen Regeln verhält? –
Zum Glück hatte Jahwe nur einen Scherz gemacht, aber das wusste
Abraham nicht. Dass Isaak dann vom Unglück verfolgt wird, können
wir daran sehen, was ihm widerfährt, als er seinerseits Vater geworden
ist: Zwar tötet ihn sein Sohn Jakob nicht, aber er stibitzt von ihm das
Erstgeburtsrecht durch einen fiesen Trick, indem er seine Blindheit
ausnutzt, eine Kriegslist, die vielleicht noch schmachvoller ist als ein
schöner Vatermord.

Jede *querelle des anciens et des modernes* steht im Zeichen eines sym-
metrisch-parallelen Kampfes. Bei derjenigen im 17. Jahrhundert, deren
Namen wir uns hier entlehnen, haben Perrault oder Fontenelle stets
behauptet, dass die Werke ihrer Zeitgenossen reifer seien als die der
Alten und somit besser (und darum bevorzugten die *poètes galants* und
die *esprits curieux* die neuen Formen der Erzählung und des Romans),
aber zum *Streit zwischen den Alten und den Modernen* kam es dann deshalb, weil Boileau und alle, die sich für die Nachahmung der Alten
einsetzten, machtvoll dagegen protestierten.

Wo immer es einen solchen Streit gibt, widersprechen den Innovatoren die *laudatores temporis acti*, die Verehrer der guten alten Zeiten,
und oft entsteht das Lob der Neuheit und des Bruchs mit der Vergangenheit gerade als Reaktion auf den verbreiteten Konservatismus.
Gab es zu unserer Zeit in Italien die *Poeti Novissimi*, so haben wir doch
alle in der Schule gelernt, dass es vor zweitausend Jahren die *poetae*

novi gegeben hat. Zur Zeit von Catull existierte das Wort *modernus* noch nicht, aber *novi* nannten sich diejenigen Dichter, die sich auf die griechische Lyrik beriefen, um gegen die lateinische Tradition zu opponieren. Ovid schreibt in der *Ars amatoria* (III, 121 f.): *prisca iuvent alios*, »ich überlasse die Vergangenheit den anderen«, *ego me nunc denique natum gratulor; haec aetas moribus apta meis*, »ich bin stolz darauf, heute geboren zu sein; diese Zeit passt zu mir«, da sie, so Ovid weiter, verfeinerter sei und nicht so rustikal wie die früheren. Dass diese Neuen jedoch den Laudatoren der alten Zeiten Verdruss bereiteten, ruft uns Horaz in Erinnerung (*Epistulae* II, 1, 75 ff.), der statt *modernus* das Zeitadverb *nuper*, »neulich, dieser Tage«, benutzt, um auszudrücken, dass es empörend sei, ein Buch nicht wegen fehlender Eleganz zu verurteilen, *sed quia nuper*, sondern weil es erst dieser Tage erschienen sei. Das ist dann genau die Haltung von heute, wenn in Rezensionen neuer Werke beklagt wird, heutzutage würden keine Romane mehr geschrieben, wie man sie früher kannte.

Der Ausdruck *modernus* kommt genau zu der Zeit auf, als das endet, was wir Antike nennen, also gegen Ende des 5. Jahrhunderts, als ganz Europa in die Zwischenzeit jener wirklich dunklen Jahrhunderte fällt, die der karolingischen Renaissance vorangehen und uns als die am wenigsten modernen aller Zeiten erscheinen.

Genau in jenen *Dark Ages*, in denen die Erinnerung an die einstige Größe verblasst und nur verkohlte und zerfallene Trümmer davon bleiben, breitet sich die Erneuerung aus, auch ohne dass die Erneuerer sich dessen immer bewusst sind. Denn genau da beginnen die neuen europäischen Sprachen sich zu etablieren, vielleicht das innovativste und folgenreichste Ereignis der letzten zweitausend Jahre. Parallel dazu wandelt sich das klassische Latein zum Mittellatein. In dieser Zeit tauchen die Anzeichen eines Innovationsstolzes auf.

Erster Akt dieses Stolzes ist, dass man offen zugibt, ein neues Latein zu erfinden, ein Latein, das nicht mehr das der alten Römer ist. Nach dem Zerfall des Römischen Reiches erleidet der alte Kontinent eine Abnahme der Bevölkerung, eine schwere Krise der Landwirtschaft, die

Zerstörung der großen Städte und den Verfall der römischen Straßen und Aquädukte. In einem von Wäldern bedeckten Europa sehen Mönche, Poeten und Miniaturenmaler die Welt als eine *selva oscura*, einen dunklen Wald voller Monsterwesen. Gregor von Tours beklagte seit 580 das Ende der Literatur, und ich weiß nicht mehr, welcher Papst sich fragte, ob die in Gallien vorgenommenen Taufen noch gültig waren, seit man dort *in nomine Patris et Filiae* (sic, also der Tochter) *et Spiritus Sancti* taufte, weil auch die Priester nicht mehr richtig Latein konnten. Doch zwischen dem 7. und 10. Jahrhundert entwickelte sich dann das, was man die »hisperische Ästhetik« genannt hat, ein Stil, der sich von Spanien über Gallien bis zu den britischen Inseln und nach Irland ausdehnte. Die klassisch-lateinische Tradition hatte diesen Stil noch als »asianisch« und später »afrikanisch« bezeichnet (und abgelehnt), im Gegensatz zur Ausgewogenheit des »attischen« Stils. Am asianischen Stil verurteilte man das, was die klassische Rhetorik *kakozelon* oder *mala affectatio*, »schlechten Eifer« nannte, das heißt die Affektiertheit und die Vorliebe für das Ausgefallene. Als Beispiel dafür, wie sich die Kirchenväter zu Anfang des 5. Jahrhunderts über Fälle dieser *mala affectatio* empörten, lese man diese Schmährede des hl. Hieronymus (*Adversus Jovinianum* I):

> Es gibt heutzutage so viele barbarische Schreiber und so viele
> durch stilistische Laster entstellte Reden, dass man nicht mehr
> versteht, wer da spricht, noch wovon die Rede ist. Alles bläht
> sich auf und erschlafft wieder, wie eine kranke Schlange, die
> zusammenbricht, während sie sich aufzubäumen versucht. Alles
> verknäuelt sich zu unentwirrbaren Wörterknoten, sodass man
> mit Plautus ausrufen möchte: »Das versteht ja niemand außer der
> Sibylle!« Was sollen all diese Wortungetüme?

Doch was die klassische Tradition als »Laster« ansah, wird für die hisperische Poetik zur Tugend. Der hisperische Stil gehorcht nicht mehr den Gesetzen der Syntax und der traditionellen Rhetorik; die Regeln des Rhythmus und Metrums werden verletzt, um Listen nach barocker Manier zu erstellen. Lange Alliterationsketten, die der klassische

Geschmack als kakophonisch verurteilt hätte, erzeugen nun eine neue Musik, und der angelsächsische Bischof Aldhelm von Malmesbury steigert sich bis zur Bildung von Sätzen, in denen möglichst jedes Wort mit demselben Buchstaben anfängt (*Brief an König Aldfrid von Northumbrien*, PL 89, 159): *Primitus pantorum procerum praetorumque pio potissimum paternoque praesertim privilegio panegyricum poemataque passim prosatori sub polo promulgantes* und so weiter.

Der hisperische Wortschatz bereichert sich mit unglaublichen Kreuzungen aus hebräischen und hellenistischen Ausdrücken, die Texte verdichten sich durch Kryptogramme und Rätsel, die jedem Bemühen um Übersetzung hohnsprechen. Hatte die klassische Ästhetik als Ideal die Klarheit, so wird das Ideal der hisperischen nun die Dunkelheit. Strebte der klassische Stil nach ausgewogenen Proportionen, so bevorzugt der hisperische Stil die Komplexität, den Überfluss an Epitheta und Paraphrasen, das Gigantische, Monströse, Unbändige, Maßlose und Wunderbare. Um die Wellen des Meeres zu bezeichnen, treten Adjektive wie *astriferus* oder *glaucicomus* auf, und man schätzte auch Neologismen wie *pectoreus, placoreus, sonoreus, alboreus, propriferus, flammiger, gaudifluus* ...

Es sind die gleichen lexikalischen Erfindungen, die im 7. Jahrhundert von Virgilius Grammaticus in seinen *Epitomae* und *Epistolae* gepriesen werden. Dieser verrückte Grammatiker aus Bigorre bei Toulouse zitierte angebliche Passagen von Cicero und seinem Namensvetter Vergil (dem richtigen, dem Dichter), die unmöglich von diesen Autoren stammen konnten, aber dann entdeckt oder errät man, dass er einem Rhetorenzirkel angehörte, dessen Mitglieder sich die Namen klassischer Autoren zugelegt hatten, aber unter diesen falschen Namen ein Latein schrieben, das alles andere als klassisch war, wofür sie sich dann rühmten. Virgilius von Bigorre erschuf eine sprachliche Welt, die aussieht, als wäre sie der Fantasie eines Edoardo Sanguineti entsprungen, obwohl es vermutlich umgekehrt war. So behauptete er, es gebe zwölf verschiedene Arten von Latein, und in jeder von ihnen könne das Feuer anders heißen, nämlich *ignis, quoquihabin, ardon, calax, spiridon,*

rusin, fragon, fumaton, ustrax, vitius, siluleus und *aeneon* (*Epitomae* I, 4).
Die Schlacht werde *praelium* genannt, weil sie auf dem Meer stattfinde
(das *praelum* heiße, weil es dank seiner Weite die Suprematie oder das
praelatum des Wunderbaren habe, *Epitomae* IV, 10). Zugleich wurden
aber die Regeln der lateinischen Sprache selbst infrage gestellt, und
man erzählte sich, die Grammatiker Galbungus und Terentius hätten
vierzehn Tage lang pausenlos über den Vokativ von *ego* disputiert – ein
Problem von größter Wichtigkeit, galt es doch zu bestimmen, wie man
sich selbst emphatisch anreden soll (*O egone, recte feci?* – »O ich, habe
ich recht getan?«).

Aber kommen wir nun zu denen, die nicht Latein, sondern in ihren
Volkssprachen schrieben, den sogenannten *volgari*. Gegen Ende des
5. Jahrhunderts sprach das Volk nicht mehr Latein, sondern gallo-
romanisch, italo-romanisch, hispano-romanisch oder balkan-roma-
nisch. Das waren gesprochene Sprachen, die noch nicht geschrieben
wurden, und doch feiert man schon vor den *Serments de Strasbourg*
(842) und der *Carta Capuana* (960–63) die sprachliche Innovation. Und
in denselben Jahrhunderten liest man unter dem Eindruck der Spra-
chenvielfalt die Geschichte vom Turm zu Babel neu und sieht in ihr
gewöhnlich ein Zeichen von Unglück und Verdammnis. Doch es gibt
auch schon Leute, die es wagen, in der Geburt neuer Volkssprachen ein
Zeichen von Modernität und Perfektionierung zu sehen.

Im 7. Jahrhundert versuchen einige irische Grammatiker, die Vorzüge des Gälischen gegenüber der lateinischen Grammatik zu definieren. In einem Werk mit dem Titel *Die Fibel der Gelehrten* berufen sie sich
direkt auf den Bau des Turms zu Babel: So wie beim Bau dieses Turms
acht oder neun (je nach Überlieferung) Materialien verwendet worden
seien, nämlich Ton und Wasser, Wolle und Blut, Holz und Kalk, Pech,
Leinen und Teer, so seien bei der Bildung des Gälischen acht bis neun
Wortarten benutzt worden: Nomen, Pronomen, Verb, Adverb, Partizip,
Konjunktion, Präposition und Interjektion. Die Parallele ist vielsagend:
Es wird erst Hegel kommen müssen, um im Mythos vom Turm zu Babel wieder ein positives Modell zu finden. Die irischen Grammatiker

behaupten, das Gälische stelle das erste und einzige Beispiel einer Überwindung der babylonischen Sprachverwirrung dar. Seine Schöpfer hätten durch ein Verfahren, das wir heute *cut and paste* nennen würden, das Beste aus jeder Sprache für jedes Ding genommen, für das es in anderen Sprachen noch keinen Namen gab, und hätten es so zusammengefügt, dass es eine Einheit in Form, Wort und Sache ergab.

Mit noch viel größerem Selbstbewusstsein hinsichtlich seines Unternehmens und seiner Würde betrachtet sich ein paar Jahrhunderte später Dante als ein Erneuerer, nämlich als Erfinder einer neuen Volkssprache. Angesichts der Vielzahl italienischer Dialekte, die er mit der Genauigkeit eines Linguisten analysiert, aber auch mit der Überheblichkeit und manchmal sogar Verachtung des Dichters, der nie bezweifelt, der größte von allen zu sein, kommt er zu dem Schluss, dass es darum gehe, ein *volgare illustre* zu erschaffen, eine erleuchtete Volkssprache, die zugleich *cardinale* (als Bezugspunkt und Regel fungierend), *regale* (eines Königs würdig, sollten die Italiener je einen haben) und *curiale* (als Sprache des Hofes, des Rechts und der Weisheit geeignet) sein müsse. In seiner Abhandlung *De vulgari eloquentia* legt er die Kompositionsregeln dieses einzigen wahren *volgare illustre* dar, der poetischen Sprache, als deren Begründer sich Dante sieht und die er den Sprachen der babylonischen Verwirrung entgegenstellt als eine, die zu der ursprünglichen Affinität mit den Dingen zurückfindet, wie sie der adamitischen Sprache zu eigen war. Diese illustre Volkssprache, nach der Dante »auf der Jagd wie nach einem Panther« ist, steht für eine Restauration der Sprache Edens, sodass sie die Wunde nach Babel heilen kann. Aus dieser kühnen Konzeption seiner Rolle als Restaurator der vollkommenen Sprache ergibt sich, dass Dante, anstatt die Vielfalt der Sprachen zu beklagen, deren fast biologische Kraft hervorhebt, ihre Fähigkeit, sich zu erneuern und mit der Zeit zu verändern. Gerade aufgrund dieser so beteuerten sprachlichen Kreativität kann er sich vornehmen, eine perfekte moderne und natürliche Sprache zu erfinden, ohne sich auf die Jagd nach verlorenen Vorbildern zu machen wie zum Beispiel dem ursprünglichen Hebräisch. Dante bewirbt sich für die Rolle eines neuen (und perfekteren) Adam. Verglichen mit diesem dantischen Stolz klingt Arthur Rimbauds ein wenig später verkündetes Programm, »*il faut être absolument moderne*« [es gilt absolut modern zu sein] veraltet. Im Kampf zwischen Vätern und Söhnen ist Dantes Anfang »*Nel mezzo del cammin di nostra vita*« [In der Mitte unseres Lebensweges, bzw. Dem Höhepunkt unseres Lebens nahe] um einiges vatermörderischer als Rimbauds *Saison in der Hölle*.

Den vielleicht ersten Fall eines Kampfes zwischen Generationen, in dem explizit der Ausdruck *modernus* auftaucht, finden wir nicht auf dem Gebiet der Literatur, sondern auf dem der Philosophie. Hatte das frühe Mittelalter sich noch an Texten des späten Neoplatonismus als seinen primären philosophischen Quellen orientiert, an Augustinus und jenen aristotelischen Schriften, die es *Logica vetus* nannte, so traten ab dem 12. Jahrhundert allmählich andere aristotelische Texte in den Fokus der scholastischen Bildung, Texte wie die *Erste* und die *Zweite Analytik*, die *Topik* und die *Sophistischen Widerlegungen*, die dann als *Logica nova* bezeichnet wurden. Doch nach diesem Anstoß ging man von einem lediglich metaphysischen und theologischen Diskurs zur Erforschung all jener Subtilitäten des Räsonnements über, die unsere heutige Logik als die lebendigste Hinterlassenschaft des mittelalterlichen Denkens studiert, und so entstand jene Logik, die man (mit dem offenkundigen Stolz jeder Innovationsbewegung) als *Logica modernorum* definierte.

Wie neuartig diese *Logik der Modernen* gegenüber dem theologischen Denken der Vergangenheit war, sehen wir daran, dass die Kirche nur Denker wie Anselm von Canterbury, Thomas von Aquin und Bonaventura heiliggesprochen hat, nie aber einen Vertreter der modernen Logik. Nicht dass diese als Ketzer galten. Sie beschäftigten sich nur, während es um die theologischen Debatten der vergangenen Jahrhunderte ging, mit anderen Dingen – heute würden wir sagen, sie beschäftigten sich mit der Funktionsweise unseres Verstandes. Sie waren mehr oder weniger bewusst dabei, ihre Väter zu töten, genau wie die

Philosophie des Humanismus dann versuchen sollte, sie, die nun überholten Modernen, zu töten (wobei es ihr jedoch nur gelang, sie in die Hörsäle der Universitäten zu verbannen, wo unsere heutigen Universitäten sie dann wiederentdecken sollten).

In allen hier genannten Fällen wird jedoch deutlich, dass jeder Akt der Erneuerung und der Opposition gegen die Väter stets durch den Rückgriff auf einen Vorfahren erfolgt, den man für besser als den zu tötenden Vater erklärt und als Bezugsgröße nimmt. Die *poetae novi* wandten sich gegen die lateinische Tradition, indem sie sich auf die griechische Lyrik bezogen, die hisperischen Dichter und Virgilius Grammaticus schufen sich ihre hybriden Sprachmodelle, indem sie sich keltischer, westgotischer, hellenistischer und hebräischer Elemente bedienten, die irischen Grammatiker feierten eine Sprache, die sich dem Latein entgegenstellte, weil es eine Collage aus deutlich älteren Sprachen war, Dante brauchte einen so starken Vorfahren wie den römischen Dichterfürsten Vergil, und die *Logica modernorum* verdankte ihre Modernität der Wiederentdeckung des verlorenen Aristoteles.

Ein im Mittelalter recht häufiger Topos war der Glaube, dass die Menschen früher schöner und größer gewesen seien. Eine Annahme, die heute ganz und gar unhaltbar wäre – man sehe sich nur die Länge der Betten an, in denen Napoleon schlief –, die aber damals vielleicht nicht ganz unsinnig war; und zwar nicht nur, weil das Bild, das man von der Antike hatte, von Statuen als Ehren- und Ruhmesmalen geprägt war, die den zu Rühmenden um viele Zentimeter vergrößerten, sondern auch, weil es nach dem Fall des Römischen Reiches eine jahrhundertelange Entvölkerung und Hungersnot gab, sodass die Kreuz- und Gralsritter, die wir in unseren heutigen Kinos sehen, in Wirklichkeit höchstwahrscheinlich viel kleiner waren als die siegreichen Ritter unserer Zeiten. Alexander der Große war bekanntlich ein Knirps, aber Vercingetorix war vermutlich größer als König Artus. Als symmetrisches Gegenbild dazu gab es, von der Bibel bis zur Spätantike und darüber hinaus, den Topos vom *puer senilis*, einem Jugendlichen, in dem sich die Vorzüge der Jugend mit allen Tugenden des Alters verbanden.

Nun mag es zwar so scheinen, als sei das Lob der antiken Größe ein Ausdruck konservativer Gesinnung und innovativ dagegen das Modell jener »Klugheit des Greises im Jungen«, die Apuleius preist (*senilis in iuvene prudentia, Florida* IX, 38). Aber dem ist nicht so. Das Lob der Ältesten ist die Geste, mit der die Innovatoren sich daranmachen, die Gründe ihrer Innovation in einer Überlieferung zu suchen, die ihre Väter vergessen haben.

Abgesehen von den wenigen hier zitierten Fällen, vor allem von Dantes Stolz, nahm man sich im Mittelalter vor, wahre Dinge zu sagen, deren Wahrheit dadurch bezeugt wurde, dass sie von einer früheren *auctoritas* gesagt worden waren – was so weit ging, dass, wenn man befürchtete, die *auctoritas* werde diese neue Idee womöglich nicht unterstützen, man sich nicht scheute, ihre Aussagen entsprechend zu manipulieren, denn die *auctoritas* hat, wie Alain de Lille im 12. Jahrhundert sagte, eine wächserne Nase – sie konnte verschieden ausgelegt werden.

Wir müssen uns anstrengen, diesen Sachverhalt recht zu verstehen, denn seit Descartes ist der Philosoph jemand, der mit dem bisherigen Wissen Tabula rasa macht und sich – wie Jacques Maritain sagte – als ein »Debütant im Absoluten« präsentiert. Jeder heutige Denker (zu schweigen von den Dichtern oder Romanschriftstellern oder Malern), der ernst genommen werden will, muss irgendwie zeigen, dass er etwas anderes zu sagen hat als seine unmittelbaren Vorgänger, und selbst wenn das nicht der Fall ist, muss er zumindest so tun, als ob. Nun, und die Scholastiker taten genau das Gegenteil. Sie begingen die dramatischsten Vatermorde, bildlich gesprochen, wobei sie jedoch behaupteten und zu beweisen versuchten, dass sie nur exakt wiederholten, was ihre Väter gesagt hatten. Thomas von Aquin hat für seine Zeit die christliche Philosophie revolutioniert, aber jedem, der ihm das hätte vorwerfen wollen (und es hat Leute gegeben, die das versucht haben), hätte er ohne zu zögern erwidert, er wiederhole nur, was acht Jahrhunderte vor ihm der heilige Augustinus gesagt hatte. Und das wäre weder Lüge noch Heuchelei gewesen. Der mittelalterliche Denker dachte einfach nur, dass es richtig sei, die Meinungen seiner Vorgänger da und dort zu korrigieren, wenn ihm schien, dass er, gerade dank ihrer Vorarbeit, klarer sehe als sie. Und hierauf fußt nun der Aphorismus, den ich diesem Vortrag als Titel gegeben habe, der Spruch von den Zwergen auf den Schultern von Riesen:

Dicebat Bernardus Carnotensis nos esse quasi nanos gigantium humeris insidentes, ut possimus plura eis et remotiora videre, non utique proprii visus acumine, aut eminentia corporis, sed quia in altum subvehimur et extollimur magnitudine gigantea.

[Also sprach Bernhard von Chartres, wir sind wie Zwerge, die auf den Schultern von Riesen sitzen, sodass wir mehr als sie und weiter sehen können, nicht weil wir scharfsichtiger oder größer wären, sondern weil die Größe der Riesen uns hochhebt und über sie hinausschauen lässt.]

Wer ein Verzeichnis der Quellen dieses Ausspruchs haben möchte, kann fürs Mittelalter auf das Büchlein *Nani sulle spalle di giganti* von Édouard Jeauneau zurückgreifen,[1] aber unterhaltsamer, ausschweifender und anregender ist die Monografie *On the Shoulders of Giants*, die 1965 von einem der größten zeitgenössischen Soziologen verfasst wurde, nämlich von Robert K. Merton.[2] Dieser war eines Tages fasziniert von der Formulierung, in der Isaac Newton den Aphorismus 1675 in einem Brief an Robert Hooke zitierte: »If I have seen further it is by standing on ye shoulders of Giants«, und so machte er sich auf die Suche nach den Quellen, um die Geschichte dieses Ausspruchs durch die Jahrhunderte zu verfolgen und in einer Reihe von gelehrten Abschweifungen darzulegen, die er von Auflage zu Auflage mit Zusätzen und Notizen erweiterte, bis er das Buch, nachdem es 1991 ins Italienische übersetzt worden war (wozu er mich liebenswürdigerweise um ein Vorwort gebeten hatte), schließlich 1993 noch einmal als »The postitalianate edition« vorlegte.

Den Spruch von den Zwergen und Riesen hat, so jedenfalls berichtet es Johannes von Salisbury in seinem *Metalogicon* (III, 4), dessen Lehrer Bernhard von Chartres im 12. Jahrhundert geprägt. Vielleicht war Bernhard nicht der Erste, denn der Gedanke (wenn nicht die Zwerg-Metapher) taucht bereits sechs Jahrhunderte vorher bei Priscian auf, und als Bindeglied zwischen Priscian und Bernhard könnte Wilhelm von Conches fungieren, der in seinen *Glossen zu Priscian* von Zwergen und Riesen spricht, sechsunddreißig Jahre vor Johannes von Salisbury. Doch was uns hier interessiert, ist, dass nach Johannes von Salisbury der Aphorismus ein bisschen überall auftaucht: 1160 in einem Text der Schule von Laon, um 1185 bei dem dänischen Historiker Svend Aggesen, bei Gérard de Cambrai, Raoul de Longchamp, Gilles de Corbeil, Gérard d'Auvergne, im 14. Jahrhundert bei Alexandre Ricat, dem Leibarzt des Königs von Aragon, zwei Jahrhunderte später in den Werken von Ambroise Paré und im 17. Jahrhundert bei einem Naturwissenschaftler und Arzt wie Daniel Sennert und dann bei Newton. Tullio Gregory verzeichnet ein Auftreten des Aphorismus bei Gassendi (*Scetticismo e empirismo. Studio su Gassendi*, 1961), aber man könnte mindestens bis zu Ortega y Gasset weitergehen, der in seinem Essay »En torno a Galileo« (*Obras completas*, V, Madrid 1947, S. 45), wo er über die Abfolge der Generationen spricht, von den Menschen sagt, sie stünden »einer auf den Schultern des anderen, und wer am höchsten steht, genießt den Eindruck, die anderen zu beherrschen, doch er sollte spüren, dass er gleichzeitig ihr Gefangener ist«. Andererseits finde ich in Jeremy Rifkins Buch *Entropy* (1980)[3] ein Zitat von Max Gluckman, das lautet: »Wissenschaft ist jede Art von Disziplin, in der auch ein Dummkopf der jetzigen Generation übertreffen kann, was ein Genie der vorherigen Generation erreicht hat.« Zwischen diesem Zitat und dem, das Bernhard von Chartres zugeschrieben wird, liegen acht Jahrhunderte, und in dieser Zeit hat sich etwas getan: Ein Ausspruch, der sich auf das Verhältnis zu den Vätern im philosophischen und theologischen Denken bezog, ist zu einem Ausspruch über den progressiven Charakter der Naturwissenschaft geworden.

In seiner mittelalterlichen Entstehungszeit wurde der Aphorismus populär, weil er es erlaubte, den Konflikt zwischen Generationen auf eine scheinbar nicht revolutionäre Weise zu lösen. Die Alten sind verglichen mit uns gewiss Riesen, aber wir sitzen, obwohl wir Zwerge sind, auf ihren Schultern, das heißt, wir profitieren von ihrer Weisheit, und daher können wir weiter sehen als sie. War dieser Ausspruch ursprünglich demütig oder hochmütig gemeint? Wollte er sagen, dass wir wissen, sei's auch ein wenig besser, was uns die Alten gelehrt haben, oder dass wir, sei's auch dank dem, was wir den Alten schulden, sehr viel mehr wissen als sie?

Da eines der wiederkehrenden Themen des mittelalterlichen Denkens die fortschreitende Vergreisung der Welt ist, könnte man Bernhards Diktum auch in dem Sinne interpretieren, dass wir Jüngeren zwar, da *mundus senescit*, schneller alt werden als unsere Vorfahren, aber dank ihnen wenigstens etwas verstehen oder tun können, was ihnen noch nicht zu verstehen oder zu tun gelungen war. Bernhard von Chartres formulierte das Diktum im Rahmen einer Debatte über Grammatik, in der es um das Konzept der Kenntnis und Imitation des Stils der antiken Autoren ging, doch wie Johannes von Salisbury bezeugt, warf er dabei seinen Schülern vor, dass sie die antiken Autoren sklavisch kopierten, und sagte, die Herausforderung sei nicht, genauso zu schreiben wie sie, sondern von ihnen zu lernen, wie man genauso *gut* schreibt wie sie, damit die nach uns Kommenden sich an uns orientieren, so wie wir uns an den Vorfahren orientieren. Daher enthielt sein Aphorismus, wenn auch nicht in den Begriffen, in denen wir ihn heute lesen, einen Appell an die Autonomie und den Mut zur Innovation.

Im Kern hieß die Aussage: »Wir sehen weiter als unsere Vorfahren.« Dabei ist das »weiter« offenkundig räumlich gemeint und impliziert das Bild eines Marsches zum Horizont. Wir können nicht vergessen, dass die Geschichte, verstanden als fortschreitende Bewegung, von der Schöpfung zur Erlösung und von dieser zur Rückkehr des triumphierenden Christus, eine Erfindung der Kirchenväter ist – weshalb, ob es uns gefällt oder nicht, ohne Christentum (sei's auch mit dem jüdischen Messianismus im Rücken) weder Hegel noch Marx von dem hätten sprechen können, was Leopardi skeptisch als »le magnifiche sorti e progressive« sah.*

Der Aphorismus entstand im frühen 12. Jahrhundert. Seit weniger als einem Jahrhundert war damals eine Debatte verstummt, die in der christlichen Welt seit den ersten Lektüren des Buches der Apokalypse begonnen und bis zu den Schrecken des Jahres Tausend angehalten hatte – nicht als Massenbewegung, aber präsent in der ganzen mittelalterlichen Endzeitliteratur und in vielen mehr oder minder verdeckten häretischen Strömungen: der *Millenarismus*, sprich die neurotische Erwartung eines apokalyptischen Zeitenendes. Als Bernhard den Aphorismus prägte, gab es diese Erwartung zwar noch in vielen häretischen Bewegungen, aber aus dem orthodoxen Diskurs war sie verschwunden. Man bewegte sich weiter hin zu einer finalen Parusie im Sinne einer endgültigen Wiederkunft Christi, aber diese galt nun als idealer Endpunkt einer Geschichte, die insgesamt positiv gesehen wurde. Die Zwerge wurden zum Symbol dieses erwartungsfrohen Marsches in die Zukunft.

Mit dem Auftritt der Zwerge im Mittelalter beginnt die Geschichte der Moderne als Innovation, die ihre Innovationskraft daraus bezieht, dass sie wieder an die vergessenen Modelle der Väter anknüpft. Nehmen wir zum Beispiel die kuriose Situation der ersten Humanisten und jener Philosophen wie Pico della Mirandola oder Marsilius Ficinus. Sie sind die Vorkämpfer – so haben wir es in der Schule gelernt – einer Schlacht gegen die mittelalterliche Welt, und mehr oder weniger zu dieser Zeit kommt das Wort »gotisch« auf, mit keineswegs nur positiven Konnotationen. Jedoch, was tut der wiedergeborene Platonismus? Er bringt Platon gegen Aristoteles in Stellung, er entdeckt das *Corpus*

---

* »Die großartigen und fortschrittlichen Geschicke (der Menschheit)«, eine sarkastische Formulierung in Giacomo Leopardis vorletztem Langgedicht *La ginestra* (I, 51), die in Italien zum geflügelten Wort geworden ist, um Kritik an platter Fortschrittsrhetorik und -propaganda zu üben (A.d.Ü.).

hermeticum oder die *Chaldäischen Orakel*, er konstruiert ein neues Wissen auf einer *sapientia prisca*, einer uralten Weisheit, die sogar noch hinter Christus zurückgeht. Humanismus und Renaissance sind kulturelle Bewegungen, die gemeinhin als revolutionär verstanden werden, die jedoch ihre Strategie der Erneuerung auf einen der reaktionärsten Handstreiche gründen, den es jemals gegeben hat, wenn man unter reaktionärer Haltung in der Philosophie eine Rückkehr zur zeitlosen Überlieferung versteht. Wir haben es also mit einem Vatermord zu tun, der die Väter durch Rückgriff auf die Großväter abräumt und auf deren Schultern sitzend versucht, die wiedergeborene Vision des Menschen als Mitte des Kosmos zu rekonstruieren.

Es ist dann vermutlich die Naturwissenschaft des 17. Jahrhunderts, mit der sich die okzidentale Kultur bewusst macht, dass sie die Welt auf den Kopf gestellt und somit das Wissen nun wirklich revolutioniert hat. Aber der Ausgangspunkt dieses Prozesses, die kopernikanische Hypothese, berief sich auf platonische und pythagoräische Reminiszenzen. Die Jesuiten der Barockzeit versuchten dann, eine alternative Moderne gegenüber der kopernikanischen zu errichten, indem sie antike Schriften und Kulturen des fernen Ostens wiederentdeckten. Isaac La Peyrère, ein überzeugter Häretiker, hatte zu demonstrieren versucht (indem er die biblische Chronologie über den Haufen warf), dass die Welt schon lange vor Adam begonnen habe, nämlich in den Meeren vor China, und dass folglich die Inkarnation nur eine zweitrangige Episode in der Geschichte dieses unseres Planeten sei. Giambattista Vico sah die gesamte menschliche Geschichte als einen Prozess, der uns durch die Riesen von einst dazu bringt, endlich mit klarem Kopf nachzudenken. Die Aufklärung empfand sich als radikal modern, und gleichsam als Kollateralschaden tötete sie den Vater dann wirklich, indem sie Louis XVI. als Sündenbock nahm. Aber auch hier, man lese nur Diderots und d'Alemberts *Encyclopédie*, waren die Riesen von einst sehr gefragt. In der *Encyclopédie* gibt es Tafeln voller Maschinen, mit denen die neue Manufakturindustrie gefeiert wird, aber sie hat auch keine Scheu vor »revisionistischen« Artikeln (revisionistisch in dem

Sinn, dass sie als fleißiger Zwerg die Geschichte neu liest), in denen antike Lehren ausführlich dargelegt werden.

Die großen kopernikanischen Revolutionen des 19. Jahrhunderts berufen sich stets auf vorangegangene Riesen. Kant hat es nötig, dass Hume ihn aus seinem dogmatischen Schlaf weckt; die Romantiker bereiten sich auf den Sturm vor, indem sie die Nebel und Schlösser des Mittelalters wiederentdecken; Hegel bestätigt definitiv den Primat des Neuen gegenüber dem Alten, indem er die Geschichte als Vervollkommnungsbewegung ohne Schlacken und Nostalgien sieht; Marx liest die ganze Geschichte des menschlichen Denkens neu und entwickelt seinen Materialismus, indem er, in seiner Dissertation, von Epikur und den altgriechischen Atomisten ausgeht; Darwin tötet seine biblischen Väter, indem er die großen Menschenaffen zu Riesen erklärt, auf deren Schultern die Menschen einst von den Bäumen herabstiegen, um sich, noch voller Staunen und Wildheit, dabei wiederzufinden, jenes Wunder der Evolution zu verwalten, das der frei bewegliche Daumen ist. In der zweiten Hälfte des 19. Jahrhunderts entsteht eine künstlerische Erneuerungsbewegung, die sich fast gänzlich in einer Wiederaneignung der Vergangenheit erschöpft, von den Präraffaeliten bis zu den Décadents. Die Wiederentdeckung einiger ferner Vorväter dient als Revolte gegen die unmittelbaren Väter, die von den mechanischen Webstühlen korrumpiert worden sind. Und Giosuè Carducci macht sich zum Herold der Moderne mit einer *Hymne an Satan*, sucht aber unentwegt nach Gründen und Idealen im Mythos des kommunalen Italiens.

Die klassischen Avantgarden zu Beginn des 20. Jahrhunderts repräsentieren die äußerste Zuspitzung des modernistischen Vatermords, der von jeder Ehrfurcht vor der Vergangenheit frei sein zu wollen behauptet. Ihre Markenzeichen sind der Sieg des Rennwagens über die Nike von Samothrake, die Ermordung des Vollmonds, die Verehrung des Krieges als einziger Hygiene der Welt, die kubistische Auflösung der Formen, der Durchmarsch zur Abstraktion der weißen Leinwand, die Ersetzung der Musik durch den Lärm oder durch die Stille, zumindest der Tonleiter durch die atonale Serie, die Curtain Wall, die das Ambiente nicht beherrscht, sondern aufsaugt, das Gebäude als Stele, als reines Parallelepiped, die Minimal Art; und in der Literatur sind es die Zerstörung des Redeflusses, der Erzähltempora, die Collage, die leere Seite. Aber auch hier taucht unter dem Auftrumpfen neuer Riesen, die das Erbe der alten Riesen zertreten wollen, wieder die Ehrfurcht der Zwerge auf. Ich meine nicht nur Marinetti, der als Buße für die Ermordung des Vollmonds in die Accademia d'Italia eintrat, die dem Vollmond sehr wohlgesonnen war. Sondern auch Picasso, der zu einer Entstellung des menschlichen Antlitzes gelangt, indem er über die Modelle der klassischen Antike und der Renaissance meditiert, und der sich am Ende auf die antiken Minotauren zurückbesinnt; oder Duchamp, der die Mona Lisa mit einem Schnurrbart verhöhnt, aber die Mona Lisa benötigt, um seinen Schnurrbart zu malen; oder Magritte, der, um zu negieren, dass das, was er malt, eine Pfeife ist, mit peniblem Realismus eine Pfeife malen muss. Und schließlich den großen Vatermord am historischen Körper des Romans, den Joyce vollbracht hat, ausgehend vom Modell der Erzählung Homers. Auch der neueste Ulysses segelt auf den Schultern, oder dem Hauptmast, seines antiken Vorbilds.

Womit wir zur sogenannten Postmoderne gelangen. Postmodern ist gewiss ein Allerweltsbegriff, den man auf viele und vielleicht zu viele Dinge anwenden kann. Aber es gibt gewiss auch etwas Gemeinsames in den diversen als postmodern bezeichneten Operationen, und es entsteht als Reaktion, womöglich als unbewusste, auf die zweite der *Unzeitgemäßen Betrachtungen* von Nietzsche, in der er das Übermaß unseres Geschichtsbewusstseins anprangert. Wenn dieses Bewusstsein nicht einmal durch den Gestus der Avantgarde beseitigt werden kann, dann kann man auch ebenso gut die Einflussangst akzeptieren und die Vergangenheit scheinbar voller Verehrung betrachten, tatsächlich aber mit der aus dieser Distanz ermöglichten Ironie.

Kommen wir schließlich zur letzten Episode der Generationenrevolte, einem klaren Beispiel für das Aufbegehren von »neuen« Jungen, die »Trau keinem über dreißig!« rufen, gegen die erwachsene Gesellschaft:

zu den Achtundsechzigern. Abgesehen von den amerikanischen Blumenkindern, die sich an der Botschaft des alten Marcuse orientierten, bezeugen die Slogans der italienischen Demonstranten (»Viva Marx! Viva Lenin! Viva Mao Tsetung!«), wie sehr die Revolte es nötig hatte, sich Riesen an die Seite zu holen, um gegen den Verrat der Väter der parlamentarischen Linken zu protestieren, und sogar der *puer senilis* war wieder da – in Gestalt der Ikone des jung gestorbenen Che Guevara, der durch seinen Tod zum Träger jedweder altväterlich-antiken Tugend erhöht worden war.

Doch in der Zeit zwischen Achtundsechzig und heute ist etwas geschehen, und das wird uns bewusst, wenn wir ein Phänomen analysieren, das manche schon oberflächlich als neues Achtundsechzig deuten, nämlich die Anti-Globalisierungsbewegung. In der Presse wird häufig das größte Gewicht auf ihre jugendlichen Komponenten gelegt, in denen sich diese Bewegung jedoch keineswegs erschöpft, denn es gibt in ihr offensichtlich auch über Siebzigjährige. Die Bewegung von Achtundsechzig war tatsächlich eine Jugendbewegung, der sich höchstens ein paar unangepasste Erwachsene anschlossen, die mit bedeutsamer Geste die Krawatte gegen den Rollkragenpulli und den gepflegten Vollbart gegen eine befreiend wildwachsende Haartracht tauschten. Aber einer der ersten Slogans dieser Bewegung war, wie gesagt, die Ermahnung, trau keinem über dreißig. Die Anti-Globalisierungsbewegung ist jedoch zum großen Teil kein Generationsphänomen, ihre Anführer sind reife Erwachsene wie José Bové oder Veteranen anderer Revolutionen. Sie repräsentiert keinen Generationenkonflikt, auch keinen Streit zwischen Tradition und Erneuerung, sonst müsste man (ebenso oberflächlich) sagen, die Erneuerer seien die Technokraten der Globalisierung und die gegen sie Demonstrierenden die *laudatores temporis acti* mit maschinenstürmerischen Neigungen. Was seit den Protesten in Seattle 1999 bis zu denen gegen den G8-Gipfel in Genua 2001 geschehen ist, stellt zwar eine ganz neue Form von politischer Konfrontation dar, aber diese Konfrontation verläuft quer zu den Generationen wie auch zu den Ideologien. In ihr stehen sich zwei Forderungen gegenüber, zwei Visionen über das Schicksal der Welt, man könnte sagen: zwei Mächte, deren eine auf dem Besitz der Produktionsmittel basiert und die andere auf der Erfindung neuer Kommunikationsmittel. Doch in der Schlacht, in der die Globalisierer den *Tute bianche** gegenüberstehen, verteilen sich Junge und Alte gleichmäßig auf beide Seiten, und die Dreißigjährigen der New Economy stehen den Dreißigjährigen der Sozialen Zentren gegenüber, jeder mit den eigenen Eltern an seiner Seite.

Der Grund dafür ist, dass sich in den über dreißig Jahren, die zwischen Achtundsechzig und der Schlacht gegen die G8 vergangen sind, ein Prozess vollendet hat, der lange zuvor begonnen hatte. Versuchen wir seine innere Mechanik zu verstehen. Um eine Dialektik zwischen Vätern und Söhnen in Gang zu setzen, bedurfte es zu allen Zeiten eines starken Vatermodells, dem gegenüber die Provokation des Sohnes so beschaffen war, dass der Vater sie nicht akzeptieren konnte, auch nicht die in ihr erfolgte Wiederentdeckung vergessener Riesen. Die *poetae novi* konnten nicht akzeptiert werden, *quia nuper*, wie Horaz sagte, eben weil sie neu waren, ihre Sprache war inakzeptabel für die hochtrabenden Latinisten an den Universitäten; Thomas von Aquin und Bonaventura betrieben die Erneuerung heimlich in der Hoffnung, dass niemand es merken würde, aber die Feinde der Bettelorden an der Universität in Paris bemerkten es bald und versuchten, über ihre Lehren den Bann zu verhängen. Und so ging es weiter bis zu Marinettis Rennwagen, der nur deshalb der Nike von Samothrake gegenübergestellt werden konnte, weil die braven Bürger in ihm noch nichts anderes als einen hässlichen Haufen rostiger Blechteile sahen.

Die Modelle müssen daher generationsbezogen sein. Die Väter mussten die bleichen Venusfiguren von Lucas Cranach verehrt haben,

---

*   »Weiße Overalls«, eine in schaumstoffgepolsterten weißen Overalls auftretende Aktivistengruppe der Anti-Globalisierungsbewegung, die besonders durch ihre Demonstrationen gegen den G8-Gipfel im Juli 2001 bekannt wurde. Genaueres dazu in dem Wikipedia-Artikel »Disobbedienti« (aufgerufen am 16.10.18, A. d. Ü.).

damit sie die zellulitischen Venusfiguren von Rubens als Beleidigung der Schönheit empfinden konnten; die Väter mussten Maler wie Alma-Tadema geliebt haben, damit sie die Söhne fragen konnten, was zum Teufel denn diese Kritzelei von Miró bedeuten solle oder die Wiederentdeckung der afrikanischen Kunst; die Väter mussten sich nach Greta Garbo verzehrt haben, damit sie die Söhne empört fragen konnten, was sie an diesem Äffchen Brigitte Bardot so toll fanden.

Doch heute haben die Massenmedien, besonders die mediale Aufrüstung der Museen, die auch von den Ungebildeten früherer Zeiten besucht werden, eine gleichzeitige Präsenz und synkretistische Akzeptanz aller Modelle geschaffen, um nicht zu sagen aller Werte. Wenn Megan Gale im Werbespot einer Telefongesellschaft durch die Kuppeln und Bögen des Guggenheim-Museums in Bilbao wirbelt, ist sie sowohl als sexuelles wie als artistisches Modell reizvoll für alle Generationen, das Museum ist sexuell ebenso begehrenswert wie Megan und Megan ein ebensolches Kulturobjekt wie das Museum, da beide im Amalgam einer filmtechnischen Erfindung leben, die den gastronomischen Charakter des Werbeappells mit der ästhetischen Kühnheit dessen vereint, was einst nur ein Film für Cineasten war.

Zwischen neuen Versuchen und Nostalgieübungen verallgemeinert das Fernsehen generationsübergreifend Modelle wie Che Guevara und Mutter Teresa, Lady Diana und Pater Pio, Rita Hayworth, Brigitte Bardot und Julia Roberts, den supervirilen John Wayne der Vierzigerjahre und den sanften Dustin Hoffman der Sechziger. Der schmale Fred Astaire der Dreißigerjahre tanzt in seinen Vierzigern mit dem eher kompakten Gene Kelly, die Leinwand bringt uns ins Träumen angesichts femininer Glitzergewänder, wie wir sie in dem Film *Roberta* vorüberziehen sehen, und der androgynen Models von Coco Chanel. Wem die raffinierte männliche Schönheit von Richard Gere nicht zusagt, für den gibt es den feinen Zauber von Al Pacino und die proletarische Sympathie von Robert De Niro. Wer sich die Majestät eines Maserati nicht leisten kann, für den gibt es die elegante Nützlichkeit des Mini Morris.

Die Massenmedien präsentieren heute kein allgemeingültiges Modell mehr. Sie können sich, selbst in einer Werbeaktion, die nur eine Woche dauert, alle Erfahrungen der Avantgarde zunutze machen und gleichzeitig eine Ikonografie des 19. Jahrhunderts wiederentdecken, sie bieten uns den Märchenrealismus der Rollenspiele und die verdrehten Perspektiven von M. C. Escher, die Opulenz von Marilyn Monroe und die schwindsuchtverdächtige Grazie der neuen Top Models, die afrikanische Schönheit von Naomi Campbell und die nordische von Claudia Schiffer, die Grazie des traditionellen Stepptanzes in *A Chorus Line* und die schaurig-futuristischen Architekturen in *Blade Runner*, die Androgynie von Jodie Foster und die Natürlichkeit von Cameron Diaz, Rambos und Dragqueens, George Clooney (den sich alle Väter als frisch in Medizin promovierten Sohn wünschen) und die Neo-Cyborgs, die ihr Gesicht aus Metall formen und ihre Haare in einen Wald aus farbigen Spießen verwandeln.

Angesichts dieser Orgie der Toleranz, dieses absoluten und unaufhaltsamen Polytheismus, wo gibt es da heute noch die Wasserscheide, die zwischen Vätern und Söhnen verläuft und Erstere zum Saturn-Komplex sowie Letztere zum Vatermord zwingt (der sowohl Rebellion als auch Huldigung ist)?

Wir stehen noch ganz am Anfang dieses Trends, aber denken wir nur einen Augenblick an den ersten Auftritt des Personalcomputers und dann des Internets. Der Computer wurde von Vätern in die Häuser gebracht, sei es auch nur aus ökonomischen Gründen. Die Söhne wiesen ihn nicht zurück, sondern bemächtigten sich seiner und konnten bald besser mit ihm umgehen als die Väter. Aber keiner der beiden sah oder sieht in ihm das Symbol einer Rebellion oder einer Ablehnung des anderen. Der Computer trennt die Generationen nicht, er verbindet sie eher. Niemand verflucht seinen Sohn, weil er im Internet surft, und niemand opponiert deshalb gegen seinen Vater.

Nicht dass es an Innovationen fehlte, aber es sind fast immer technische Innovationen, die von einem internationalen, gewöhnlich von älteren Männern beherrschten Produktionszentrum eingeführt werden und dann Wellen schlagen, die von den jüngeren Generationen begrüßt und aufgegriffen werden. Man spricht heute von einer neuen Jugendsprache der Mobiltelefone und E-Mails, aber ich könnte zehn Jahre alte kritische Aufsätze zitieren, in denen genau diejenigen, die diese neuen Instrumente erfunden haben, oder auch ältere Soziologen und Semiotiker, die sie studierten, die Voraussage trafen, dass sie genau die Sprache und die Formeln erzeugen würden, die dann tatsächlich entstanden sind. Und als Bill Gates noch ein junger Mann war (heute ist er ein reifer Herr, der den Jungen genau die Sprache beibringt, die sie sprechen sollen), hat er auch als Junger nicht eine Revolte erfunden, sondern ein kluges und wohldurchdachtes Angebot, um sowohl Väter wie Söhne dafür zu interessieren.

Bedenken wir, dass die selbstmarginalisierten Jugendlichen sich ihren Familien durch die Flucht in die Droge entziehen, aber diese Flucht in die Droge ist das Modell, das ihnen die Väter vorgesetzt haben, schon seit den Zeiten der künstlichen Paradiese im 19. Jahrhundert. Die neuen Generationen beziehen ihren Input von der erwachsenen Internationale der Drogenhändler.

Sicher, man könnte sagen, es ist ja nicht so, dass es keine Gegenmodelle gäbe, sondern nur immer schnellere Ersetzung der vorhandenen. Aber das ändert nichts. Für sehr kurze Zeit kann ein bestimmtes Kultmodell der Jugend (von Pier Paolo Pasolini bis hin zu Nike-Schuhen) den Vätern unerträglich erscheinen, aber die Schnelligkeit seiner medialen Verbreitung führt dazu, dass es binnen Kurzem auch von den Älteren angenommen wird, mit höchstens der Gefahr, dass es nach ebenso kurzer Zeit den Söhnen lächerlich vorkommt. Aber niemand hat Zeit genug, sich diesen Staffellauf bewusst zu machen, und das weltweite Resultat bleibt immer der absolute Polytheismus, das synkretistische Nebeneinander aller Werte. War »New Age« eine generationsbedingte Erfindung? Inhaltlich ist es eine Collage jahrtausendealter Esoterismen. Mag sein, dass anfangs Gruppen von Jugendlichen gegen sie aufgebehrt haben wie gegen eine neue Schar wiedergefundener Riesen, aber sehr bald ist die Verbreitung von Bildern, Tönen, typischen

Glaubensinhalten des New Age mit all ihren disko- und kinematografischen, editorialen und religiösen Paraphernalien von alten Hasen der Massenmedien betrieben worden, und wenn ein Jugendlicher in den Orient flieht, dann um sich in die Arme eines uralten Gurus mit vielen Geliebten und zahlreichen Cadillacs zu werfen.

Was als krasseste Form der Abgrenzung erscheint, der Ring durch die Nase, das Piercing in der Zunge oder die blauen Haare, ist in dem Maße, in dem es nicht mehr Erfindung einiger weniger, sondern universales Modell ist, den Jugendlichen von gerontokratischen Zentren der internationalen Mode vorgesetzt worden. Und bald wird die Macht der Massenmedien es auch ihren Eltern aufoktroyieren, es sei denn, Junge und Alte lassen irgendwann gemeinsam davon ab, einfach weil ihnen klar wird, dass man mit einem Stift in der Zunge schlecht Eis essen kann.

Warum also sollten die Väter heute noch ihre Söhne verschlingen, warum die Söhne ihre Väter erschlagen? Das Risiko für beide, bei dem keiner schuldlos wäre, ist, dass bei einer ununterbrochenen und ununterbrochen allseits akzeptierten Erneuerung Scharen von Zwergen auf den Schultern anderer Zwerge säßen. Aber seien wir realistisch: In einer normalen Epoche müsste bis dahin ein Generationswechsel eingetreten sein, und dann wäre ich schon pensioniert.

Sehr gut, wird man sagen. Wir sind in eine neue Epoche eingetreten, in der mit dem Untergang der Ideologien, dem Verblassen der traditionellen Trennlinien zwischen rechts und links, Progressiven und Konservativen, auch endlich jeder Generationskonflikt an Kraft verliert. Aber ist es biologisch empfehlenswert, dass die Revolte der Söhne nur eine oberflächliche Anpassung an die von den Vätern vorgesehenen Rebellionsformen ist und dass die Väter ihre Söhne nur dadurch verschlingen, dass sie ihnen die Räume für eine bunte Randexistenz schenken? Wenn das Prinzip des Vatermords selbst in die Krise gerät, *mala tempora currunt*.

Aber die schlimmsten Diagnostiker jeder Epoche sind immer die Zeitgenossen. Meine Riesen haben mich gelehrt, dass es Durchgangszonen gibt, in denen die Koordinaten fehlen und man nicht sehr gut in die Zukunft sieht, weshalb man die Listen der Vernunft und die unmerklichen Komplotte des *Zeitgeists** noch nicht versteht. Vielleicht bildet sich das heilsame Ideal des Vatermords gerade in anderen Formen neu, vielleicht werden sich in künftigen Generationen geklonte Söhne auf noch unvorstellbare Weise gegen ihre gesetzlichen Väter und ihre Samenspender erheben.

Vielleicht lauern im Schatten schon Riesen, die wir noch nicht kennen, bereit, sich auf die Schultern von uns Zwergen zu setzen.

[Vortrag im Rahmen der Milanesiana 2001]

---

* Im Original deutsch (A. d. Ü.).

Über Schönheit

Im Jahr 1954 habe ich meinen Doktor mit einer Arbeit über das Problem des Schönen gemacht, wenn auch beschränkt auf die wenigen einschlägigen Seiten bei Thomas von Aquin. 1962 habe ich das Projekt eines Bildbandes zur Geschichte der Schönheit angestoßen, das der Verlag dann später, obwohl bereits ein Viertel oder zumindest ein Fünftel der Arbeit getan war, aus banalen wirtschaftlichen Gründen aufgab. Vor einigen Jahren habe ich das Projekt für eine CD-ROM wieder aufgegriffen, dann auch für ein Buch, aus dem einfachen Grund, dass ich Sachen nur ungern halbfertig liegen lasse. Wenn ich also bedenke, dass ich mir in den letzten fünfzig Jahren wiederholt Gedanken über den Begriff der Schönheit gemacht habe, fällt mir auf, dass ich diesbezüglich heute wie damals problemlos wiederholen könnte, was Augustinus auf die Frage »Was ist Zeit?« antwortete: »Wenn niemand mich danach fragt, weiß ich es, aber wenn ich es einem erklären will, der mich danach fragt, weiß ich es nicht.«

Getröstet habe ich mich über meine Unsicherheiten hinsichtlich der Definition von Schönheit, als ich 1973 in einem dem Kunstbegriff gewidmeten schmalen Band der *Enciclopedia filosofica* ISEDI las, wie Dino Formaggio Kunst definierte: »Kunst ist alles, was die Menschen Kunst genannt haben.« Entsprechend würde ich sagen: »Schön ist alles, was die Menschen schön genannt haben.«

Ein relativistischer Ansatz, gewiss – was man als schön empfindet, hängt vom Zeitgeschmack und von den Kulturen ab. Auch handelt es sich nicht um eine moderne Häresie. Denn schon in einem berühmten Passus des Vorsokratikers Xenophanes von Kolophon heißt es (nach Clemens von Alexandria, *Stromateis* V, 109): »Aber wenn Rinder und Pferde und Löwen Hände hätten wie Menschen / und mit den Händen zu malen und Werke zu schaffen vermöchten, / malten sie wohl auch Bilder der Götter und machten die Körper / so, wie ein jeder von ihnen selbst ist am Körper gestaltet: / Pferde malten sie ähnlich den Pferden und Rinder den Rindern.«[1] Wie Voltaire sagte: Das Schöne an der Kröte ist ihre Krötenhaftigkeit.

Schönheit ist nie etwas Absolutes und Unveränderliches gewesen, sondern erhielt je nach Epoche und Land unterschiedliche Gesichter, und dies nicht nur in Hinblick auf die physische Schönheit (des Mannes, der Frau, der Landschaft), sondern auch auf die Schönheit Gottes, der Heiligen, der Ideen ...

Man braucht nur die folgenden Zeilen von Guido Guinizelli zu zitieren und sie einer mehr oder minder zeitgenössischen gotischen Skulptur wie der wunderschönen Uta von Naumburg zur Seite zu stellen:

Vedut'ho la lucente stella diana,
ch'appare anzi che 'l giorno rend'albore,
[...]
viso de neve colorato in grana,
occhi lucenti, gai e pien' d'amore;
non credo che nel mondo sia cristiana
sì piena di biltate e di valore.

[Die Venus sah am Morgenhimmel prangen
ich kaum dass von der Nacht sie ausgeruht,

...

das Antlitz weiß wie Schnee, mit roten Wangen,
die Augen, liebreich strahlend, frohgemut;
und keine Frau, dünkt mich, wie sie umfangen
von solcher Schönheit, solchem Edelmut.]

Und dann überzugehen zu diesem Bild aus dem 19. Jahrhundert von Redon und einem Zitat aus *Léa* (1832) von Barbey d'Aurevilly: »Aber ja doch! Doch! Meine Léa, du bist schön, du bist das schönste aller Ge-

Naumburger Dom
Detail der Statue der Uta von
Ballenstedt, 13. Jahrhundert

Odilon Redon (1840–1916)
L'apparition
Privatsammlung

schöpfe! Ich würde dich nicht hergeben, dich, deine gequälten Augen, deine Blässe, deinen kranken Körper, ich würde dich nicht gegen die Schönheit der himmlischen Engel eintauschen wollen.«

Können Sie zwischen diesen beiden Ideen der Schönheit einen Zusammenhang entdecken?

Eine weitere Schwierigkeit besteht darin, nicht unserem zeitgenössischen Geschmack zu erliegen. Manch junger Mann unserer Zeit, mit Ohrring und vielleicht Nasenstecker, mag eine Botticelli-Schönheit faszinierend finden, weil sie ihm entzückend verrucht von Cannabis besäuselt erscheint, doch war das gewiss nicht so für die Zeitgenossen, die das Antlitz der Primavera, wenn überhaupt, dann aus ganz anderen Gründen bewunderten.

Und was verstehen denn *wir* darunter, wenn wir von Schönheit sprechen? Wir Menschen unserer Zeit, oder wenigstens wir durch die idealistische Ästhetik beeinflussten Italiener setzen Schönheit nahezu

Pablo Picasso
Portrait de Dora Maar, 1937
Paris, Musée Picasso

immer mit künstlerischer Schönheit gleich. Jahrhundertelang sprach man jedoch vom Schönen vor allem im Zusammenhang mit der Schönheit der Natur, der Schönheit von Gegenständen, von menschlichen Körpern oder von Gott. Kunst war *recta ratio factibilium*, das richtige Verfertigen von Dingen, doch *techne* oder *ars* bezeichnete sowohl die Kunst des Malers als auch die des Schiffsbauers oder sogar die des Barbiers (und erst viel später hat man begonnen, von den Schönen Künsten oder Beaux Arts zu sprechen).

Gleichwohl haben wir zum Schönheitsideal einer gegebenen historischen Epoche heute nur drei Arten von Zeugnissen, und alle stammen aus »gebildeten« Quellen. Wenn heute oder in tausend Jahren ein außerirdischer Besucher auf die Erde käme, könnte er aus Filmen, Illustrierten und Fernsehprogrammen darauf schließen, welche Art von Schönheit die einfachen, ungebildeten Leute unserer Zeit an menschlichen Körpern, Kleidern und Gegenständen schätzten. Doch wir befinden uns gegenüber den vergangenen Jahrhunderten in der Lage eines Reisenden aus dem Weltraum, der zur Bestimmung unseres weiblichen Schönheitsideals lediglich Picasso als Zeugnis heranziehen könnte.

Freilich stehen uns auch verbale Zeugnisse zur Verfügung. Aber auch hier stellt sich die Frage: Was sagen uns die Worte? Wenn Proust in der *Recherche* die Gemälde von Elstir beschreibt, denken wir – wenn wir gut lesen – an die Impressionisten; die Biografen berichten jedoch, Proust habe in einem Fragebogen, den er mit dreizehn Jahren ausfüllte, Meissonier als seinen Lieblingsmaler bezeichnet und diesen auch später immer bewundert. Also erzählte er von der Vorstellung künstlerischer Schönheit eines inexistenten Elstir und dachte dabei vielleicht an etwas ganz anderes als das, was uns seine Worte vermuten lassen.

Dieser Umstand legt uns außerdem ein Kriterium nahe, das man (wollte man Semiotik für Eingeweihte betreiben, was ich meinem wie auch immer geneigten Publikum heute gern ersparen würde) nach Peirce als »Kriterium der Interpretierbarkeit« bezeichnen könnte: Die

Bedeutung eines Zeichens wird immer durch ein weiteres Zeichen geklärt, das jenes in gewisser Weise interpretiert. Deshalb können wir Texte, die vom Schönen sprechen, mit zeitgenössischen Bildern vergleichen, die vermutlich schöne Gegenstände darstellen sollen. Das könnte uns zu klareren Ideen über die Schönheitsideale einer bestimmten Zeit verhelfen.

Bisweilen jedoch kann der Vergleich brutal enttäuschend ausfallen. Nehmen wir die Beschreibung einer hinreißend verführerischen Schönheit, als die sie jedenfalls der Erzähler schildert, nämlich der Kreolin Cecily aus *Die Geheimnisse von Paris* von Eugène Sue (1842–43):

> Die von der Kreolin freigegebene dichte, tiefschwarze Haarpracht reichte ihr, in der Mitte gescheitelt und natürlich gelockt, bis zum Halsband der Venus, das den Hals mit den Schultern verband. [...] Niemand, der sie einmal gesehen hat, kann Cecilys Gesichtszüge je wieder vergessen [...] Über dem reinen Oval ihres Gesichts wölbt sich eine kühne [...] Stirn; ihr Teint ist von der matten Helligkeit und samtenen Frische einer von der Sonne gestreiften Kamelienblüte; [...] die feine gerade Nase endet in zwei beweglichen Nüstern, die sich bei der geringsten Erregung weiten; der schmachtende, aufreizende Mund ist lebhaft gerötet.[2]

Wie stellen wir uns diese prächtige Cecily heute vor, wenn wir die Worte in ein Bild übersetzen sollen? Wie eine Brigitte Bardot oder wie eine Femme fatale der Belle Époque? Nun, für den Illustrator der Erstausgabe des Romans (und mit ihm vermutlich auch für dessen Leser) sah Cecily aus wie auf dem hier abgedruckten Bild. Wir müssen uns seinem Vorschlag fügen und unsere Fantasie mit *dieser* Cecily spielen lassen. Zumindest um zu verstehen, nach welchem Schönheitsideal sich, Eugène Sue und seinen Lesern zufolge, der Notar Ferrand in Satyriasis verzehrte.

Der Vergleich zwischen Texten und Bildern ist oft produktiv, weil er uns zu verstehen erlaubt, wie ein und derselbe sprachliche Ausdruck im Übergang von einem Jahrhundert zum nächsten, manchmal von einem Jahrzehnt zum nächsten, unterschiedlichen visuellen oder

Cecily la créole
Illustration zu *Les mystères
de Paris* von Eugène Sue, 1851

musikalischen Idealen entsprechen kann. Nehmen wir ein klassisches Beispiel: die Proportion. Pythagoras hat als Erster behauptet, am Grund aller Dinge stehe die Zahl. Mit Pythagoras kommt eine ästhetisch-mathematische Sicht des Universums auf: Alle Dinge existieren, weil sie geordnet sind, und geordnet sind sie, weil in ihnen mathematische und musikalische Gesetze wirksam sind, die ihre Existenz und zugleich ihre Schönheit bedingen. Diese Vorstellung der Proportion wird für die gesamte Antike prägend und gewinnt durch das Werk des Boëthius im 6. Jahrhundert auch Einfluss auf das Mittelalter. Boëthius erzählt, wie Pythagoras eines Tages beobachtete, dass verschiedene Schmiedehämmer auf dem Amboss unterschiedliche Töne hervorbrachten, und erkannte, dass diese Unterschiede proportional zum Gewicht des Hammers waren. Die Größenverhältnisse bei den griechischen Tempeln, die Abstände zwischen den Säulen oder die Verhältnisse zwischen den einzelnen Fassadenteilen entsprechen denselben Proportionen, wie sie bei musikalischen Intervallen zum Tragen kommen. Platon beschrieb dann in seinem *Timaios* die Welt als zusammengesetzt aus regelmäßigen geometrischen Körpern.

Piero della Francesca
Die Geißelung Christi, 1455
Urbino, Galleria nazionale delle Marche

In Humanismus und Renaissance werden die regelmäßigen platonischen Körper genau als die idealen Modelle studiert und gefeiert, von Leonardo über Piero della Francesca in *De prospectiva pingendi* (vor 1482) bis Luca Pacioli in *De divina proportione* (1509).

Bei der göttlichen Proportion, von der Pacioli spricht, handelt es sich um den Goldenen Schnitt, jenes Verhältnis, das beispielsweise zwischen zwei Rechtecken besteht, wenn das kleinere sich zum größeren wie das größere zur Summe aus beiden verhält. Genau diese Beziehung wird etwa in der *Geißelung* von Piero della Francesca wunderbar hergestellt.

Doch meinten all diejenigen, die den Begriff »Proportion« verwendeten, im Laufe der zehn Jahrhunderte, die zwischen Boëthius und Pacioli liegen, immer dasselbe? Durchaus nicht. In den Manuskripten der ersten mittelalterlichen Jahrhunderte, die Boëthius kommentierten,

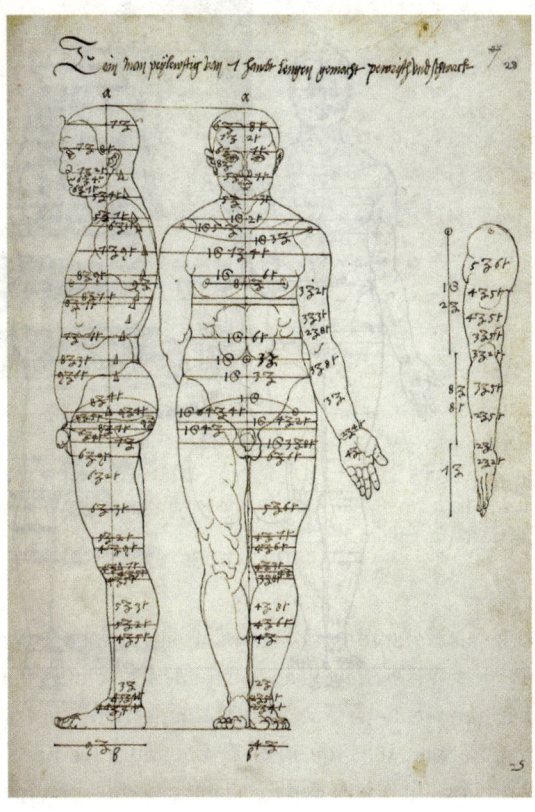

Albrecht Dürer
Studie zu den Proportionen des menschlichen Körpers,
in: *Vier Bücher von menschlicher Proportion,* 1528
London, British Library

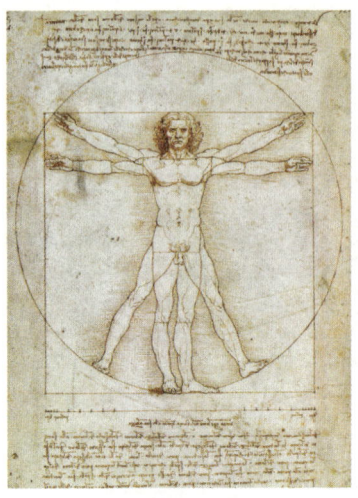

Leonardo da Vinci
*Schema der Proportionen des
menschlichen Körpers* oder
Vitruvianischer Mensch, um 1490
Venedig, Gallerie dell'Accademia

Le Corbusier
Le modulor, 1950
Paris, Centre Pompidou
Musée national d'art moderne
Centre de création industrielle

wurden Bilder als wohlproportioniert beurteilt und aufs Papier geworfen, die sich nicht im Mindesten an den Goldenen Schnitt hielten.

Im 13. Jahrhundert lieferte Villard de Honnecourt, der fraglos sehr
gut zeichnen konnte, sehr intuitive und quantitative Regeln für die
Proportion. Kein Vergleich zu den mathematisch besser durchdachten
Regeln, die bereits den Kanon des Polyklet inspiriert hatten und später
beispielsweise Dürer inspirieren sollten.

Finden Sie zwischen diesen unterschiedlichen Darstellungen der
Proportionen des menschlichen Körpers irgendetwas Verbindendes?

Andererseits versteht Thomas von Aquin, wenn er im 13. Jahrhundert von der *proportio* als einem von drei Kriterien für Schönheit
spricht, darunter nicht mehr nur mathematische Beziehungen. Für ihn
ist die Proportion nicht nur eine richtige Anordnung des Stoffs, sondern eine perfekte Anpassung des Stoffs an die Form, in dem Sinne,

dass ein menschlicher Körper dann proportioniert ist, wenn er sich den idealen Bedingungen des Menschlichen anpasst. Sie ist auch ein ethischer Wert, in dem Sinne, dass die edle Tat eine richtige Proportion von Worten und Handlungen nach einem rationalen Gesetz verwirklicht, weshalb man auch von moralischer Schönheit (oder moralischer Abscheulichkeit) sprechen kann. Proportion ist auch Angepasstheit an den Zweck, dem ein Ding dient, weshalb Thomas eine Säge aus Kristall als hässlich bezeichnet, da sie sich trotz ihrer oberflächlichen Schönheit nicht für ihre Funktion eignet. Sie ist wechselseitiges Zusammenwirken der Dinge, weshalb man die Leistung der Steine, die sich gegenseitig stützen und dadurch ein Gebäude stabil halten, als »schön« bezeichnen kann. Sie ist die richtige Beziehung zwischen der Intelligenz und dem, was die Intelligenz begreift. Die Proportion wird mithin zum metaphysischen Prinzip, das sogar die Einheit des Kosmos erklärt.

Deshalb vermitteln uns viele Kunstwerke aus der Zeit des Thomas nur zum Teil, was er unter Proportion verstand, denn erschwerend für unsere Interpretationsübung kommt noch hinzu, was wir als Ungleichheit der Entwicklung zwischen Kunst und Philosophie oder zwischen verschiedenen Aspekten der Kunst aus ein und derselben Zeit bezeichnen könnten. Folgt man den Renaissancetraktaten über die Proportion als mathematische Regel, so erscheint die Beziehung zwischen Theorie und Wirklichkeit nur in der Architektur und der Perspektive befriedigend. Aber welche Proportionskriterien hat eine Reihe von Männern und Frauen, die von verschiedenen Künstlern als schön angesehen werden, miteinander gemein?

Dieselben Schwierigkeiten stellen sich bei der Helligkeit respektive *claritas*, einem anderen traditionellen Schönheitsattribut. Einer der Ursprünge der Ästhetik der *claritas* war fraglos dem Umstand geschuldet, dass Gott in zahlreichen Kulturen mit dem Licht gleichgesetzt wurde, oft mit der Sonne. Über den Neuplatonismus fanden diese Vorstellungen Eingang in die christliche Tradition durch das Werk des Pseudo-Dionysius Areopagita. Der hatte in seinen Schriften *Die himmlische Hierarchie* und *Die göttlichen Namen* (6. Jahrhundert) Gott als Licht, als

Flamme, als Leuchtende Quelle bezeichnet. Dieselben Bilder finden sich dann auch bei Johannes Scotus Eriugena, dem größten Vertreter des mittelalterlichen Neuplatonismus.

Aber auch hier: Was verstand das Mittelalter unter Schönheit des Lichts und der Farbe? Eins wissen wir mit Sicherheit. Auch wenn wir immer von den »dunklen Jahrhunderten« sprechen und die Räume und Gänge in den Schlössern und Klöstern fast so düster wie die Hütten der Bauern gewesen sein dürften, so sah sich der Mensch des Mittelalters doch in einer hell erleuchteten Umgebung (oder stellte sich, sobald er dichtete oder malte, zumindest so dar).

Das Mittelalter spielt mit Grundfarben, mit klar gegeneinander abgegrenzten Farbbereichen ohne Nuancierungen, mit dem Nebeneinander von Farben, die aus ihrem Zusammenspiel Licht gewinnen, und lässt sich nicht von einem Licht bestimmen, das die Farben in Helldunkelkontraste hüllt oder sie über die Ränder der Figuren hinaustreten lässt. Wenn wir die barocke Malerei betrachten, wie in dem folgenden Bild von Georges de La Tour, so werden die Gegenstände vom Licht getroffen, und im Spiel der Körper zeichnen sich helle und dunkle Bereiche ab. In den mittelalterlichen Miniaturen hingegen scheint das Licht von den Gegenständen auszugehen. Diese sind, insofern schön, aus sich heraus leuchtend.

Das Mittelalter war buchstäblich verliebt ins Licht, und genau damals wurde die Bildtechnik entwickelt, welche die Lebendigkeit der Grundfarbe zusammen mit der Lebendigkeit des sie durchdringenden Lichtes maximal nutzt: das Fenster der gotischen Kathedrale. Die gotische Kirche ist so gebaut, dass durch ihr durchbrochenes Mauerwerk Licht in sie einfällt.

Von gleißendem Licht erfüllte Bilder werden in den mystischen Texten Hildegards von Bingen aufgerufen und in den beigegebenen Miniaturen wunderbar interpretiert:

Dann sah ich ein gleißendes Licht und in ihm eine saphirblaue Menschengestalt, die ganz und gar im lieblichen Schein einer hochrot funkelnden Lohe erglühte, und das gleißende

Georges de La Tour
Büßende Maria Magdalena, 1638
Paris, Louvre

Licht durchdrang die funkelnde Lohe, und die funkelnde Lohe durchdrang das glänzende Licht, und das gleißende Licht und die funkelnde Lohe durchfluteten die Gestalt durch und durch, sodass sie zu einem einzigen Licht einer einzigen Kraft und Macht wurden.[3]

Zu schweigen von den Lichtvisionen in Dantes *Paradies*, die merkwürdigerweise erst ein Künstler des 19. Jahrhunderts wie Gustave Doré in vollem Glanz dargestellt hat. Allerdings glaube ich, dass Doré Dante las, als ob der nur ein oder zwei Jahrhunderte vor ihm geschrieben hätte, oder als ob er dabei an die vielen neuplatonischen Texte dachte, die ihn mit Sicherheit inspiriert hatten. Denn die Miniaturen aus seiner Zeit sind sozusagen sehr viel verhaltener, zeigen uns keine Lichtexplosionen, kein Spiel von Bühnenscheinwerfern, sondern eher klare Farben, die wirken, als gehörten sie zu den Körpern selbst.

Dante bewegte sich zwar im Gefolge einer theologischen Tradition, die das Licht als mystisches und kosmologisches Phänomen zelebrierte, doch er schrieb nach Thomas von Aquin, und im 12. und 13. Jahrhundert hatte es tiefgreifende Veränderungen im Verständnis der *claritas* gegeben. Man sehe im 12. Jahrhundert die Kosmologie des Lichts bei Robert Grosseteste, der das Bild eines Universums entwickelt, das durch einen einzigen Fluss von leuchtender Energie geformt ist, Quelle zugleich der Schönheit und des Seins, sodass wir an eine Art Urknall denken müssen. Aus diesem einen Licht gehen durch fortschreitende Verdünnungen und Verdichtungen die astralen Sphären und die natürlichen Zonen der Elemente hervor, und folglich auch die unendlichen Farbabstufungen und die Körper der Dinge. Die Proportion der Welt ist demnach nichts anderes als die mathematische Ordnung, in der sich das Licht bei seiner schöpferischen Ausbreitung je nach den verschiedenen, ihm durch die Materie auferlegten Widerständen materialisiert.

Wenden wir uns nun einer anderen Sicht der paradiesischen Glorie zu, der von Giotto. Hier gibt es kein Licht mehr, das sozusagen von oben gespendet wird. Die Helligkeit wohnt den fleischlich gut gebauten, ich würde sagen, gesunden Körpern inne. Inzwischen hatte nämlich Tho-

Vater, Sohn und Heiliger Geist
aus Hildegard von Bingen, *Scivias*, Codex Rupertsberg
um 1150, Kloster Doksany, Tschechische Republik

Gustave Doré
Paradies, 12. Gesang
Illustration, 1885

mas von Aquin gesprochen, für den die *claritas* nicht, wie bei Grosseteste, durch eine kosmische Explosion von oben kommt, sondern von unten oder aus dem Inneren des Gegenstandes, als Selbstmanifestation der ihn organisierenden Form. Bereits Thomas' Lehrer, Albertus Magnus, hatte gesagt, Schönheit sei der Abglanz der Form auf die in Proportion zueinander gesetzten Teile der Materie, und die Form, von der er sprach, war keine platonische Idee, sondern das, was die Materie *von innen heraus* veranlasste, zu einem konkreten Organismus zu werden. Wir sind von einem neuplatonischen Bezugsrahmen zu einem aristotelischen übergegangen. Auch die *claritas* der seligen Leiber besteht genau in der Helligkeit der glorifizierten Seele, die auf ihr körperliches Aussehen abstrahlt. Deshalb sehen wir bei Giotto ein Licht, das von der menschlichen Substanz der Personen ausgeht, dargestellt durch eine weitaus festere und weniger abstrakte Körperlichkeit.

Über Jahrhunderte ist also stets von Licht und *claritas* die Rede, aber die Sicht auf die Welt und die Schönheit, auf welche diese Begriffe verweisen, ist nie dieselbe.

Das Spiel der Gegenüberstellung von Texten und Bildern erlaubt uns auch, eine Antwort auf ziemlich komplexe Fragen zu geben. Nehmen wir uns die *vexata quaestio* einer Ästhetik des Hässlichen vor, oder – um uns in nur einer historischen Epoche zu bewegen – der Schönheit der Monstren im Mittelalter.

Außer der Proportion und der Helligkeit betrachtete das Mittelalter als drittes Merkmal des Schönen die Unversehrtheit: Ein Wesen musste, um als schön zu gelten, alles haben, was sich für ein Individuum seiner Art gehörte. Nicht schön war folglich ein verkrüppelter Körper, und genauso wenig (im Mittelalter war man nicht politisch korrekt) ein Zwerg. Dennoch war das Mittelalter fasziniert von Monstren.

An erster Stelle galt der Grundsatz, dass, wenngleich es hässliche Wesen und Dinge gibt, die Kunst doch die Macht hat, sie auf schöne Weise darzustellen. Wir halten das für ein modernes Kriterium, doch bereits der heilige Bonaventura befand: »Man nennt das Bild des Teufels schön, wenn es die Hässlichkeit des Teufels gut wiedergibt.«

Giotto
Das jüngste Gericht, Detail der Erwählten, 1303–05
Padua, Cappella degli Scrovegni

Seit der hellenistischen Zeit hatten sich zudem die Kontakte zu fernen
Ländern intensiviert und Beschreibungen von unbekannten Ländern
und Lebewesen verbreitet, die manchmal erkennbar legendär waren
und manchmal den Anspruch wissenschaftlicher Strenge erhoben,
von der *Naturgeschichte* von Plinius dem Älteren (um 77) über den *Ale-
xanderroman* (3. Jahrhundert n. Chr.) bis zu den Bestiarien (angefangen
bei dem berühmten *Physiologus,* der zwischen dem 2. und 5. Jahrhundert entstanden ist). Und stets nahm das Exotische die Form des Monströsen an. Das Mittelalter war fasziniert von den Beschreibungen der
kopflosen Blemmyer mit dem Mund auf dem Bauch, den einbeinigen
Skiapoden, die ihren Fuß auch als Sonnendach nutzten, den Einäugigen, den Hundsköpfigen, den Einhörnern und allen Arten von Drachen, und diese Monstren schmückten nicht nur die Kapitelle in den

Kirchen, sondern sie tummelten sich auch an den Rändern von Manuskripten, selbst frommen Texten, die von ganz anderem sprachen. Die Monstren werden sogar vor der Sintflut gerettet, wie man in einigen Darstellungen der Arche Noah sehen kann.

Das Mittelalter brauchte die Monstren, zumindest wenn man sich an die negative Theologie hielt, nach welcher Gott, für den es aufgrund seiner absoluten und unerkennbaren Transzendenz keine passenden Namen gab, mit ihm unähnlichen Namen benannt werden musste: Bär, Wurm, Panther und eben auch Monster ... Das mystische und theologische Denken der Zeit muss das Vorkommen solcher Monster in der Schöpfung irgendwie rechtfertigen, und dafür wählt es zwei Wege. Einerseits reiht es sie in die große Tradition des universellen Symbolismus ein, für den jedes Wesen auf der Welt, gleich ob Tier, Pflanze oder Stein, eine moralische oder allegorische Bedeutung hat (es belehrt uns über Tugenden und Laster) und somit durch seine Form oder seine Verhaltensweisen übernatürliche Wirklichkeiten symbolisiert. Deshalb heißt es in den »moralisierenden« Bestiarien beispielsweise vom Einhorn, man müsse eine Jungfrau im Wald aussetzen, um es zu fangen; das Tier, vom Duft der Jungfräulichkeit angezogen, legt dem Mädchen sein Haupt in den Schoß, sodass die Jäger seiner habhaft werden können. In diesem Sinn symbolisiert das Einhorn den Erlöser, der sich den Leib einer unbefleckten Jungfrau zum Aufenthalt nahm.

Daher sagen Mystiker, Theologen und Philosophen seit Augustinus, dass die Monster irgendwie ebenfalls zur göttlichen Ordnung der Natur gehören und im großen Zusammenklang der kosmischen Harmonie zur Schönheit des Ganzen beitragen, sei es auch nur durch den Kontrast (wie die Schatten und die Helldunkelmalerei in einem Bild). Denn die Ordnung in ihrer Gesamtheit ist schön, und in dieser Hinsicht wird auch die Monstrosität erlöst, weil sie zum Gleichgewicht dieser Ordnung beiträgt.

Doch der Gläubige, der beim Betreten der Abtei oder der Kathedrale diese Darstellungen erblickte, die zwischen Lächerlichem, Missgebildetem und Beunruhigendem changierten, dachte der wirklich an die kosmische Ordnung? Waren diese Ungeheuer (unabhängig von den theologischen Reflexionen) für den gewöhnlichen Menschen vergnüglich anzusehen, weckten sie Abscheu, flößten sie Furcht ein oder verursachten sie eine zwiespältige Verwirrung?

Eine Antwort gibt uns indirekt der heilige Bernhard. Als Mystiker und Rigorist wie kein Zweiter (und Feind der von seinen Rivalen in Cluny bezeigten Liebe zur prachtvollen Ausschmückung der Kirchen) wütet Bernhard gegen die vielen Monstren auf den Kapitellen der Abteien und Kreuzgänge. Seine Worte verurteilen sie, doch seine Beschreibung des Übels ist von Faszination geprägt – als ob es auch ihm nicht gelänge, sich der Verführungskraft jener *portenta* zu entziehen. Er beschreibt, was er verurteilt, mit einer fast sinnlichen Betörung, mit der Heuchelei eines Moralisten, der zur Warnung vor dem *Striptease* die Bewegungen der Tänzerin in allen Einzelheiten schildert:

Ebenso in den Kreuzgängen, was sollen dort vor den Augen der meditierenden Mönche jene lächerlichen Monstrositäten, jene deformierte Formenpracht, jene formenprächtigen Deformationen? Jene schmutzigen Affen? Jene wilden Löwen? Jene monströsen Zentauren? Jene Halbmenschen? Jene gefleckten Tiger? Jene kämpfenden Krieger? Jene in die Hörner stoßenden Jäger? Da sieht man einen Kopf mit vielen Leibern, dort einen Leib mit vielen Köpfen. Hier entdecken wir einen Vierbeiner mit Schlangenschwanz, dort einen Fisch mit Menschenkopf. Da ein Tier, das vorn ein Pferd und hinten ein Ziegenbock ist, dort ein gehörntes Tier mit dem Hinterteil eines Pferdes. Überall sehen wir eine so wunderbare Mannigfaltigkeit von Figuren, eine so allgegenwärtige Vielförmigkeit, dass es reizvoller scheint, in den Steinen zu lesen als in den Büchern, und dass man versucht ist, lieber den ganzen Tag lang diese Darstellungen zu bewundern, als über das Gesetz Gottes zu meditieren.

So bekennt Bernhard in seiner Empörung über eine *mira sed perversa delectatio*, dass diese monströsen Darstellungen dem Betrachter großes Vergnügen bereiteten, mindestens so, wie uns die Darstellungen sympathischer Außerirdischer in den Science-Fiction-Filmen ergötzen, und vielleicht sogar so, wie uns die Darstellungen des Horrors in seiner ganzen schrecklichen Pracht befriedigen – ein Geschmack übrigens, den das Spätmittelalter und die Jahrhunderte der Renaissance teilten und der dann als das Dämonische in der Kunst bezeichnet wurde.

Unterschwellig hat man tatsächlich selbst in klassischen oder klassizistischen Zeiten nie ganz geglaubt, dass die Kriterien für Schönheit immer nur Proportion und Licht gewesen wären. Doch den Mut, das zuzugeben, hatten nur die Theoretiker und Künstler der Vor- und Frühromantik, die jenen leiblichen Bruder des Schönen feierten, der das Erhabene ist. Die Idee des Erhabenen ist weniger mit einer Erfahrung der Kunst als vielmehr mit der Natur verknüpft, und in deren Erfahrung stehen das Unförmige, das Schmerzliche und das Schreckliche im Vordergrund. So schrieb Shaftesbury in *The Moralists* zu Beginn des 18. Jahrhunderts:

Sogar die steilen Klüfte, bemoosten Höhlen, unregelmäßigen Grotten und herabstürzenden Wasserfälle erscheinen mir, bei aller schrecklichen Anmut der Wildnis, weitaus bezaubernder und, insofern sie die Natur unverfälscht darstellen, von ganz anderer Großartigkeit als die lächerlichen Nachbildungen in den fürstlichen Gärten.[4]

Es bildet sich eine Vorliebe für die gotische Architektur heraus, die im Vergleich zu den klassizistischen Maßen nicht anders als unproportioniert und unregelmäßig erscheinen kann, und gerade die Neigung zum Unregelmäßigen und Formlosen führt zu einer neuen Wertschätzung für die Ruinen.

Mit einem wahrhaften Paukenschlag widersetzt sich Burke (in *A Philosophical Enquiry into the Origin of our Ideas of the Sublime and Beautiful*, 1757) der Vorstellung, Schönheit bestehe in der Proportion von Teilen:

Der Hals, sagt man, hat bei schönen Körpern denselben Umfang wie die Wade und den doppelten Umfang des Handgelenks – und eine unendliche Zahl von Bemerkungen solcher Art kann man überall lesen und hören. Aber welche Beziehung hat die Wade zum Hals und jeder von beiden Teilen zum Handgelenk? Sicher lassen sich jene Proportionen an hübschen Körpern finden – aber ebenso sicher auch an häßlichen, wenn sich jemand die Mühe nimmt, sie dort zu suchen. [...] Man mag beliebige Proportionen für alle Teile des menschlichen Körpers festsetzen – und ich garantiere dafür, daß ein Maler sich an alle halten kann [...] und trotzdem, wenn er will, eine äußerst häßliche Gestalt zustande bringt. Und derselbe Maler kann beträchtlich von den vorgeschriebenen Proportionen abweichen und eine ausnehmend schöne Gestalt hervorbringen. (III, 4)[5]

Glücklich unproportioniert gedeiht das Erhabene im Dunkeln, in der Nacht, im Gewitter, in der Finsternis, in der Leere, in der Einsamkeit und Stille.

Wenn wir mit unserer Reflexion über die Relativität des Begriffs der Schönheit noch fortfahren möchten, dürfen wir nicht vergessen, dass im selben Jahrhundert, in dem der moderne Begriff des Erhabenen entstand, anderswo ein klassizistischer Geschmack gepflegt wurde. Doch auch im Mittelalter koexistierte die Freude an den Monstern in den Kapitellen mit jener an den architektonischen Proportionen in den Kirchenschiffen, und Hieronymus Bosch (1450-1516) lebte zur gleichen Zeit wie Antonello von Messina (1430-79). Gleichwohl hatte man, wenn man auf frühere Jahrhunderte zurückblickte, auf die man ja dann »aus der Ferne« schaute, immer den Eindruck, jedes Jahrhundert weise einheitliche Charakteristika auf oder wenigstens nur einen fundamentalen Gegensatz.

Da jedoch auch die Interpreten der Zukunft (oder der schon erwähnte Marsmensch, der uns in zweihundert Jahren besuchen wird) »aus der Ferne« auf uns schauen, werden möglicherweise auch sie etwas wirklich Charakteristisches für das 20. Jahrhundert entdecken und beispielsweise Marinetti zustimmen, also in Unkenntnis von Picasso oder Mondrian vielleicht sagen, dass ein schöner Sportwagen die

Umberto Boccioni
Das Lachen, 1911
New York, Museum of Modern Art

Nike von Samothrake des soeben vergangenen Jahrhunderts sei. Wir aber können nicht aus solcher Ferne auf unsere eigene Zeit schauen, sondern wollen uns mit der Feststellung begnügen, dass die erste Hälfte des 20. Jahrhunderts Schauplatz eines dramatischen Kampfes zwischen der Schönheit der Provokation beziehungsweise den Avantgarde-Künsten und der Schönheit des Konsumismus war.

Der Kunst der Avantgarden stellt sich das Problem der Schönheit nicht, sie verletzt alle ästhetischen Regeln, die bis dahin galten. Die Kunst nimmt sich nicht mehr vor, ein Abbild der Naturschönheit zu schaffen, und sie will auch nicht das befriedigende Vergnügen der Betrachtung harmonischer Formen liefern. Im Gegenteil, sie will lehren, die Welt mit anderen Augen zu sehen, sich an der Rückkehr zu archaischen oder exotischen Modellen zu erfreuen, am Reich des Traums

Andy Warhol
Jackie, 1963
Stuttgart, Sammlung Froehlich

oder der Halluzination, an der Neuentdeckung der Materie, der verwirrenden Präsentation von Gebrauchsgegenständen in unwahrscheinlichen Zusammenhängen. Auch die abstrakte Kunst, die eine »neupythagoräische« Rückkehr zur Ästhetik der Proportion und der Zahl vorzuschlagen scheint, behauptete sich gegen die Schönheitsvorstellung des gewöhnlichen Menschen. Schließlich gibt es etliche Strömungen der zeitgenössischen Kunst (Veranstaltungen, bei denen der Künstler seinen Körper verletzt oder verstümmelt, Einbeziehung des Publikums in Licht- oder Klangphänomene), bei denen es den Anschein hat, als würden im Zeichen der Kunst eher rituell anmutende Zeremonien, nicht unähnlich den antiken Mysterienkulten, vollzogen.

Die Cellistin und Performance-Künstlerin Charlotte Moorman, in Plastikfolie eingewickelt, spielt auf ihrem Instrument, dessen Stachel sie in den Mund eines Unbekannten hält, Stücke des Komponisten Nam June Paik.
New York, 18. Januar 1966

Und den Charakter von Mysterien haben ja auch die Musikerfahrungen, die gewaltige Menschenmengen in den Diskotheken oder bei Rockkonzerten machen, wo unterm Blitzlicht des Stroboskops und bei ohrenbetäubender Lautstärke eine Art von »Beisammensein« praktiziert wird, die für den Außenstehenden vielleicht auch »schön« erscheinen mag (im traditionellen Sinn eines Zirkusspiels), aber von dem, der mittendrin steckt, nicht so erlebt wird.

Unser Besucher aus der Zukunft wird außerdem um eine weitere kuriose Entdeckung nicht herumkommen. Wer eine Ausstellung mit Avantgarde-Kunst besucht, eine »unverständliche« Skulptur kauft oder an einem Happening teilnimmt, ist nach den Regeln der Mode gekleidet, trägt Jeans oder Designerklamotten, schminkt sich nach dem Schönheitsmodell der Massenmedien. Die Ausstellungsbesucher folgen den Schönheitsidealen des kommerziellen Konsums, gegen den sich die Avantgarde-Kunst über fünfzig Jahre lang immer gewehrt hat.

An diesem Punkt wird sich der Besucher aus der Zukunft fragen müssen, welches das von den Massenmedien vorgegebene Schönheitsmodell war, und er wird entdecken, dass diese zur gleichen Zeit das von Greta Garbo oder Rita Hayworth verkörperte Modell der Femme fatale und das von Doris Day verkörperte des »Mädchens von nebenan« propagierten. Als Modell männlicher Attraktivität empfahlen sie den bulligen Typus eines John Wayne und gleichzeitig den weichen und vage femininen eines Fred Astaire oder Dustin Hoffman. Er wird entdecken, dass die Massenmedien vollkommen demokratisch waren; wer nicht zu einer Anita Ekberg taugte, konnte die anorektische Anmut einer Twiggy zur Schau stellen.

Welches unter all diesen und weiteren möglichen Schönheitsidealen wird der Besucher aus der Zukunft als typisch für unsere Zeit erkennen?

Er wird angesichts der Orgie von Toleranz, des totalen Synkretismus, des absoluten und unaufhaltsamen Polytheismus der Schönheit kapitulieren müssen.

Aber jetzt würde ich dieser Art von relativistischem Abdriften, das uns erlaubt hat, über die Wandelbarkeit und bisweilen Unvergleichbarkeit grundverschiedener Schönheitsauffassungen zu reflektieren, gerne Einhalt gebieten. Gibt es denn wirklich nichts, was die unterschiedlichen Erfahrungen von Schönheit oder dessen, was in einem gegebenen historischen Augenblick als schön gilt, irgendwie, und sei es kaum merklich, miteinander verbindet?

Ich glaube, wenn man eine Anthologie der Texte über das Schöne zusammenstellt, erfasst man immer mindestens ein gemeinsames Element. Das Adjektiv »schön« – wie auch »anmutig« oder »erhaben«, »wunderbar« – wird immer dann verwendet, wenn man etwas bezeichnen möchte, was uns gefällt (*pulchra dicuntur quae visa placent*, heißt es bei Thomas von Aquin), was wir vielleicht gern besitzen würden, was aber nicht aufhört, uns zu gefallen, auch wenn es uns nicht gehört. Natürlich wird als schön oder wunderbar im allgemeinen Sprachgebrauch auch etwas bezeichnet, was wir als gut betrachten, weshalb man von einer *schönen* erotischen Erfahrung oder von einer *schönen* Joggingrunde durch den Wald spricht. Gleichwohl hat sich im

Lauf der Jahrhunderte ein Unterschied herausgebildet zwischen dem, was schön, und dem, was gut ist. Wenn ich das, was ich als gut ansehe (eine Mahlzeit, ein schönes Zuhause, die Anerkennung und Bewunderung, die ich durch meinesgleichen erfahre), nicht *habe*, dann fühle ich mich wie verarmt. Was hingegen die Schönheit betrifft, so scheint die Freude an schönen Dingen klar von ihrem Besitz getrennt zu sein. Ich finde die Sixtinische Kapelle schön, obwohl ich sie nicht besitze, und ich finde den Aufbau einer sahneverzierten Hochzeitstorte im Schaufenster eines Konditors schön, auch wenn mir mein Ernährungsberater ihren Verzehr untersagt.

Die Erfahrung des Schönen weist immer ein Element von Uneigennützigkeit auf. Ich kann einen Menschen (gleich ob Frau oder Mann) für sehr schön halten, auch wenn ich genau weiß, dass ich nie eine Beziehung zu ihr oder ihm haben werde. Wenn ich hingegen einen Menschen begehre (der noch dazu sogar hässlich sein könnte) und keine Beziehung zu ihm oder ihr haben kann, dann leide ich.

Dies gilt natürlich nur für die abendländische Tradition. Die Bisons von Altamira finden wir schön, doch wir wissen nicht, aus welchen möglicherweise magisch-beschwörenden Gründen man sie in den Felsen geritzt hat, ob die Leute sie anschauen wollten oder sie im Dunkel der Höhle respektvoll in Ruhe ließen, und ob diejenigen, die sie eingeritzt hatten, sich dann darüber freuten, dass sie ihnen so gut gelungen waren. Und dasselbe erleben wir mit vielen Gegenständen, die wir für Kunstwerke primitiver Gesellschaften halten. Wir haben nicht genug Dokumente, um einen Gegenstand mit einem Text zu vergleichen, den es gewöhnlich nicht gibt oder der uns nicht verständlich ist, und um zu wissen, ob eine rituelle Maske – wie sie die Maler und Bildhauer der europäischen Avantgarden faszinierte – hergestellt worden ist, um Angst zu erregen oder Gefallen, wie die Ungeheuer auf den mittelalterlichen Miniaturen. Wir wissen nur, dass sich der heilige Bernhard vor Ungeheuern nicht fürchtete, sondern sie faszinierend fand und sie gerade deshalb verurteilte. Im Übrigen, auch ohne dass wir uns in Gesellschaften ohne Geschichte oder ohne Schrift vorwagen, diskutieren die

Fachleute auch heute noch darüber, ob sich der indische Begriff *Rasa* mit unserer Vorstellung und Idee von Geschmack übersetzen lässt, oder ob er (im Gegenteil oder zumindest auch) auf etwas anderes verweist, das uns entgeht.

In einem Völkerkundemuseum in Bamako, in Mali, habe ich sehr gut geformte weibliche Schneiderpuppen in westlichem Stil gesehen, angetan mit wunderschönen traditionellen Gewändern. Aber eine der Frauenfiguren war rank und schlank, die andere unglaublich dick. Unser einheimischer Führer, ein Professor an der örtlichen Universität, der jedoch in Frankreich studiert hatte, sagte uns augenzwinkernd, die magere Puppe habe man für die westlichen Touristen aufgestellt. Für die Einheimischen (oder jedenfalls die von den Verführungen des Westens unberührt gebliebenen Älteren) sei die andere Frau die schöne. Unser Führer war imstande, sich mit kritischem Bewusstsein zwischen zwei Schönheitsauffassungen zu bewegen, allerdings frage ich mich, ob unser afrikanischer Kollege, nachdem er in Paris studiert und unsere Filme und unser Fernsehen gesehen hat, immer noch die dicke Frau für schön, die schlanke aber für sexuell begehrenswert hält, oder umgekehrt.

Jedenfalls wäre auch er in der Lage gewesen zu sagen, was er lieber besitzen würde und was er bereit wäre, uneigennützig zu bewundern.

Zum Abschluss möchte ich in Erinnerung rufen, dass die vielleicht größte Behauptung ästhetischer Interesselosigkeit genau in jener Zeit aufgestellt wurde, in der es schien, als werde unsere Anteilnahme an den Entfesselungen des Schrecklichen oder der Majestät von Naturereignissen mit der Erfahrung des Erhabenen gefeiert. Auch das Schreckliche kann Vergnügen bereiten, jedoch nur, wenn es uns nicht allzu nahe kommt. Auch für das Erhabene sind Dinge schön, die gefallen, *placent*, jedoch nur *visa*, also wenn man sie sieht, aber nicht erleidet. Der Maler, der die Erfahrung des Erhabenen am meisten verherrlicht hat, ist zweifellos Caspar David Friedrich, und wenn er das Erhabene darstellt, setzt er fast immer menschliche Figuren ins Bild, die sich in Betrachtung des Naturschauspiels am Erhabenen weiden.

Die menschliche Figur sieht man von hinten, und dank einer Art von Theaterinszenierung befindet sie sich, wenn das Erhabene die Bühne darstellt – für uns, die wir im Zuschauerraum sind –, auf der Vorderbühne, innerhalb des Schauspiels. Sie spielt jedoch den Part dessen, der sich außerhalb des Schauspiels befindet, sodass wir uns vom Schauspiel lösen müssen, um es durch ihre Augen zu betrachten, uns an ihre Stelle zu versetzen und so zu sehen, was sie sieht. Auf diese Weise fühlen wir uns zwar, wie sie, als ein zu vernachlässigender Bestandteil des großen Schauspiels der Natur, sehen uns aber dennoch in der Lage, der Naturgewalt, die uns überwältigen und zerstören könnte, zu entfliehen.

Jawohl, ich glaube, dass die Erfahrung des Schönen im Lauf der Jahrhunderte immer so gemacht worden ist, als stünde man rücklings vor etwas, zu dem man nicht gehört und auch nicht unbedingt gehören will. In dieser Distanz liegt die feine Grenze, die die Erfahrung des Schönen von anderen Formen der Leidenschaft trennt.

[Vortrag im Rahmen der Milanesiana 2005]

Über Hässlichkeit

Während Philosophen und Künstler in nahezu jedem Jahrhundert über ihre Vorstellung vom Schönen geschrieben haben, gibt es kaum bedeutende Texte über die Idee des Hässlichen, mit wenigen Ausnahmen wie der *Ästhetik des Häßlichen* von Karl Rosenkranz (1853). Das Hässliche wurde jedoch immer in seiner Beziehung zum Schönen gesehen – die Schöne und das Biest in den verschiedenen Varianten –, das heißt, hatte man erst ein Kriterium für Schönheit festgelegt, stellte sich fast automatisch das dazu passende Kriterium für Hässlichkeit ein: Nur Schönheit schafft Symmetrie, Hässlichkeit hingegen stört die Symmetrie, heißt es etwa bei Iamblichos von Chalkis.[1] Um von Schönheit sprechen zu können, werden drei Vorzüge verlangt – in erster Linie Unversehrtheit oder Vollkommenheit –, während unvollkommene Dinge *turpia sunt* (Thomas von Aquin).[2] Und Wilhelm von Auvergne bemerkt: »So nennen wir hässlich, wer drei Augen hat, aber auch einen Einäugigen.«[3]

Wie auch das Schöne, ist das Hässliche ein relativer Begriff.

Das Hässliche hat Karl Marx in seinen *Ökonomisch-philosophischen Manuskripten* (1844) sehr treffend definiert, im Zusammenhang mit Geld, aber man könnte es auch im Zusammenhang mit Macht verstehen:

> Ich *bin* hässlich, aber ich kann mir die *schönste* Frau kaufen. Also
> bin ich nicht *hässlich*, denn die Wirkung der *Hässlichkeit*, ihre
> abschreckende Kraft ist durch das Geld vernichtet. Ich – meiner
> Individualität nach – bin *lahm*, aber das Geld verschafft mir
> 24 Füße; ich bin also nicht lahm; ich bin ein schlechter, unehrlicher,
> gewissenloser, geistloser Mensch, aber das Geld ist geehrt, also
> auch sein Besitzer [...]; ich bin *geistlos*, aber das Geld ist der *wirk-*

liche Geist aller Dinge, wie sollte sein Besitzer geistlos sein? Zudem kann er sich die geistreichen Leute kaufen [*das stimmt nicht, viele Leute haben für ihr Geld nur dumme Personen gekauft, aber das ist eine andere Geschichte, Anm. d. Verf.*], und wer die Macht über die Geistreichen hat, ist der nicht geistreicher als der Geistreiche?[4]

Im Lauf der Jahrhunderte ist viel über die Relativität des Hässlichen wie des Schönen geschrieben worden. Jakob von Vitry sagte im 13. Jahrhundert: »Jedenfalls mögen sich die Zyklopen, die alle einäugig sind, nicht weniger über jene wundern, die zwei Augen haben, wie wir uns über jene mit drei oder vier Augen wundern würden. [...] Andererseits erachten wir die schwarzen Aethiopen für hässlich. Unter ihresgleichen jedoch gilt: je schwärzer, desto schöner.« Ein paar Jahrhunderte später schrieb Voltaire: »Fragt eine Kröte, was Schönheit ist [...]. Dann wird sie antworten, das sei das Weibchen mit den schönen runden Augen, die aus dem kleinen Kopf hervorstehen, dem breiten, platten Maul, dem gelben Bauch und dem braunen Rücken. [...] Fragt den Teufel: Er wird euch sagen, das Schöne sind zwei Hörner, vier mit Krallen bewehrte Pfoten und ein Schwanz.« Für Darwin scheinen die verschiedenen Bewegungen zum Ausdruck von Abscheu und Ekel in weiten Teilen der Welt identisch zu sein: »Ein Höchstmaß an Abscheu wird durch Mundbewegungen ausgedrückt, wie sie dem Erbrechen vorausgehen.« Aber in Feuerland beobachtet er Folgendes: »Einer der Wilden legte den Finger auf das in Blechdosen konservierte Fleisch, das ich gerade aß, und als es sich weich und kalt anfühlte, bekundete er ebenso viel Abscheu davor, wie ich es vor fauligem Fleisch getan hätte.«[5]

Gibt es universell gültige Ausdrücke für das Schöne? Nein, weil das Schöne Distanz bedeutet, also Abwesenheit von Leidenschaft. Das Hässliche hingegen ist Leidenschaft. Versuchen wir diesen Punkt zu verstehen, denn auch andere sagten schon, dass es ein ästhetisches Urteil über das Hässliche nicht geben kann. Ein ästhetisches Urteil setzt Distanz voraus: Ich halte eine Sache für schön, auch wenn ich sie nicht besitze; ich bringe meine Leidenschaften zum Schweigen.

Wohingegen es scheint, dass das Hässliche gerade Leidenschaft erregt, nämlich Abscheu und Ekel. Wie soll da ein ästhetisches Urteil gefällt werden, wenn es keine Möglichkeit zur Distanz gibt?

Wahrscheinlich gibt es ein Hässliches in der Kunst und ein Hässliches im Leben. Etwas wird als hässlich beurteilt, wenn es dem Ideal der Schönheit nicht entspricht, wie wenn wir zum Beispiel sagen, die Blumenvase auf der nächsten Seite sei hässlich. Wissen Sie, wer sie gemalt hat? Hitler, es ist eines der Bilder des jungen Hitler. Es gibt eine leidenschaftliche Reaktion auf das, was wir als unangenehm empfinden, als abstoßend, grauenhaft, anstößig, ekelhaft, grotesk, schrecklich, entsetzlich, grausig, fürchterlich, grässlich, plump, fratzenhaft, ungestalt, furchtbar, scheußlich, entstellt, äffisch, bestialisch ... (im Synonymwörterbuch gibt es mehr Synonyme für das Hässliche als für das Schöne).

Doch gegen Platon, der empfahl, die Darstellung des Hässlichen ganz zu vermeiden, hat sich seit Aristoteles noch jede Epoche herausgenommen, auch das Hässliche im Leben auf ästhetische Weise darzustellen, um damit das Schöne hervorzuheben oder eine bestimmte moralische These zu vertreten. Wie Bonaventura sagte, *dicitur imago diaboli pulchra quando bene repraesentat foeditatem diaboli*, »man nennt das Bild des Teufels schön, wenn es die Hässlichkeit des Teufels gut wiedergibt«.

Die Kunst hat also in der Darstellung der Hässlichkeit des Teufels ihr Bestes gegeben. Aber der Wettstreit in der Darstellung des Hässlichen lässt vermuten, dass es unterschwellig eine wahre Lust am Grauenhaften gegeben hat, ersichtlich nicht nur an den verschiedenen Visionen der Hölle. Und sagen Sie mir nun nicht, all die Unterwelten seien lediglich ersonnen worden, um den Gläubigen Angst einzujagen. Sie wurden auch erdacht, um ihnen eine irre Lust zu verschaffen. Ebenso die verschiedenen Darstellungen des *Triumphs des Todes*, die die Schönheit des Skeletts in Szene setzen, und *Die Passion Christi* von Mel Gibson: Man erlebt das Grauenhafte als Quelle der Lust. Dazu schrieb bereits Schiller in seiner Abhandlung *Über die tragische Kunst* (1792):

Adolf Hitler
Stillleben mit Blumen, 1909
Privatsammlung

Vielmehr lehrt die Erfahrung, dass der unangenehme Affekt
den größern Reiz für uns habe und also die Lust am Affekt mit
seinem Inhalt gerade in umgekehrtem Verhältnisse stehe. Es
ist eine allgemeine Erscheinung in unserer Natur, dass uns das
Traurige, das Schreckliche, das Schauderhafte selbst mit unwider-
stehlichem Zauber an sich lockt, dass wir uns von Auftritten des
Jammers, des Entsetzens mit gleichen Kräften weggestoßen und
wieder angezogen fühlen. Alles drängt sich voll Erwartung um den
Erzähler einer Mordgeschichte; das abenteuerlichste Gespenster-
märchen verschlingen wir mit Begierde, und mit desto größerer,
je mehr uns dabei die Haare zu Berge steigen. [...] Wie zahlreich
ist nicht das Gefolge, das einen Verbrecher nach dem Schauplatz
seiner Qualen begleitet.[6]
Von den unzähligen Beschreibungen von Marterungen – die man nicht
hätte anfertigen müssen, wenn nicht um der Lust willen, die man offenbar dabei empfand, denn sonst hätte es genügt zu sagen: »Der Verurteilte wurde hingerichtet« – betrachte man in der Chronik des Nike-

tas Choniates die Schilderung der Folter, die Ende des 12. Jahrhunderts in Byzanz dem abgesetzten Basileus Andronikos zugefügt wurden (*Historia* XI, 8, 5–10):

So wurde er an die Öffentlichkeit gebracht und Kaiser Isaakios gegenübergestellt. Dieser gab ihn der allgemeinen Misshandlung preis. Man überschüttete ihn mit Schmähungen, hieb ihn mit Stöcken auf Kopf und Rücken, raufte ihn am Bart, schlug ihm die Zähne ein und riss ihm alle Haare aus. [...] Dann hieb man Andronikos mit einem Beil die rechte Hand ab und warf ihn wieder in das gleiche Gefängnis, ohne Essen, ohne Trank, ohne die geringste Pflege. Nach einigen Tagen wurde ihm ein Auge ausgestochen. Dann setzte man ihn auf ein räudiges Kamel und führte ihn im Triumph auf dem Marktplatz herum. Die einen schlugen ihn mit Knütteln auf den Kopf, andere steckten ihm Mist in die Nase oder tauchten Schwämme in den Urin von Rindern und Menschen und drückten sie über seinem Gesicht aus; einige stachen ihn sogar mit Bratspießen zwischen die Rippen oder warfen schamlos mit Steinen nach ihm. [...] Selbst als Andronikos schon an den Füßen aufgehängt war, ließ der hirn- und herzlose Pöbel nicht von dem Vielduldenden ab; sie rissen Andronikos das Kleid herunter und misshandelten seine Zeugungsglieder. Ein ruchloser Kerl bohrte ihm ein langes Schwert durch den Schlund in die Eingeweide, und einige Lateiner trieben mit beiden Händen ein Krummschwert in seinen After, um zu schauen, wessen Waffe schärfer sei.[7]

Einige Jahrhunderte später erzählt der Barde der McCarthy-Ära und Meister des Hardboiled-Krimis, Mickey Spillane, in den frühen Fünfzigerjahren in *Menschenjagd in Manhattan* auf ähnliche Weise, wie der Held kommunistische Spione tötet:

Sie hörten mein Gebrüll und das schreckliche Getöse der Kanone, die Kugeln bohrten sich in ihre Eingeweide, zertrümmerten ihnen die Knochen, und es war das letzte, was sie hörten. Sie stolperten, als sie versuchten zu laufen, sie fühlten, wie ihr Innerstes nach außen gerissen wurde, und vielleicht sahen sie auch noch, wie

Andrea Bonaiuti
Abstieg zum Limbus, Teufel (Detail), zweite Hälfte des 14. Jahrhunderts
Florenz, Santa Maria Novella

Katalanische Schule
Triumph des Todes, ca. 1446
Palermo, Palazzo Abatellis

Terrakottarelief mit
Gorgo und Pegasus
6. Jahrhundert v. Chr.
Syrakus, Archäolo-
gisches Museum

es sich über die Wände verteilte. Der Kopf des Generals zer-
barst in glänzende, feuchte Einzelteile, die auf den Fußboden
klatschten. Der Kerl aus der U-Bahn versuchte, die Kugeln mit
den Händen aufzuhalten. Er löste sich in einen Alptraum aus
dunkelblauen Löchern auf. Nur der Typ mit dem Filzhut machte
den verzweifelten Versuch, sein Schießeisen aus der Hosen-
tasche zu reißen. Zum ersten Mal zielte ich ganz genau mit meiner Maschinenpistole und trennte ihm den Arm von der Schulter.
Er fiel gleich neben ihm auf den Boden, und ich ließ ihm ausreichend Zeit, sich die Sache genau anzuschauen. Er konnte es
ganz offensichtlich nicht glauben, was da passierte.[8]
Aber gehen wir noch einmal zurück. Die Griechen setzten, indem sie
das Schöne mit dem Guten verbanden, *kalòs kai agathòs*, physische
Hässlichkeit mit moralischer Hässlichkeit gleich, und so kommt es,
dass in der *Ilias* Thersites der hässlichste Mann vor Ilios war: »Krumm-
beinig war er und hinkend auf einem Fuß [...] und darüber zugespitzt

70

war er am Kopf, und spärlich sproßte darauf die Wolle.«[9] Er war böse
wie die Sirenen, die hier als abstoßende Vögel und nicht als wunderschöne Frauen erschienen wie in der europäischen Dekadenz. Ebenso
böse sind auch (und bleiben es bis zu Dante) die Harpyien im Wald der
Selbstmörder, schauerlich wie der Minotaurus, schauerlich wie die
Medusa, die Gorgo, der einäugige Polyphem.

Doch die griechische Kultur sieht sich seit Platons Zeiten mit einem
Problem konfrontiert: Wie konnte Sokrates hässlich sein, wo er doch
eine so große Seele besaß? Und wie konnte Äsop hässlich sein? Dem
Äsoproman zufolge war er »hässlich und zu schwerer Arbeit unbrauchbar. Er hatte einen Hängebauch und einen vorstehenden Kopf, war
stumpfnasig, taub und von schmutziger Hautfarbe. Wie ein Krüppel
sah er aus, seine Arme waren verschieden lang, und er ging krumm.«[10]
Außerdem stotterte er. Nur gut, dass er schreiben konnte ...

Für das Christentum hingegen ist anscheinend alles schön. Ja,
die christliche Kosmologie und Theologie verbreiten sich über die
Schönheit des Universums, auch Ungeheuer und das Hässliche sind
Bestandteil der kosmischen Ordnung, wie das Dunkel auf einem Gemälde, das das Licht umso mehr hervortreten lässt. Es gibt unzählige
Seiten dazu, vor allem bei Augustinus. Aber es war Hegel, der daran erinnerte, dass mit dem Christentum das Hässliche Einzug in die Kunst-
geschichte hielt, denn »Christus gegeißelt, mit der Dornenkrone, das
Kreuz zum Richtplatz tragend, ans Kreuz geheftet, in der Qual eines
martervollen, langsamen Todes hinsterbend, lässt sich in den Formen
der griechischen Schönheit nicht darstellen. Darum erscheint der lei-
dende Christus als hässlich, und seine Feinde«, so Hegel weiter, »werden, indem sie sich Gott gegenüberstellen, ihn verurteilen, verspotten,
martern, kreuzigen, als innerlich böse vorgestellt, und die Vorstellung
der inneren Bosheit und Feindschaft gegen Gott führt nach außen hin
die Hässlichkeit, Roheit, Barbarei, Wut und Verzerrung der Gestalt mit
sich«.[11] Sodass Nietzsche schließlich, radikal wie immer, sagen konnte:
»Der christliche Entschluss, die Welt hässlich und schlecht zu finden,
hat die Welt hässlich und schlecht gemacht.«[12]

Lucas Cranach der Ältere
Die Passion Christi. Die Geißelung,
erstes Viertel des 16. Jahrhunderts
Xilografia, Straßburg, Cabinet des Estampes et des Dessins

In dieser hässlichen Welt erlangt die körperliche Züchtigung einen besonderen Wert. Und damit man nun nicht glaubt, derlei Strafmaßnahmen habe es nur im Mittelalter gegeben, sei hier ein Text aus dem 17. Jahrhundert zitiert, in dem Pater Segneri von den Strafen und Qualen des Ignatius von Loyola erzählt. Ich kommentiere ihn mit einer *Geißelung* von Lucas Cranach:

> Oben trug er das raueste Sackleinen, unten einen stachligen Bußgürtel: um die nackten Hüften legte er sich stechende Brennnesseln, dornige Schösslinge oder spitze Eisen; jeden Tag, außer an Sonntagen, fastete er mit Wasser und Brot, sonntags fügte er zum Genuss bittere Kräuter hinzu, die mit Asche und Erde vermischt waren; bisweilen brachte er drei, sechs oder sogar acht Tage ohne Essen zu; bis zu fünf Mal pro Tag und Nacht peitschte er sich mit einer Kette, bis er blutete; mit einer Sichel schlug er sich heftig in die nackte Brust […]; sieben Stunden täglich verbrachte er kniend, in tiefe Andacht versunken; dabei vergoss er keine Träne und hörte nie auf, sich selbst zu peinigen. An diesem Büßerleben in der Grotte von Manresa hielt er unerbittlich fest, selbst lange, quälende Krankheiten, von denen er heimgesucht wurde, vermochten ihn nicht davon abzuhalten, ebenso wenig wie Schwäche- oder Zitteranfälle, Besinnungslosigkeit oder hohes Fieber.[13]

Im Mittelalter wimmelt es nur so von Monstren, aber es ist unsere Empfindung, die uns die mittelalterlichen Ungeheuer hässlich erscheinen lässt. Sie sind abnorm, sie haben nur einen Fuß, und ihr Mund sitzt auf der Brust. Sie sind *portenta*, »Vorzeichen«, sie wurden von Gott als Überbringer übernatürlicher Botschaften erschaffen. Jedes Ungeheuer besitzt eine spirituelle Bedeutung, und in diesem Sinn betrachtet man sie im Mittealter nicht als hässlich, höchstens als interessant und märchenhaft. Das ist ähnlich wie bei unseren Kindern heute, die die Dinosaurier bis ins Detail auswendig kennen und zwischen einem Tyrannosaurus Rex und einem Stegosaurus ohne Weiteres zu unterscheiden wissen. Die Monstren werden als treue Weggefährten wahrgenommen. Und so betrachtet man im Mittelalter auch die Drachen mit zugewandter Neugier, weil sie Sinnbilder sind. In der Arche Noah ist auch Platz für sie, freilich in einer besonderen Abteilung, doch auch sie werden zusammen mit den anderen, nicht monströsen Tieren von Noah gerettet.

Ein wissenschaftliches Interesse für die Teratologie im eigentlichen Sinn entstand zwischen dem 16. und 17. Jahrhundert, als man sich für missgebildete Föten, Missgeburten und Launen der Natur zu interessieren begann; man sammelte Skelette und schriftliche Zeugnisse, sogar in Formalin eingelegte Leichen.

In diesem Klima bildet sich die Physiognomik heraus, und über Ähnlichkeiten zwischen dem menschlichen und dem tierischen Antlitz – wobei es außer in wenigen Fällen wie etwa dem des Löwenmenschen in der Regel um hässliche Antlitze geht – versucht man, den Charakter eines Individuums durch Analogien zum Tierreich zu verstehen. Und von der Physiognomik gelangt man im Lauf von ein paar Jahrhunderten zu Cesare Lombroso, der in *L'uomo delinquente* (1876) schreibt:

Wer kann wissen, bis zu welchem Grad Skrofeln, Hemmung der Entwicklung und Rachitis kriminelle Tendenzen ausgelöst oder befördert haben? Wir fanden 11 Bucklige auf 832 Verbrecher, fast alle Diebe oder Stupratoren. Virgilius fand 3 Rachitische und 1 mit gehemmter Entwicklung des Skeletts auf 266 von ihm untersuchte Verbrecher, 6 Stotterer, 1 mit Hasenscharte, 5 Schielende, 45 mit Skrofeln und 24 von Karies Befallene. Seiner Meinung nach wiesen 143 von 266 körperliche Degenerationserscheinungen auf. Vidocq beobachtete, dass alle großen Mörder, die ihm untergekommen waren, krumme Beine hatten. [...] Bei allen Verbrechern, besonders Dieben und Mördern, sind die Geschlechtsorgane sehr frühzeitig entwickelt, insbesondere bei Diebinnen, bei denen wir bereits im Alter von 6 oder 8 Jahren eine Neigung zur Prostitution feststellen konnten.[14]

Durch die Jahrhunderte, lange vor Lombroso, entwickelte sich die Physiognomik, die sich mit dem Feind beschäftigte. Der Feind, das kann der mystische Widersacher sein, der politische oder religiöse Gegner.

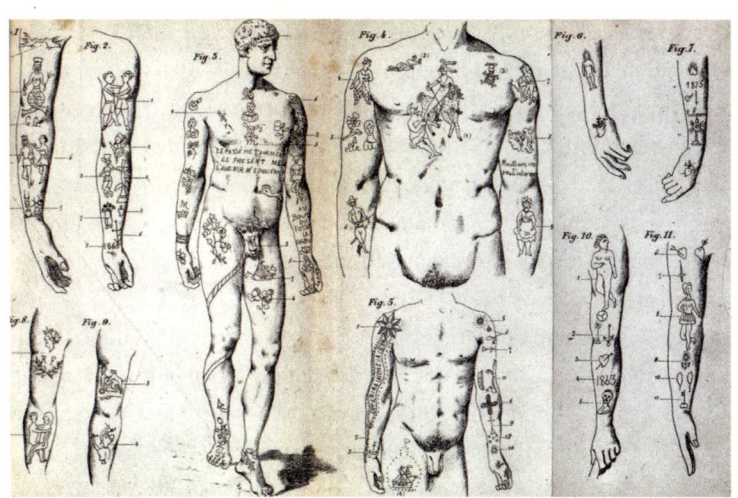

Tätowierungen von Kriminellen
Bildtafel in dem Buch *L'uomo delinquente*
von Cesare Lombroso (1835–1909), Privatsammlung

In einigen protestantischen Karikaturen wird der Papst als Antichrist dargestellt. Zu den Merkmalen des Antichristen zählen (ich habe eine kleine Collage gemacht): »Sein Kopf ist wie eine feurige Flamme; sein rechtes Auge ist blutunterlaufen, sein linkes von blauschwarzer Farbe, und er hat zwei Pupillen; seine Wimpern sind weiß; und seine Unterlippe ist groß; sein rechter Oberschenkel mager; und seine Füße breit; sein Finger gequetscht und länglich, und er hat einen Leprafleck auf dem Handrücken.«[15] Bei Hildegard von Bingen (12. Jahrhundert) heißt es: »Seine [des ›Sohns des Verderbens‹] Augen glühen wie Feuer, seine Ohren sind wie die eines Esels, Nase und Maul wie die eines Löwen [...]. Klaffend sperrt er sein Maul auf und knirscht und wetzt furchtbar die eisenähnlichen, schaurigen Zähne.«[16] Hässlich sind natürlich alle Rassenfeinde wie der Sarazene im sizilianischen Puppenspiel, auch die Armen sind hässlich. In der Bildhauerkunst sind keine wirklich befriedigenden Darstellungen anzutreffen, ich kann aber auf die Schilderung

75

des Franti in Edmondo De Amicis' Roman *Herz* von 1886 verweisen: »Ich verabscheue ihn. Er ist ein niederträchtiger Kerl. [...] Es ist etwas Abscheu Erregendes auf dieser niedern Stirn, in den trüben Augen, welche sich unter dem Schirm seiner Mütze aus Wachsleinwand fast verstecken. [...] Seine Karten, Hefte, Bücher, alles ist zerknittert, zerrissen, beschmutzt, das Lineal gezähnt, die Feder zerkaut, die Fingernägel benagt, die Kleider voller Schmutzflecke und Risse, die er beim Balgen erhält.«[17]

Und schließlich: der Rassenfeind. Denken wir etwa an die Darstellung der Afroamerikaner in der faschistischen Propaganda des Zweiten Weltkriegs. Doch auch die *Encyclopedia Britannica* von 1798 schreibt unter dem Stichwort »Negro« Folgendes:

Runde Wangen, hohe Wangenknochen, eine etwas erhöhte Stirn, eine kurze, breite und flache Nase, dicke Lippen, kleine Ohren, Hässlichkeit und eine unregelmäßige Gestalt kennzeichnen ihre äußere Erscheinung [...] Die berüchtigten Laster scheinen Teil dieser unglückseligen Rasse zu sein: Faulheit, Rachsucht, Grausamkeit, Schamlosigkeit, Diebstahl, Lügen, Fluchen, Ausschweifung, Bosheit und Trunksucht haben offenbar die Prinzipien des Naturgesetzes getilgt und die Gewissensregung zum Verstummen gebracht.

Und eine zivilisatorisch reifere Epoche sieht den Juden so:

Diese lauernden und immer falschen Augen, dieses versteckte Lächeln, diese Lippen, die der Hyäne ähnlich sehen. Und dann dieser plötzliche Blick, der sich schwer, bleiartig dumm gehen lässt. Das durchdringende Negerblut! Diese immer unruhigen Ansätze der Lippen und Nasen, gewunden, tiefliegend, aufsteigend, in der Verteidigung liegend, voller Hass und Abscheu vor euch! [...] Ihre Nase, der »Zinken« eines Betrügers, eines Verräters [...] Alle möglichen zweifelhaften Verbindungen, alle Verrätereien, die aus ihrem Mund vorschießen, auf diese widerliche Spalte herabhängen, herabstürzen, diese verrottete Nase, dieser Halbmond, die ekelhafte jüdische Grimasse [...], die so scheußlich, so klebrig ist:

Gino Boccasile
Soldat mit der Venus von Milo
Antiamerikanisches Plakat, 1944

der Blutsauger! [...] Wehe dem Verdammten! Krepiere, unmögliches Tier! Abschaum![18]

Wer spricht hier? Hitler? Nein: Louis-Ferdinand Céline in *Die Judenverschwörung in Frankreich* (1937).

Oder Folgendes, wonach ein Jude weder Schauspieler noch Musiker sein kann:

Wir können uns auf der Bühne keinen antiken oder modernen Charakter, sei es ein Held oder ein Liebender, von einem Juden dargestellt denken, ohne unwillkürlich das bis zu Lächerlichkeit Ungeeignete einer solchen Vorstellung zu empfinden. Ungleich wichtiger, ja entscheidend wichtig ist jedoch die Beachtung der Wirkung auf uns, welche der Jude durch seine Sprache hervorbringt. [...] Als durchaus fremdartig und unangenehm fällt unserem Ohre zunächst ein zischender, schrillender, summsender und murksender Lautausdruck der jüdischen Sprechweise auf. [...] Wie ausnehmend wichtig dieser Umstand zur Erklärung des Eindrucks namentlich der Musikwerke moderner Juden auf uns ist, muss vor allem erkannt und festgehalten werden. [...] Auf jedem Gebiete

Erste Nummer der Zeitschrift *La difesa della razza*, hg. von Telesio Interlandi, 5. August 1938

Antisemitisches Propagandaplakat des Films *Der ewige Jude*, übers. ins Niederländische und verbreitet in den von der Deutschen Wehrmacht besetzten Gebieten, 1940–41, Regie: Fritz Hippler

der Kunst, nur nicht auf demjenigen, dessen Grundlage der Gesang ist, sollten wir, einer natürlichen Annahme gemäß, den Juden je für kunstbefähigt halten dürfen.[19]

Wer spricht hier? Céline? Nein: Richard Wagner in *Das Judentum in der Musik* von 1850.

Andererseits soll die Hässlichkeit angeboren sein, im Blut liegen. Ein Beispiel dafür:

Unser Rassismus muss in Fleisch und Blut übergehen [...], sonst betreiben wir am Ende die Sache der Mestizen und der Juden, der Juden, die in allzu vielen Fällen den Namen wechseln und sich mit uns vermischen konnten, so wie sie noch leichter und ohne aufwendige und mühsame Praktiken einen Gesinnungswandel vortäuschen können. [...] Es gibt nur ein Zeugnis, mit dem man die Rassenmischung und das Judentum aufhalten kann: das Zeugnis des Blutes.

Wer spricht hier? Wagner? Nein: Giorgio Almirante, der Vorsitzende des neofaschistischen Movimento sociale italiano, gegen die treugläubigen Anhänger eines ideologischen Pseudorassismus.

An einem bestimmten Punkt der Geschichte allerdings – wobei wir das Hässliche in komischen und obszönen Genres wie der Volksdichtung beiseitelassen – wird der Manierismus auf das Interessante im Hässlichen aufmerksam, und es erscheinen Texte, die Verständnis und eine gewisse Zärtlichkeit dafür aufbringen – man denke etwa an die Figur des Caliban im *Sturm* von Shakespeare. Da gibt es das Lob des schönen Silberhaars bei Du Bellay, das Lob der schlaffen Brüste bei Marot, das Lob der Hinkenden bei Montaigne, die Erkundung des Alters in den Karikaturen Leonardo da Vincis, die an einem bestimmten Punkt an Michelangelo erinnern, der sich als alter Mann beschreibt und dabei von seinen Augen spricht, »das Augenblau zermahlen und zerstochen«, von den »Zähnen, die Instrumententasten gleichen [...] Jeden lässt mein Gesicht vor Schreck erbleichen«.

Neben dem Verständnis, das von Mitgefühl herrührt, gibt es auch die Faszination für den Körper als Verfallsprodukt einstiger Schönheit, was nichts mit den erzieherischen Absichten der mittelalterlichen Schilderungen von Höllenqualen zu tun hat. Hier geht es um Verfall um des Verfalls willen, ohne moralische Botschaft. So ruft der barocke Dichter Andreas Gryphius in *Über die Gebeine der ausgegrabenen Philosetten* aus:

O häßlicher Anblick! Wo sint die güldnen haar!
Wo ist der stirnen schnee? wo ist der glantz der wangen?
Der wangen die mitt blut und lilien umbfangen?
Der rosen rote mund? Wo ist der zähne schar?

Wo sindt die sternen hin? wo ist der augen paar?
Mitt dehm die liebe spielt/jetzt flechten schwartze Schlangen

Sich umb das weite maul/die nasen ist vergangen
Die keinem helfenbein vorhin zu gleichen war.

Ist jemand der noch kan behertzt und sonder grawen
Der ohren kahlen ortt/der augen lucken schawen?
Ist jemand/der sich nicht für dieser Stirn entsetzt?[20]

Und dann gibt es da im 17. Jahrhundert die Hässlichkeit des Cyrano de
Bergerac, den Edmond Rostand uns so vorstellt: »Seine Nase war nicht
lang, sondern eine Hakennase; er war nicht großzügig, weil er seinen
Vater ausnutzte; er war nicht in Roxane verliebt, weil er homosexuell
war, er war Syphilitiker [...] Nichtsdestoweniger war er ein großer
Schriftsteller.« Doch der Tradition gemäß sieht Cyrano eben wie beschrieben aus, und so präsentiert er sich auch seinem Freund Le Bret:

Schau mich doch an und gieb mir dann Bescheid
Wie viele Hoffnung dieses Trumm von Nase
Mir übrig lässt! Ich bin nicht so verblendet. –
In schwachen Stunden zwar, wenn heitrer Abend
Aus einem Park mir seine Düfte labend
In dieses große Riechorgan entsendet,
Und ich beim Strahl des Mondes muss erlauschen
Wie Liebespärchen Flüsterworte tauschen,
Dann denk ich mir, es wäre doch ergötzlich,
Im Vollmond, Arm in Arm, ein Schäferspiel;
Ich schwärme, werde kühn ... und sehe plötzlich
Als Schatten an der Mauer mein Profil.[21]

Weiter geht es zur Dekadenz und dem Sinn für die Schönheit der
Krankheit von Violetta Valéry, die an Schwindsucht dahinsiecht, über
die verschiedenen sterbenden Ophelias bis hin zu poetischen Stücken
wie dem von Barbey d'Aurevilly für Léa. Und dann ist da der, den die
Bosheit hässlich und die Hässlichkeit böse gemacht hat, das Monster

Cyrano de Bergerac
Stich nach einer Zeichnung von Zacharie Heince,
17. Jahrhundert

des Naturforschers Frankenstein von Mary Shelley, das seine Klage anstimmt: »Glaub mir, oh, Frankenstein; ich war einst gut und war entflammt von Menschlichkeit und Liebe; doch bin ich nicht allein, zu-
tiefst allein? Selbst du, der mich geschaffen, scheust vor mir zurück.
Was hätte ich von denen zu erhoffen, die mir durch nichts verbunden
sind?«[22]

Der Moment in der Geschichte der Kunst, in dem man sich der zentralen Bedeutung des Hässlichen wahrhaft bewusst wird, ist jedoch
der Beginn der Frühromantik mit ihrem Sinn für das Erhabene, und das
Erhabene, das ist die Großartigkeit des Schauderhaften, des Sturms,
der Ruinen. Am besten bringt dieses romantische Gefühl wohl Victor
Hugo in seinem Vorwort zu *Cromwell* zum Ausdruck. Er schreibt: »Der
Mensch zog sich angesichts der gewaltigen Veränderungen in sich
selbst zurück; er begann, Mitleid zu fühlen mit der Menschheit und
über die bittren Herabwürdigungen des Lebens. Aus dieser Empfindung machte das Christentum die Melancholie. [...] Bis zu dieser Zeit
hatte die ausschließlich epische Dichtung der Alten, ebenso wie der
Polytheismus und die antike Philosophie, sich mit der Natur nur von
einem einzigen Gesichtspunkt aus befasst und aus der Kunst nahezu alles, was in der zur Nachahmung sich darbietenden Welt nicht einer bestimmten Vorstellung vom Schönen entsprach, gnadenlos verbannt.«[23]

Noch aussagekräftiger, was die Darstellung des Hässlichen anbe-
langt, ist sein Roman *Der lachende Mann*:

Die Natur hatte ihre Wohltaten an Gwynplaine verschwendet. Sie
hatte ihm erst einen Mund gegeben, der bis an die Ohren reichte,
Ohren, die sich bis zu den Augen erstreckten, eine unförmige
Nase, ganz dazu gemacht, dass ein Grimassenschneider seine
Brille darauf hin und her schwanken lässt, und ein Gesicht, das
man nicht ansehen konnte, ohne zu lachen. Aber hatte das wirklich die Natur getan? [...] Allem Anschein nach hatten geschickte Kinderabrichter an diesem Gesicht gearbeitet. [...] Diese in
Sezierungen, Quetschungen und Verbänden geschickte Wissenschaft hatte den Mund gespalten, die Lippen erschlafft, das Zahn-

fleisch entblößt, die Ohren ausgereckt, die Knorpel verschoben, Brauen und Wangen aus ihrer Lage gebracht, den Jochbeinmuskel erweitert, die Nähte und Narben vertuscht, die Haut wieder über die verletzten Stellen hinübergelegt und dabei doch das Grinsen des Gesichts aufrechterhalten, und aus dieser kräftigen und tief-durchdachten Schnitzarbeit war diese Maske, Gwynplaine, hervor-gegangen.[24]

Eine Beschreibung, die auf viele Männer unserer heutigen Zeit zutref-fen könnte ... Aber gerade weil er so hässlich ist, entfacht Gwynplaine die Leidenschaft einer verdorbenen und dekadenten Frau wie Lady Josiane. Als sie entdeckt, dass Gwynplaine in Wirklichkeit Lord Chan-charlie ist, will sie, dass er ihr Liebhaber wird, und sagt zu ihm:

»Ich liebe dich nicht allein, weil du hässlich bist, sondern weil du niedrig bist. [...] Ein erniedrigter Liebhaber ist etwas Auserlesenes. Unter den Zähnen nicht den Apfel des Paradieses, sondern der Hölle zu haben, das führt mich in Versuchung, diesen Hunger und diesen Durst empfinde ich, diese Eva bin ich, die Eva der Tiefe. [...] Gwynplaine, ich bin der Thron, du der Schemel. Wir wollen glei-chen Fußes sein. Du bist nicht hässlich, du bist missgestaltet. Das Hässliche ist klein, das Missgestaltete groß. Das Hässliche ist die Fratze des Teufels hinter dem Schönen. Das Missgestaltete ist die Kehrseite des Erhabenen, sein Gegensatz. [...] Ich liebe dich«, schrie sie und küsste ihn, als ob sie ihn beißen wollte.

Vom 18. Jahrhundert an nimmt die Zahl der Hässlichen und der Ver-dammten zu, und es ist meiner natürlichen Scham geschuldet, wenn ich in der folgenden Beschreibung des Monsieur Courval – des Prä-sidenten Courval – in *Die 120 Tage von Sodom* (1785) des Marquis de Sade eine Auswahl getroffen habe:

Er bildete fast nur mehr ein Skelett, er war groß, mager, dünn, hatte blaue erloschene Augen, einen fahlen, ungesunden Mund, ein vorgestrecktes Kinn und eine lange Nase. Er war behaart wie ein Satyr, hatte einen flachen Rücken und schlaffe, abfallende Hinterbacken, die eher wie zwei schmutzige, auf der Oberfläche

Mary Philbin und Conrad Veidt in *The Man Who Laughs*
ca. 1928, Regie: Paul Leni

seiner Schenkel schwimmende Scheuerlappen aussahen. Die Haut derselben war durch die Kraft von Geißelhieben derart verwelkt, dass man sie um die Finger winden konnte, ohne dass er es spürte. [...] Da der Präsident an seiner ganzen Person in gleicher Weise schmutzig war und damit noch Neigungen verband, die mindestens so schweinisch waren wie seine äußere Person, konnte seine schlecht genug riechende Anwesenheit alle Welt nur wenig beglücken.[25]

Ich kann hier nicht mit Bildern von den Feinden James Bonds aufwarten, weil sie in den Filmen geschönt wurden, aber die Beschreibungen in den Romanen von Ian Fleming sind sehr präzise: Goldfinger sah aus, »als hätten die einzelnen Körperpartien früher zu verschiedenen Männern gehört«, und dem ist im Film nicht so. »Rosa Klebb sah aus wie die älteste und hässlichste Nutte der Welt.« Dr. No:

Sein Kopf war länglich und die Haut von dunklem, fast undurchdringlichem Gelb. [...] Seine Augenbrauen waren dünn, schwarz und so stark nach oben geschwungen, dass sie wie aufgemalt wirkten. Darunter lagen schräge, pechschwarze Augen. Sie hatten keine Wimpern und glichen den Mündungen kleiner Revolver. [...] Dr. No blieb drei Schritte vor ihnen stehen. »Verzeihen Sie bitte, wenn ich Ihnen nicht die Hand gebe.« Die tiefe Stimme war ausdruckslos. »Aber ich kann nicht. [...] Ich habe keine Hände.«[26]

Mr. Big:

Es war ein großer Fußball von Kopf, zweimal so groß wie ein normaler und fast kugelrund. Die Haut war grauschwarz, straff und schimmernd wie bei dem Gesicht einer Leiche, die zwei Wochen im Wasser gelegen hat. Der Schädel war kahl bis auf einen dünnen, graubraunen Flaum über den Ohren. Sowohl Augenbrauen als auch Augenwimpern fehlten völlig, und die Augen standen so weit auseinander, dass man niemals in beide zugleich sehen konnte.[27]

Die ersten Lebensjahre der Kinder waren spätestens seit dem 17. Jahrhundert, dann mit den ersten Märchenerzählern im 18. und 19. Jahrhundert voller Schrecken und Albträume, vom Wolf in *Rotkäppchen* und dem schrecklichen Feuerfresser in *Pinocchio* bis hin zu geheimnisvollen und unheimlichen Wäldern. Und aus der Idee des Aufwühlenden entstehen ganz natürlich nun auch in der Literatur für Erwachsene die Vampire, der Golem und alle Arten von Gespenstern.

Doch mit dem Auftreten der Dampfmaschine und der Mechanisierung beginnt die Kultur sich auch mit der Hässlichkeit der modernen Stadt auseinanderzusetzen. Der erste Text, der berühmteste, stammt von Charles Dickens (1854):

> Coketown [...] war ein Triumph der Tatsache. [...] Es war eine Stadt
> aus roten Ziegeln oder aus Ziegeln, die rot gewesen sein würden,
> wenn Rauch und Ruß es gelitten hätten. [...] Es war eine Stadt von
> unnatürlicher Röte und Schwärze, die ungefähr so aussah wie
> das bemalte Gesicht eines Wilden. Es war eine Maschinenstadt
> und eine Stadt der hohen Essen, aus denen sich endlose Rauch-
> schlangen immer und ewig emporringelten und niemals abge-
> wickelt wurden.[28]

Die schiere Fülle an Schilderungen, die sich mit der Hässlichkeit der industriellen Welt beschäftigen, ist beeindruckend, angefangen von ebenjenem Dickens bis zu Don DeLillo und anderen heutigen Autoren. Und zur gleichen Zeit entsteht, als Reaktion auf die Hässlichkeit der industriellen Welt, als Flucht in den reinen Ästhetizismus, eine Religion der Schönheit, die zugleich eine Religion des Grauens ist. Denken wir an Baudelaires *Das Aas* aus dem Jahr 1857:

> Gedenke des Dinges, das wir sahen, meine Seele, an jenem
> Sommermorgen, der so lieblich war: an eines Weges Biegung lag
> schändlich auf kieselübersätem Bett ein Aas;

> Die Beine abgespreizt, gleich einem geilen Weib, heiß seine Gifte
> schwitzend, bot es schamlos lässig den offenen Bauch voll übler
> Dünste dar.

Pinocchio und der Feuerfresser
in: Carlo Collodi, *Le avventure di Pinocchio,*
mit Illustrationen
von Luigi und Maria Augusta Cavalieri, 1924

Die Sonne strahlte auf diese Fäulnis nieder, als gälte es, sie garzukochen und hundertfach der mächtigen Natur, was sie vereinigt hatte, zu erstatten; [...][29]

Und, um zu einem italienischen Dichter zu kommen, *Das Lied des Hasses* von Olindo Guerrini:

Wenn du schläfst dereinst, vergessen
unter der festen Erde,
und Gottes Kreuz steht aufgerichtet
über deinem Sarg,
wenn dir verfault die Wangen einsinken
zwischen die wackligen Zähne
und deine stinkenden Augenhöhlen
von Würmern wimmeln,
dann wird dir der Schlaf, der anderen Ruhe ist,
zu neuer Qual,
und ein Gewissensbiss wird kommen kalt und zäh
und dein Gewissen plagen.
Wird scharf und grausam
kommen in dein Grab
Gott und seinem Kreuz zum Trotz.
und dir die Knochen zernagen.
[...]
Oh, mit welcher Freude werde ich die Krallen
versenken in deinen schamlosen Leib!
Auf deinem zusammengekauerten verrotteten Leib
lass ich mich nieder für alle Ewigkeit,
ich, das Gespenst der Rache und der Sünde,
der Schrecken der Hölle.
[...][30]

Die Feier des Untergangs kennzeichnet die Werke der Avantgarde, wobei es nicht darum geht, die Futuristen gegen Picasso auszuspielen oder die Surrealisten gegen die Vertreter der informellen Kunst. Es entsteht ganz allgemein eine Haltung, die sich gegen alles Klassische wendet. Das beginnt bei den *Gesängen des Maldoror* von Lautréamont:

Ich bin schmutzig. Die Läuse zerfressen mich. Die Schweine erbrechen sich bei meinem Anblick. Der Schorf und der Aussatz der Lepra haben meine von gelblichem Eiter bedeckte Haut in Schuppen verwandelt. Ich kenne weder das Wasser der Ströme noch den Tau der Wolken. Auf meinem Nacken wächst wie auf einem Misthaufen ein ungeheurer Pilz mit Doldenstielen.[31]

Und dann das *Technische Manifest der futuristischen Literatur* von 1912:

Wir werden alle brutalen Töne gebrauchen, alle ausdrucksvollen Schreie des heftigen Lebens, das uns umgibt. Führen wir mutig das »Hässliche« in die Literatur ein. [...] Man muss jeden Tag den Altar der Kunst anspeien![32]

Und Aldo Palazzeschi in *Der Gegenschmerz* von 1913:

Wir müssen unsere Kinder zum Lachen erziehen, zum maßlosen und frechen Lachen [...] Wir werden ihnen also erzieherische Spielsachen geben, bucklige, blinde, brandige, lahme, schwindsüchtige, syphilitische Puppen, die mechanisch weinen, schreien, sich beklagen, an epileptischen Anfällen leiden, an Pest, Cholera, Blutungen, Hämorriden, Skrofeln, Wahnsinn, die röcheln und sterben [...] Bedenkt die Freude, um euch herum viele Bucklige, Blinde, Zwerglein und Lahme, diese göttlichen Auskundschafter der Freude wachsen zu sehen. [...] Wir Futuristen wollen die romanischen Völker, und insbesondere unser Volk, vom Schmerzempfinden, dieser passatistischen Syphilis, heilen, die durch chronische Romantik, scheußliche Gefühlsduselei und pietätvolle Sentimentalität noch verschlimmert wird und die jeden Italiener bedrückt. [...] Den Kindern müssen wir die größte Auswahl an Fratzen und Grimassen beibringen, Stöhnen, Wehklagen, Gekreisch, den Gebrauch des Parfüms durch den übler Gerüche ersetzen.[33]

René Magritte
Zeichnung für *Die Gesänge des Maldoror*, 1945
Privatsammlung

Natürlich kann sich die von den Massen beherrschte Welt gegen solche Provokationen der Avantgarde nur durch den Kitsch wehren, also durch die Fiktion der Kunst. So gibt es den märchenhaften Kitsch, den heiligen Kitsch, oder eine Fusion zwischen Kitsch und Avantgarde wie in der faschistischen Epoche.

Der Kitsch kann vielerlei sein. Man kann von Kitsch im Sinn von schlechtem Geschmack reden: Gartenzwerge, Glaskugeln, in denen es auf die Madonna von Oropa schneit, aber auch die »geschmacklosen schönen Dinge« in Guido Gozzanos *Die Freundin von Nonna Speranza* (1911):

> Das heilige Haus von Loreto aus Stroh geflochten und die Büste
> von Alfieri, von Napoleon – die Blumenbilder (die geschmack-
> losen, schönen Dinge) – der etwas finstere kleine Kamin, die
> leeren Pralinenschachteln – die marmornen Früchte unter dem
> Glassturz – irgendein seltenes Spielzeug, die Muschelkästchen,
> die Souvenirs, Gruß, Andenken, Kokosnüsse – Venedig als Mosaik,
> die ein wenig blassen Aquarelle – die Briefmarken, die Truhen,
> die mit altmodischen Buschwindröschen bemalten Alben – die
> Bilder von Massimo d'Azeglio, die Miniaturen, unschlüssig vor sich
> hin träumende Gestalten [...] die mit Damast bezogenen Stühle –
> karmesinrot [...].[34]

Aber es gibt auch den Kitsch als Suche nach dem Effekt, das heißt: Wenn ich eine Frau darstelle, muss ich Lust bekommen, mit ihr zu schlafen. »Das Wesen des Kitsches ist die Verwechslung der ethischen mit der ästhetischen Kategorie«, so Hermann Broch. »Er will nicht ›gut‹, sondern ›schön‹ arbeiten. Es kommt ihm auf den schönen Effekt an.«[35]

Für die Schauspielkunst ist der Effekt ein wesentliches Element, eine ästhetische Komponente, während es sogar ein künstlerisches Genre gibt, ein spezifisch bürgerliches Genre, die Oper, wo der Effekt das grundlegende Bauprinzip ist.

Doch Kitsch kann auch entstehen, wenn etwas den Status der Kunst beansprucht, ohne ihn zu erreichen. Und wenn der Begriff des Kitsches einen Sinn hat, dann nicht, weil er eine Kunst bezeichnet, die Effekte erzielen will, denn in vielen Fällen strebt auch die große Kunst das an. Kitsch ist nicht per se ein Werk, das sich durch ein formales Ungleichgewicht auszeichnet, denn in diesem Fall wäre es nur ein hässliches Werk, und Kitsch ist auch nicht ein Werk, das Stilmerkmale aus einem anderen Kontext verwendet, denn das führt nicht notwendigerweise zu schlechtem Geschmack. Kitschig ist ein Werk, das sich zur Rechtfertigung seiner effektstimulierenden Funktion mit fremden Federn schmückt und sich als Kunst verkauft. Ein authentisches Beispiel für Kitsch ist meiner Meinung nach Giovanni Boldini, der seine Porträts von der Taille aufwärts nach den besten Regeln der Effekterzeugung konstruiert: Gesicht und Schultern (die unbedeckten Körperteile) entsprechen voll und ganz dem Kanon eines raffinierten Naturalismus. Die Lippen der Frauen sind fleischig und feucht, die Haut ruft im Betrachter taktile Empfindungen wach, der Blick ist sanft, provozierend, maliziös, träumerisch. Doch sobald er dazu übergeht, ein Kleid zu malen, wenn er vom Korsett zu den Rockfalten hinabgleitet, gibt Boldini seine »gastronomische« Technik auf. Die Konturen verlieren ihre Präzision, das Material zerfasert in leuchtende Pinselstriche, die Dinge werden zu Farbklumpen, die Gegenstände lösen sich in Lichtexplosionen auf. Der untere Teil in Boldinis Bildnissen erinnert an den Impressionismus. Es ist deutlich, dass es sich um Avantgardekunst handelt. Boldini zitiert aus dem Repertoire der zeitgenössischen Malerei. Im oberen Teil sucht er den Effekt, seine Frauen sind stilisierte Sirenen. Das Gesicht muss den Auftraggeber zufriedenstellen, was seine Haltung zu der Frau betrifft, aber es muss ihn auch zufriedenstellen, was seine Haltung zu Kunst angeht.

Wenn der Kitsch also ambivalent ist, kann das, was in der Vergangenheit Kitsch war, heute Kunst werden. Das hatte Susan Sontag vor Augen, als sie ihre Theorie des *camp* ausarbeitete.* *Camp* bemisst sich nicht an der Schönheit des Objekts, sondern am Grad seiner Stilisie-

---

* Der Autor stützt sich hier und im Folgenden weitgehend auf die Beobachtungen von Susan Sontag zu *Camp*, übers. in: *Kunst und Antikunst*, München 2003.

rung und Künstlichkeit. Das beste Beispiel dafür ist der Jugendstil, er verwandelte Beleuchtungskörper in blühende Pflanzen, das Wohnzimmer in eine Grotte oder brachte umgekehrt Orchideenstängel aus Gusseisen hervor, wie an den Eingängen zur Pariser Metro von Guimard zu sehen ist. Die Liste dessen, was Sontag als zum *camp* gehörig auffasst, reicht von Tiffany-Lampen bis zu Beardsley, von *Schwanensee* über Bellini-Opern bis zur *Salome* in der Regie von Lucchino Visconti, von bestimmten Fin-de-Siècle-Postkarten bis zu King Kong und alten Flash-Gordon-Comics, von den Kleidern aus den Zwanzigerjahren und den Federboas bis zu mit Perlen besetzten Fransenkleidern. Der Mensch an sich, die Entwicklung des Menschen interessiert diese Geschmacksrichtung nicht. Deswegen sind Oper und Ballett ein unerschöpfliches Reservoir für *camp*, weil keine dieser Formen der Komplexität der menschlichen Natur vollkommen gerecht werden kann. Wo es menschliche Entwicklung gibt, nimmt das Element *camp* ab. Unter den Opern ist *La Traviata*, wo die Personen ein kleines bisschen Entwicklung durchmachen, weniger *camp* als *Il Trovatore*, wo es überhaupt keine Entwicklung gibt. Wenn etwas nur hässlich ist statt *camp*, dann nicht, weil die Ambitionen des Künstlers zu gering gewesen wären, sondern weil er nicht versucht hat, etwas wirklich Ausgefallenes zu kreieren. »Das ist zu viel, das ist unglaublich, das kann ich nicht glauben.« Dies sind typische Äußerungen der *Camp*-Begeisterung. *Camp* ist die Serie von großen italienischen Farbfilmen rund um Maciste, *camp* ist die Sagrada Família von Gaudí, die Verwegenheit eines Mannes, allein machen zu wollen, was der Anstrengung von Generationen bedürfte, um verwirklicht zu werden. Die Dinge sind nicht *camp*, wenn sie alt werden, sondern wenn wir weniger davon betroffen sind und uns am Misslingen der Intention ergötzen können, statt das Ergebnis zu nutzen. *Camp* negiert die Unterscheidung zwischen schön und hässlich, wie sie für das normale ästhetische Urteil typisch ist; es stellt die Dinge nicht auf den Kopf, behauptet nicht, das Schöne sei hässlich und umgekehrt; es beschränkt sich darauf, der Kunst und dem Leben ein Ensemble an unterschiedlichen und komplementären Urteilskriterien zu bieten. Man denke hier an fast alle bedeutenden Werke der Kunst des 20. Jahrhunderts, die nicht zum Ziel haben, Harmonie zu schaffen, sondern Themen aufgreifen, die immer zerstörerischer und unlösbarer werden. *Camp* behauptet, dass der gute Geschmack nicht nur guter Geschmack ist; es gibt im Gegenteil einen guten Geschmack des schlechten Geschmacks. *Camp* ist schön, weil es schauderhaft ist.

An diesem Punkt verschwinden viele Ideen aus der Kunst, wenn auch nicht aus dem Leben, weil wir nicht wissen, ob diese faszinierenden Gestalten, die aus dem Weltraum kamen, hässlich oder schön sind, ob die Figuren Frank Frazettas hässlich oder schrecklich sind, ob die lebenden Toten – um George Romero eine Reverenz zu erweisen – nur schauerlich oder nicht vielmehr Träger eine politischen Botschaft sind, wie er suggeriert. Ist Splatter schön oder hässlich? Wollte die Künstlerscheiße von Piero Manzoni schön sein? Und im Internet findet man eine Reihe von Entstellungen großer Kunstwerke, wir sind versucht zu sagen: eine schöner als die andere. Es gibt auch das Hässliche in der Kunst, aber man sieht ja, wie schwierig es ist festzustellen, ob hässlich schön oder schön hässlich ist, wie die Hexen in *Macbeth* sagen.

Und im Leben? Im Leben scheinen die Vorbilder klar, und die Massenmedien, Kino und Fernsehen erklären uns, wer die Schönen und wer die Hässlichen sind, doch dann treffen wir auf der Straße andere Menschen, nicht schöne, und gelegentlich heiratet einer unseresgleichen einen oder eine davon, und sie gehen miteinander ins Bett, was von einigen feministischen Autorinnen als eine Art der Genderüberschreitung, als Aufhebung der sexuellen Differenz dargestellt wird.

Ich schließe mit einer Erzählung von Fredric Brown, *Der Posten*, die bekannt sein dürfte, aber es lohnt sich, die wesentlichen Punkte hervorzuheben:

> Er war durchnässt und voll Kot, er hatte Hunger, ihm war kalt und er war fünfzigtausend Lichtjahre weg von zu Hause. Eine sonderbar blaue Sonne gab hier Licht, und die Schwerkraft, das Zweifache dessen, was er gewöhnt war, machte jede Bewegung zur Qual. [...]

Und jetzt war es auf einmal heiliger Boden, weil die Fremden auch da waren. Die einzige andere intelligente Rasse im Milchstraßensystem [...] grausame, fürchterliche und abstoßende Monstren. [...] Er war durchnässt und voll Kot, er hatte Hunger, ihm war kalt, und der Tag war rau von einem schrillen Wind, der ihm in den Augen weh tat. [...] Er blieb wachsam und hatte sein Gewehr bereit. Fünfundzwanzigtausend Lichtjahre von zu Hause. [...] Und dann sah er einen auf sich zu kriechen. Er zielte und feuerte. Der Fremde gab diesen sonderbaren, fürchterlichen Laut von sich, den sie alle ausstoßen, und lag dann bewegungslos da. Er schauderte bei dem Laut und beim Anblick des Fremden, der dort lag. Man hätte sich eigentlich nach einiger Zeit an sie gewöhnen müssen, aber ihm war es niemals möglich gewesen. An diese abstoßenden Geschöpfe mit nur zwei Armen und zwei Beinen, mit dieser totenbleichen weißen Haut und ganz ohne Schuppen.[36]

Browns Imagination führt uns zurück zum Anfangsthema – der Relativität des Hässlichen. Vielleicht werden wir ja den künftigen Kolonisatoren unseres Planeten grauenhaft vorkommen, aber da unsere Geschichte des Hässlichen uns gelehrt hat, dass das Hässliche verstanden, durchdrungen und gerechtfertigt werden muss, sei hier – neben einem Frauenporträt von Quentin Metsys – ein wunderbarer Text aus dem 17. Jahrhundert zitiert, *Die Anatomie der Melancholie* (1624) von Robert Burton, wo es heißt:

Es ist kein Liebender, der die Geliebte nicht vergöttert, sei sie so schief wie sie will, so krumm wie sie kann; runzlig, ranzig, blass, sommersprossig, rotes Haar und gelbe Haut, ein talgiges Galgengesicht oder eine runde, platte Schießscheibe, oder dumm, dürr und dürftig, schief und schäbig wie eine Vogelscheuche, kahl, glotzäugig, triefäugig, hohläugig, hühneräugig, schielt wie ein Huhn in der Sonne und blinzelt wie eine Katze vorm Ofen, hat Ränder und Ringe unter den Augen wie eine Eule, einen Spatzenmund und darüber einen Nasenhaken wie ein persischer Teppichhändler, oder eine spitze Fuchsnase, eine rote Rübe, eine

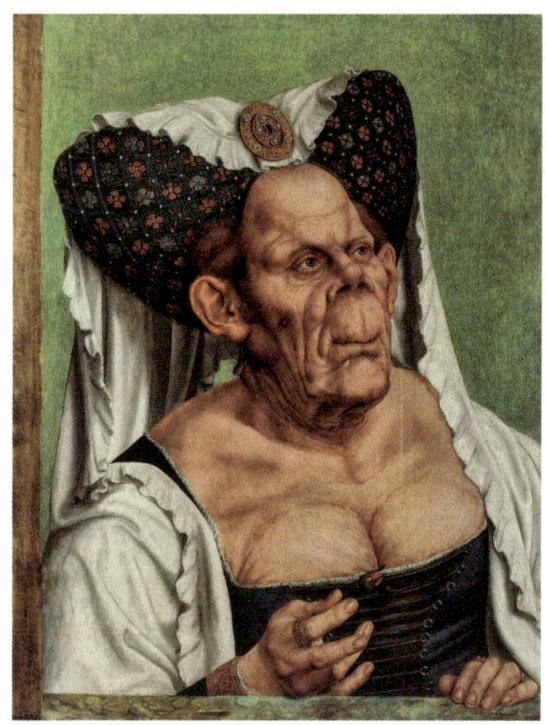

Quentin Metsys
Donna grottesca, ca. 1520–30
London, Nationalgallerie

plattgedrückte Nase wie ein Chinese, gelbe Biberzähne, oder schwarz und schief und durcheinander wie ein alter Judenfriedhof, zusammengewachsene Brauen über wimpernlosen Lidern, Hexenbart und Warzen, ihr Atem stinkt durch das ganze Zimmer, die Nase tropft Sommer und Winter, hat einen Kropf unterm Kopf und einen bayrischen Beutel unterm Kinn [...] einen Hals wie ein Kranich, pendulis mammis, Titten wie Quitten oder gar keine [...] lange schwarze Nägel, Schorf an den Händen und Räude an den Füßen, krumm, klapprig, rippendürr, lahm, Plattfüße, Schweißfüße, geht einwärts und schurrt mit den Schuhen, ein wahrer Wechselbalg, ein halbgebackenes Gespenst, schilt wie eine Rohrammer und schrillt wie der Griffel auf dem Schiefer. Eine wüste Schlampe, eine schleichende Pest, eine läufige Hündin und ranzige Otter, in summa und um's kurz zu machen: ein Kuhfladen im Backofen. Du kannst sie nicht sehen, dich ekelt's vor ihr; würdest am liebsten ins Gesicht ihr spucken oder, mit Verlaub, auf den Busen rotzen; remedium amoris, ein Heilmittel gegen die Liebe; denn sie ist eine Schlampe und Vogelscheuche; zetert und zankt, ein rammelndes Reff, dumm und dreist, feige und frech, ein Unflat, ungebildet und unerzogen [...] aber er liebt sie, er bewundert sie, sieht an ihr kein Fehl und kein Falsch und will nur sie und sonst keine.[37]

[Vortrag im Rahmen der Milanesiana 2006]

René Magritte,
La connaissance absolue, 1965
Privatsammlung

Absolut und relativ

Dies ist Magrittes Gemälde *Die absolute Erkenntnis*. Ich zeige es Ihnen, um Sie bei Laune zu halten. Im Übrigen machen Sie sich auf alles gefasst: Ein seriöser Vortrag über die Begriffe des Absoluten und Relativen müsste mindestens zweitausendfünfhundert Jahre dauern – so lang, wie die reale Debatte darüber. Ich behandle das Thema hier, weil die diesjährige Milanesiana sich den Titel »Konflikte des Absoluten« gegeben hat, und natürlich habe ich mich zunächst gefragt, was mit dem Begriff »absolut« intendiert sein könnte. Es ist die elementarste Frage, die sich ein Philosoph stellen kann.

Als Erstes bin ich im Internet auf die Suche nach Gemälden gegangen, die sich im Titel auf das Absolute beziehen, und was ich gefunden habe – außer diesem Magritte, der mir jedoch philosophisch nicht viel sagt –, sind Bilder mit Titeln wie *La pittura dell'assoluto*, *Quête d'absolu*, *Auf der Suche nach dem Absoluten* oder *Marcheur d'Absolu* – zu schweigen von dem, was die Werbung mit dem Begriff anstellt, wie in den Bildern des Parfums Assoluto von Valentino, des Biftecks L'Absolu oder des Absolut Vodka. Wie's scheint, verkauft sich das Absolute gut.

Außerdem hat der Begriff des Absoluten mich auf eines seiner Gegenteile gebracht, nämlich den Begriff des Relativen, der in letzter Zeit sehr in Mode gekommen ist, seit Geistliche höchsten Ranges und sogar weltliche Denker eine Kampagne gegen den sogenannten Relativismus begonnen haben, der zu einem Schmähwort mit quasi terroristischen Zielen geworden ist, ähnlich dem Wort »Kommunismus« für Berlusconi. Ich werde mich hier jedoch damit begnügen, die Lage nicht etwa zu klären, sondern sie noch etwas mehr zu verwirren, indem ich deutlich zu machen versuche, dass beide Begriffe – je nach den Umständen und

Kontexten – sehr verschiedene Dinge bedeuten können, weshalb man sie nicht wie Baseballschläger benutzen darf.

Nach den Wörterbüchern der Philosophie wäre »absolut« alles, was *ab solutus* ist, losgelöst von allen Bindungen oder Begrenzungen, etwas, das nicht von anderem abhängt, sondern seinen Grund, seine Ursache und Erklärung in sich selbst hat. Also etwas sehr Gottähnliches, in dem Sinne, dass Gott sich als der »Ich bin, der ich bin« (*Ego sum qui sum*) definierte, demgegenüber alles andere *kontingent* ist, also seine Ursache nicht in sich selbst hat und – auch wenn es zufällig existiert – ebenso gut nicht existieren oder morgen nicht mehr existieren könnte, wie es beim Sonnensystem oder bei jedem von uns der Fall ist.

Als kontingente und daher zum Sterben bestimmte Wesen haben wir ein verzweifeltes Bedürfnis zu denken, dass man sich an etwas Unvergängliches halten könne, also an ein Absolutes. Dieses Absolute kann jedoch transzendent sein, wie die biblische Gottheit, oder immanent. Wir brauchen gar nicht von Spinoza oder Giordano Bruno zu sprechen – mit den idealistischen Philosophen treten auch wir ins Reich des Absoluten ein, denn das Absolute ist ihnen zufolge (zum Beispiel bei Schelling) die unauflösliche Einheit des erkennenden Subjekts und dessen, was damals als dem Subjekt äußerlich angesehen wurde, wie die Natur oder die Welt. Im Absoluten identifizieren wir uns mit Gott, sind wir Teil von etwas, das sich noch nicht völlig vollendet hat: Prozess, Entwicklung, endloses Wachstum und endlose Selbstdefinition. Doch wenn dem so ist, können wir das Absolute weder jemals definieren noch jemals erkennen, da wir Teil von ihm sind, und das begreifen zu wollen wäre wie der Versuch des Barons Münchhausen, sich am eigenen Schopf aus dem Sumpf zu ziehen.

Die Alternative ist also, an das Absolute als etwas zu denken, das nicht wir sind und das woanders ist, unabhängig von uns, wie der Gott des Aristoteles, der sich denkend selber denkt und der, wie es Joyce im *Porträt des Künstlers als junger Mann* wollte, »in oder hinter oder jenseits oder über dem Werk seiner Hände bleibt, unsichtbar, verfeinert bis zum Verschwinden, gleichgültig, nur damit beschäftigt, sich die

Nägel zu feilen«.[1] Tatsächlich erklärte bereits im 15. Jahrhundert Nikolaus Cusanus in *De docta ignorantia*: »Deus est absolutus.«

Doch für Cusanus ist Gott als der Absolute niemals völlig erkennbar. Das Verhältnis unserer Erkenntnis zu Gott ist wie das eines Polygons zu dem Kreis, in den es eingeschrieben ist: Je mehr sich die Seiten des Polygons vermehren, desto näher kommt es dem Kreis, aber Polygon und Kreislinie fallen niemals zusammen. Nach Cusanus ist Gott wie ein Kreis, dessen Mittelpunkt überall und dessen Rand nirgends ist.

Kann man sich einen solchen Kreis vorstellen? Mit dem Mittelpunkt überall und dem Rand nirgends? Natürlich nicht. Trotzdem können wir ihn verbal benennen, das ist es ja, was ich in diesem Augenblick tue, und jeder begreift, dass ich von etwas spreche, was mit Geometrie zu tun hat, nur dass es geometrisch unmöglich und unvorstellbar ist. Also gibt es einen Unterschied zwischen der Fähigkeit beziehungsweise Unfähigkeit, sich etwas vorzustellen, und der Fähigkeit, es dennoch verbal zu benennen, indem man ihm eine Bedeutung zuschreibt.

Was heißt ein Wort gebrauchen und ihm eine Bedeutung zuschreiben? Es kann vieles heißen:

A. *Instruktionen besitzen, mit deren Hilfe man den betreffenden Gegenstand oder die Situation oder das Ereignis erkennen kann.* Zum Beispiel gehört zur Bedeutung von Wörtern wie »Hund« oder »stolpern« eine Reihe von Beschreibungen, auch in Form von Bildern, durch die man einen Hund erkennen und von einer Katze unterscheiden oder zwischen stolpern und springen unterscheiden kann.

B. *Über eine Definition und/oder Klassifikation verfügen.* Es gibt Definitionen und Klassifikationen des Hundes, aber auch von Situationen oder Handlungen, wie vorsätzlicher Mord im Unterschied zu fahrlässiger Tötung.

C. *Andere Eigenschaften einer gegebenen Entität kennen, sogenannte faktische oder enzyklopädische Eigenschaften.* So weiß ich zum Beispiel vom Hund, dass er treu ist und sich gut für die Jagd oder als Wächter eignet, und vom Mord weiß ich, dass er nach dem Gesetz zu einer bestimmten Strafe führen kann, und so weiter.

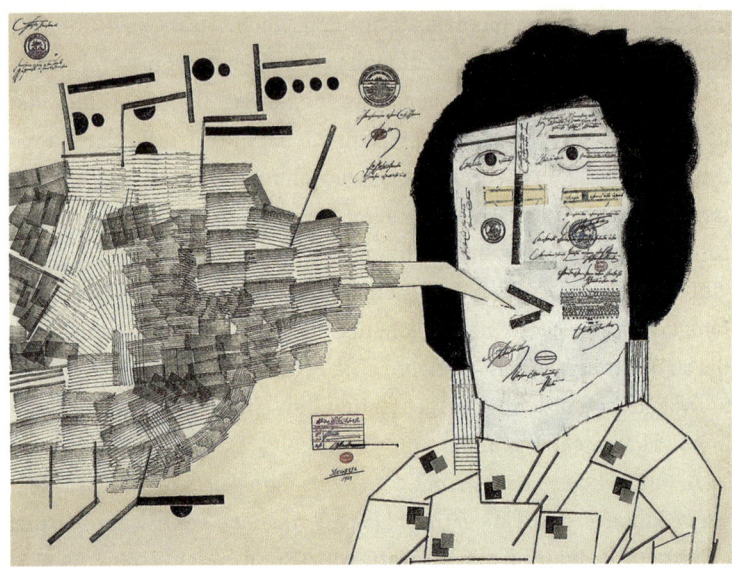

Saul Steinberg
Speech 2, 1969
Bloomfield Hills (MI),
Cranbrook Art Museum

D. *Wenn möglich Instruktionen darüber besitzen, wie der betreffende Gegenstand oder das Ereignis erzeugt wird.* Ich kenne die Bedeutung des Wortes »Vase«, weil ich weiß, auch wenn ich kein Töpfer bin, wie eine Vase produziert wird – und dasselbe gilt für die Wörter »Enthauptung« oder »Schwefelsäure«. Dagegen kenne ich bei einem Wort wie »Gehirn« zwar die Bedeutungen A und B und einige Eigenschaften C, aber ich weiß nicht, wie ich es produzieren könnte.

Einen sehr schönen Fall, in dem ich die Eigenschaften A, B, C und D kenne, hat Charles S. Peirce mit der folgenden Definition von Lithium vorgeschlagen:

Wenn Sie in einem Lehrbuch der Chemie nach einer Definition von *Lithium* suchen, erfahren Sie vielleicht, daß es sich um dasjenige Element handelt, dessen Atomgewicht beinahe 7 ist. Wenn aber der Autor einen logischeren Kopf besitzt, wird er Ihnen mitteilen, daß Sie unter den Mineralien, die glasartig, durchsichtig, grau oder weiß, sehr hart, spröde und unlöslich sind, nach einem Mineral suchen sollen, das einer nicht glänzenden Flamme einen karmesinroten Schimmer verleiht; wenn dieses Mineral mit Kalk oder Witherit pulverisiert und dann verschmolzen wird, kann es in Salzsäure teilweise aufgelöst werden; und wenn die Lösung verdampft und der Rückstand mit Schwefelsäure ausgeschieden und angemessen gereinigt wird, kann er mit gewöhnlichen Methoden in eine Chlorverbindung umgewandelt werden; im festen Zustand gewonnen, verschmolzen und mit einem halben Dutzend kräftiger Zellen elektrolysiert, bringt es ein Kügelchen eines rosigsilbrigen Metalls hervor, das auf Gasolin schwimmt; und *dessen* Material ist eine Lithiumprobe. Die Besonderheit dieser Definition – oder vielmehr dieser Unterweisung, die dienlicher ist als eine Definition – ist, daß sie Ihnen sagt, was das Wort *Lithium* bedeutet, indem sie vorschreibt, was Sie *tun* müssen, um mit dem Objekt der Welt eine wahrnehmungsmäßige Bekanntschaft zu schließen. (*Collected Papers*, 2330)[2]

Ein schönes Beispiel für eine vollständige und befriedigende Darstellung der Bedeutung eines Wortes. Andere Ausdrücke haben jedoch nebulöse und ungenaue Bedeutungen mit graduell absteigender Klarheit. Zum Beispiel hat auch der Ausdruck »die höchste gerade Zahl« eine Bedeutung, immerhin wissen wir, dass diese Zahl die Eigenschaft haben muss, durch zwei teilbar zu sein (und daher wären wir in der Lage, sie von der höchsten ungeraden Zahl zu unterscheiden), und wir haben sogar eine ungefähre Ahnung von ihrer Produktion, insofern wir uns vorstellen können, immer höher und höher zu zählen und dabei die ungeraden Zahlen von den geraden zu trennen ... Nur wissen wir, dass wir niemals zur höchsten gelangen werden. Es ist, als glaubten wir in einem Traum, nach etwas zu greifen, ohne es jemals erreichen zu können. Ein Ausdruck wie »Kreis mit Mittelpunkt überall und Rand nirgends« legt uns dagegen keinerlei Regel nahe, nach der wir ein entsprechendes Objekt produzieren könnten, er duldet nicht nur keinerlei Definition, sondern vereitelt auch jeden Versuch, uns eine vorzustellen, ohne dass uns dabei schwindelig wird. Ein Wort wie »Absolutes« hat eine letztlich tautologische Definition (absolut ist, was nicht kontingent ist, aber kontingent ist, was nicht absolut ist), es legt jedoch keine Beschreibungen, Definitionen und Klassifikationen nahe. Wir können uns auch keinerlei Instruktionen denken, um etwas Entsprechendes zu produzieren, wir kennen von ihm keine Eigenschaften und können nur annehmen, dass es alle besitzt und vermutlich jenes *id quo nihil maius cogitari possit* ist – das, worüber hinaus nichts Größeres gedacht werden kann –, von dem Anselm von Canterbury sprach (und hier kommt mir ein Ausspruch in den Sinn, der Arthur Rubinstein zugeschrieben wird: »Ob ich an Gott glaube? Nein, ich glaube an etwas ... viel Größeres ...«). Was wir uns allenfalls vorstellen können, wenn wir versuchen, es zu begreifen, ist die berühmte Nacht, in der alle Katzen grau sind.

Gewiss ist es möglich, das Unbegreifliche nicht nur verbal zu benennen, sondern sogar bildlich darzustellen. Aber diese Bilder stellen das Unbegreifliche nicht dar, sie laden uns nur ein zu versuchen, uns etwas Unbegreifliches vorzustellen, und dann frustrieren sie unsere Erwartung. Was uns überkommt, wenn wir sie zu begreifen versuchen, ist genau jenes Gefühl der Ohnmacht, das Dante im letzten Gesang des *Paradiso* ausdrückt, wo er sagen will, was er gesehen hat, als er den Blick auf Gott richten konnte, aber nichts anderes sagen kann, als dass er es nicht sagen kann, und so rekurriert er auf die faszinierende Metapher eines Buches mit unzähligen Seiten:

> O Gnadenfülle, die mich ließ erkühnen,
> Den Blick ins ewige Licht hineinzutauchen,
> So daß ich meine Sehkraft drin verzehrte!
> In seiner Tiefe sah ich, daß zusammen
> In einem Band mit Liebe eingebunden
> All das, was sonst im Weltall sich entfaltet.
> Die Wesenheiten, Zufall und ihr Walten
> Sind miteinander gleichsam so verschmolzen,
> Daß, was ich sage, nur ein einfach Leuchten.
> Die allgemeine Grundform dieses Knotens,
> Die hab ich wohl gesehen, darum fühl ich
> Bei meinem Wort die Freude reicher werden.
> Ein Augenblick nur ist mir längeres Träumen
> Als fünfundzwanzighundert Jahre waren,
> Seit einst Neptun ob Argos Schatten staunte.[3]

Nicht anders ist das Gefühl der Ohnmacht, das Leopardi ausdrückt, wenn er vom Unendlichen sprechen will: »... Così tra questa / immensità s'annega il pensier mio: / e il naufragar m'è dolce in questo mare«, »... So ertrinkt / in dieser Unermesslichkeit mein Denken, / und süß ist mir der Schiffbruch in diesem Meer«. Was an einen romantischen Maler wie Caspar David Friedrich erinnert, wie er versucht, die Erfahrung des Erhabenen auszudrücken, die am ehesten als das irdische Äquivalent der Erfahrung des Absoluten gelten kann.

Schon der Pseudo-Dionysius Areopagita hatte daran erinnert, dass man, da der Eine Gott so fern von uns ist, dass wir ihn weder verste-

Caspar David Friedrich,
Wanderer über dem Nebelmeer, um 1818
Hamburger Kunsthalle

hen noch fassen können, nur in Metaphern und Anspielungen von ihm sprechen sollte, besonders aber, um die Beschränktheit unseres Redens deutlich zu machen, durch negative Symbole und unangemessene Ausdrücke:

> Auch benennen sie ihn mit den Namen der niedrigsten Dinge,
> wohlriechende Salbe, Eckstein, ja sogar Tiergestalt schreiben
> sie ihm zu, geben ihm die Charakteristika von Löwen und Panthern und sagen, er sei wie ein Leopard und wie eine wütende
> Bärin. (*Himmlische Hierarchie*, II, 5)

Einige naive Philosophen haben die Meinung vertreten, allein die Dichter könnten uns sagen, was das Sein oder das Absolute sei, aber faktisch bringen die Dichter nur das *Unbestimmte* zum Ausdruck. Dies war die Poetik von Stéphane Mallarmé, der sein Leben damit verbrachte, eine »orphische Erklärung der Erde« auszudrücken:

> Ich sage: eine Blume! und aus dem Vergessen, in das meine
> Stimme jeden Umriss verbannt, erhebt sich, als etwas anderes
> denn die gewussten Kelche, musikalisch, selber Idee und sanft,
> die Abwesende in allen Sträußen. (*Crise de vers*, 1895)*

Eigentlich ist dieser Text unübersetzbar, er besagt nur, dass ein Wort benannt wird, isoliert im weißen Raum, der es umgibt, und dass aus ihm die Totalität des Ungesagten hervorgehen muss, aber in Form einer Abwesenheit:

> Ein Objekt zu benennen heißt, drei Viertel der Kraft seiner
> Poesie zu unterdrücken, die aus dem Glück besteht, Stück für
> Stück zu erraten: Nahelegen, das ist der Traum. (*Sur l'Évolution
> littéraire: réponse à l'enquête de Jules Huret*, 1891)

Mallarmés ganzes Leben stand im Zeichen dieses Traums und zugleich in dem des Scheiterns. Eines Scheiterns, das Dante von Anfang an als gegeben hinnahm, verstand er es doch als luziferischen Hoch-

---

* Franz.: Je dis: une fleur! et, hors de l'oubli où ma voix relègue aucun contour, en tant que quelque chose d'autre que le calices sus, musicalement se lève, idée même et suave, l'absente de tous bouquets. (A. d. Ü.)

mut, auf endliche Weise das Unendliche ausdrücken zu wollen, und das Scheitern der Dichtung vermied er gerade dadurch, dass er sich einer Dichtung des Scheiterns verschrieb; nicht einer Dichtung, die das Unsagbare sagen will, sondern einer Dichtung der Unmöglichkeit, es zu sagen.

Bedenken wir dabei, dass Dante gläubig war (wie übrigens auch der Pseudo-Dionysius und Cusanus). Kann man an ein Absolutes glauben und zugleich behaupten, dass es undenkbar und undefinierbar ist? Sicher, wenn man akzeptiert, dass der unmögliche Gedanke des Absoluten ersetzt wird durch das Gefühl des Absoluten und folglich den Glauben, definiert als »Wesenheit erhoffter Dinge und Begründung der noch nicht geschauten«.[4] Elie Wiesel hat im Verlauf dieser Milanesiana an das Wort von Kafka erinnert, nach dem es möglich ist, *mit* Gott zu sprechen, aber nicht *von* Gott zu sprechen. Wenn das Absolute philosophisch gesehen eine Nacht ist, in der alle Katzen grau sind, ist es für einen Mystiker wie Juan de la Cruz, der es als *noche oscura* wahrnimmt (»O Nacht, die mich lenkte! / O Nacht, holder als das Frührot!«[5]), eine Quelle unaussprechlicher Hochgefühle. Juan de la Cruz drückt seine mystische Erfahrung durch Gedichte aus: Angesichts der Unsagbarkeit des Absoluten kann uns die Tatsache, dass diese unaufgelöste Spannung sich materiell in eine vollendete Form aufzulösen vermag, als eine Garantie erscheinen. Was Keats in seiner *Ode auf eine griechische Urne* erlaubte, die Schönheit als Substitut der Erfahrung des Absoluten zu sehen:

Beauty is truth, truth beauty, that is all / ye know on earth, and all ye need to know. [Schönheit ist Wahrheit, Wahrheit Schönheit, dies ist alles, was ihr auf Erden wisst, und alles, was ihr zu wissen braucht.]*

---

* In der Übers. von Heinz Piontek: »Schönes ist wahr und Wahres schön – dies ist, / was ihr auf Erden wißt, mehr frommt euch nicht.« (A. d. Ü.)

Dies mag denen genügen, die beschlossen haben, eine ästhetische Religion zu praktizieren. Aber Juan de la Cruz hätte uns hier erwidert, dass es in Wirklichkeit nur seine mystische Erfahrung des Absoluten war, die ihm die einzige mögliche Wahrheit garantierte. Daher die Überzeugung vieler gläubiger Menschen, dass jene Philosophien, welche die Möglichkeit der Erkenntnis des Absoluten verneinen, automatisch auch jedes Wahrheitskriterium verneinen, oder dass sie umgekehrt, wenn sie die Existenz eines absoluten Wahrheitskriteriums verneinen, zugleich die Möglichkeit einer Erfahrung des Absoluten verneinen. Aber eins ist es zu sagen, dass eine Philosophie die Möglichkeit der Erkenntnis des Absoluten verneine, und etwas anderes, dass sie jedes Wahrheitskriterium verneine, auch für alles, was sich auf die kontingente Welt bezieht. Sind Wahrheit und Erfahrung des Absoluten wirklich so untrennbar?

Das Vertrauen darauf, dass es etwas Wahres gibt, ist von grundlegender Bedeutung für das Überleben der Menschen. Wenn wir nicht denken würden, dass die anderen, wenn sie mit uns sprechen, entweder etwas Wahres oder etwas Falsches sagen, dann wäre kein Zusammenleben möglich. Wir könnten uns nicht einmal darauf verlassen, dass wir es bei einer Schachtel, auf der »Aspirin« geschrieben steht, nicht mit Strychnin zu tun haben.

Eine Widerspiegelungstheorie der Wahrheit ist diejenige, für welche die Wahrheit *adaequatio rei et intellectus* ist, Übereinstimmung von Sache und Verstand, als wäre unser Verstand ein Spiegel, der, wenn er gut funktioniert und nicht das Bild verzerrt oder beschlagen ist, die Dinge so wiedergibt, wie sie sind. Es ist diese Theorie, die zum Beispiel Thomas von Aquin vertreten hat, aber auch Lenin in *Materialismus und Empiriokritizismus* (1909), und da Thomas nicht gut Leninist gewesen sein konnte, müsste man daraus schließen, dass Lenin als Philosoph ein Neothomist war – natürlich ohne es zu wissen. In Wirklichkeit sind wir aber, außer in ekstatischen Zuständen, gezwungen zu reden und zu sagen, was unser Verstand reflektiert. Dabei definieren wir jedoch als wahr (oder falsch) nicht die Dinge, sondern die Aussagen, die wir über

Tomb of Keats.

Frederick William Fairholt
Grabmal von John Keats, 1873
Illustration zum Stichwort »Virtue«

die Dinge machen. Nach der berühmten Definition von Alfred Tarski ist der Satz »Der Schnee ist weiß« nur dann wahr, wenn der Schnee weiß ist. Aber lassen wir die Weiße des Schnees, die, wenn die USA sich nicht bald zur Unterzeichnung des Kyoto-Protokolls verstehen, ohnehin immer fragwürdiger wird, und nehmen wir ein anderes Beispiel: Der Satz »Es regnet« (in Anführungszeichen) ist nur dann wahr, wenn es draußen regnet (ohne Anführungszeichen).

Der erste Teil dieser Definition (der in Anführungszeichen) ist ein verbaler Satz und repräsentiert nichts anderes als sich selbst, der zweite dagegen müsste zum Ausdruck bringen, wie die Dinge tatsächlich liegen. Aber das, was eine Lage oder ein Stand der Dinge sein müsste, wird ebenfalls wieder verbal ausgedrückt. Um diese sprachliche Mediation zu vermeiden, müssten wir sagen, der Satz »Es regnet« (in Anführungszeichen) ist wahr, wenn es *das da draußen* wirklich gibt – und dabei würden wir wortlos auf den Regen draußen zeigen. Doch während uns solch ein gestischer Rekurs auf die Evidenz der Sinne beim Regen noch möglich erscheint, wäre es sehr viel schwieriger, dasselbe bei einem Satz wie »Die Erde dreht sich um die Sonne« zu machen (auch weil unsere Sinne uns hier genau das Gegenteil sagen würden).

Um zu klären, ob die verbale Aussage einem faktischen Stand der Dinge entspricht, muss man zuvor den Ausdruck »regnen« interpretiert und eine Definition festgelegt haben. Man muss geklärt haben, dass es, um von Regen zu sprechen, nicht genügt, ein paar herabfallende Wassertropfen wahrzunehmen (denn es könnte ja auch sein, dass jemand oben auf seinem Balkon die Blumen gießt), dass die Tropfen eine gewisse Beschaffenheit haben müssen (sonst könnten wir es auch mit Tau oder Raureif zu tun haben), dass die Wahrnehmung eine gewisse Dauer haben muss (andernfalls würden wir von einem kurzen Schauer sprechen) und so weiter. Ist dies einmal festgelegt, muss man zu einer empirischen Verifizierung übergehen, die im Falle des Regens jedermann vornehmen kann (es genügt, die Hand hinauszustrecken und den eigenen Sinnen zu trauen).

Andreas Cellarius

Tafel aus *Harmonia Macrocosmica*

Geozentrisches Weltbild nach Ptolemäus, Amsterdam 1708

Im Falle des Satzes »Die Erde dreht sich um die Sonne« sind die Verifizierungsverfahren jedoch komplizierter. In welchem Sinne sind die folgenden Aussagen jeweils wahr?

1. Ich habe Bauchweh.
2. Heute Nacht ist mir Pater Pio im Traum erschienen.
3. Morgen wird es bestimmt regnen.
4. Die Welt wird im Jahre 2536 untergehen.
5. Es gibt ein Leben nach dem Tod.

Die Sätze 1 und 2 drücken jeweils eine subjektive Offensichtlichkeit aus, aber Bauchweh ist ein offensichtliches und ununterdrückbares Gefühl, während ich bei der Erinnerung an einen Traum, den ich in der letzten Nacht gehabt habe, nicht sicher sein kann, ob ich mich richtig erinnere. Außerdem lassen sich die beiden Sätze nicht unmittelbar von anderen Personen verifizieren. Gewiss hätte ein Arzt, der herausfinden will, ob ich wirklich eine Magenverstimmung habe oder nur ein Hypochonder bin, einige Mittel, um das zu prüfen, aber größere Schwierigkeiten hätte ein Psychoanalytiker, dem ich von meinem Traum mit Pater Pio erzählte, denn ich könnte ihn ja auch belügen.

Die Sätze 3, 4 und 5 sind nicht unmittelbar verifizierbar. Doch ob es morgen regnen wird, kann morgen verifiziert werden, während es bei der Behauptung des Weltuntergangs im Jahre 2536 einige Probleme aufwerfen würde (deswegen unterscheiden wir zwischen der Glaubwürdigkeit eines Meteorologen und der eines Propheten). Der Unterschied zwischen den Sätzen 4 und 5 ist schließlich, dass 4 zumindest im Jahr 2536 wahr oder falsch wird, während 5 für alle Zeiten empirisch unentscheidbar bleibt, *per saecula saeculorum*.

1. Jeder rechte Winkel hat zwangsläufig 90 Grad.
2. Wasser kocht immer bei 100 Grad.
3. Äpfel sind Bedecktsamer.
4. Napoleon ist am 5. Mai 1821 gestorben.

5. Man gelangt an die Küste, wenn man dem Lauf der Sonne folgt.
6. Jesus ist der Sohn Gottes.
7. Die richtige Auslegung der heiligen Schriften definiert das Lehramt der Kirche.
8. Embryos sind bereits menschliche Wesen mit Seele.

Einige dieser Sätze sind wahr oder falsch auf Basis von Regeln, die wir uns gesetzt haben: Ein rechter Winkel hat 90 Grad nur im Bereich eines Systems euklidischer Postulate, Wasser kocht bei 100 Grad nicht nur dann, wenn wir einem durch induktive Verallgemeinerung gewonnenen physikalischen Gesetz vertrauen, sondern auch nur dann, wenn wir die Definition der Grade nach Celsius zugrunde legen, und Äpfel sind Bedecktsamer nur auf Basis einiger Regeln der botanischen Klassifizierung.

Einige dieser Aussagen setzen voraus, dass wir auf Verifizierungen vertrauen, die andere bereits vorgenommen haben: Wir glauben, dass Napoleon tatsächlich am 5. Mai 1821 gestorben ist, weil wir akzeptieren, was uns die Geschichtsbücher sagen, aber wir müssen immer mit der Möglichkeit rechnen, dass morgen ein neues Dokument in den Archiven der britischen Admiralität auftaucht, aus dem hervorgeht, dass Napoleon an einem anderen Tag gestorben ist. Manchmal übernehmen wir auch aus praktischen Gründen eine Idee, als ob sie wahr wäre, obwohl wir wissen, dass sie falsch ist: Um uns zum Beispiel in der Wüste zu orientieren, verhalten wir uns so, als würde die Sonne sich wirklich von Osten nach Westen bewegen.

Was die religiösen Aussagen angeht, so werden wir nicht behaupten, dass sie unentscheidbar seien. Wenn man die Berichte der Evangelien als historische Zeugnisse akzeptiert, würden die Belege für die göttliche Herkunft Jesu auch einen Protestanten überzeugen. Das gilt jedoch nicht im Hinblick auf das Lehramt der Kirche. Dagegen ist die Aussage über Embryos als menschliche Wesen mit Seele ganz davon abhängig, wie man die Bedeutungen der Wörter »Leben«, »menschlich« und »Seele« definiert. Thomas von Aquin zum Beispiel lehrte,

William Blake
Newton, 1795–1805
London, Tate Gallery

Embryos hätten nur eine *anima sensitiva*, wie die Tiere, und da sie infolgedessen noch keine menschlichen Wesen mit einer *anima rationalis* seien, hätten sie nicht an der Auferstehung des Fleisches teil. Heute würde Thomas dafür der Häresie angeklagt, aber in jener hochkultivierten Epoche wurde er heiliggesprochen.

Wir müssen also entscheiden, wie wir die Wahrheitskriterien, die wir benutzen, von Mal zu Mal neu verhandeln.

Es ist gerade die Anerkennung der verschiedenen Grade von Verifizierbarkeit und Akzeptabilität einer Wahrheit, auf der unser Sinn für Toleranz beruht. Ich kann die wissenschaftliche und didaktische Pflicht haben, einen Studenten durchfallen zu lassen, der behauptet, das Wasser koche bei 90 Grad wie der rechte Winkel (das soll tatsächlich bei einem Examen gesagt worden sein), aber auch ein Christ müsste akzeptieren, dass es für manche Menschen keinen anderen Gott als Allah gibt und dass Mohammed sein Prophet ist – und wir verlangen dasselbe umgekehrt von den Muslimen.

Im Lichte einiger neuerer Streitschriften scheint es jedoch, dass diese Unterscheidung zwischen verschiedenen Wahrheitskriterien, die typisch für das moderne und besonders das logisch-wissenschaftliche Denken ist, zu einem Relativismus führt, der als historische Krankheit der zeitgenössischen Kultur verstanden wird, da er angeblich jede Idee von Wahrheit verneint. Was verstehen die Antirelativisten unter Relativismus?

Einige philosophische Lexika sagen uns, dass es einen kognitiven oder Erkenntnisrelativismus gibt, für den die Gegenstände nur unter bestimmten Bedingungen der menschlichen Fähigkeiten erkannt werden können. Aber in diesem Sinne wäre auch Kant ein Relativist gewesen, obwohl er keineswegs leugnete, dass allgemeingültige Gesetze möglich sind – und obwohl er überdies, wenn auch aus moralischen Gründen, an Gott glaubte.

Einem anderen philosophischen Lexikon zufolge versteht man jedoch unter Relativismus »jede Konzeption, die keine absoluten Prinzipien im Bereich des Erkennens und Handelns gelten lässt«. Aber es ist ein Unterschied, ob man absolute Prinzipien im Bereich des Erkennens oder in dem des Handelns ablehnt. Es gibt Leute, die den Satz »Pädophilie ist böse« als eine relative Wahrheit betrachten, die nur in einem bestimmten Wertesystem gilt, da Pädophilie in manchen Kulturen anerkannt oder geduldet wurde, und die trotzdem der Ansicht sind, dass der Satz des Pythagoras zu allen Zeiten und in jeder Kultur gültig sein muss.

Kein ernsthafter Mensch würde Einsteins Relativitätstheorie mit dem Etikett des Relativismus versehen. Die Erkenntnis, dass eine Messung von den Bewegungsbedingungen des Messenden abhängt, erweist sich als gültiges Prinzip für alle Menschen zu jeder Zeit und an jedem Ort.

Der Relativismus als philosophische Lehre dieses Namens entsteht zusammen mit dem Positivismus des 19. Jahrhunderts, der die Nicht-Erkennbarkeit des Absoluten vertritt und es bestenfalls als die mobile Grenze einer fortdauernden wissenschaftlichen Forschung versteht. Aber kein Positivist hat jemals behauptet, dass man niemals zu objektiv verifizierbaren und allgemeingültigen wissenschaftlichen Wahrheiten gelangen könne.

Eine philosophische Position, die bei eiliger Lektüre der Handbücher als relativistisch definiert werden könnte, ist der sogenannte *Holismus*, dem zufolge jede Aussage nur innerhalb eines organischen Systems von Annahmen wahr oder falsch ist (und eine Bedeutung erlangt), nur innerhalb eines gegebenen begrifflichen Schemas oder, wie andere gesagt haben, innerhalb eines gegebenen wissenschaftlichen Paradigmas. Ein Holist behauptet (zu Recht), dass der Begriff des Raumes im aristotelischen System einen anderen Sinn als im newtonschen System hat, weshalb die beiden Systeme unvereinbar sind, und dass ein wissenschaftliches System so gut wie das andere ist, wenn und insoweit es ihm gelingt, ein Ensemble von Phänomenen zu erklären. Aber die Holisten sind die Ersten, die uns sagen, dass es Systeme gibt, denen es mitnichten gelingt, ein Ensemble von Phänomenen zu erklären, und dass einige sich auf die Dauer durchsetzen, weil ihnen das besser gelingt als anderen. Daher sieht sich auch der Holist in seiner scheinbaren Toleranz mit etwas konfrontiert, das er erklären muss, und dabei hält er sich, auch wenn er es nicht so sagt, an das, was ich einen Minimalrealismus nennen würde, für den es *eine bestimmte Art und Weise geben muss, wie die Dinge sind oder laufen.* Vielleicht werden wir diese Art und Weise niemals erkennen können, aber wenn wir nicht glauben würden, dass es sie gibt, wäre unsere Forschung sinnlos, und es hätte auch keinen Sinn, immer neue Systeme zur Erklärung der Welt auszuprobieren.

Der Holist nennt sich gewöhnlich *Pragmatist*, aber auch hier sollte man die Handbücher der Philosophie nicht zu eilig lesen: Der wahre Pragmatist, wie Peirce es war, sagte nicht, dass die Ideen nur wahr sind, wenn sie sich als effizient erweisen, sondern dass sich ihre Effizienz erweisen wird, wenn sie wahr sind. Und als er den *Fallibilismus* vertrat, das heißt die Möglichkeit, dass unsere Erkenntnisse alle und immer fehlerhaft sein können, behauptete er zugleich, dass die menschliche Gemeinschaft durch fortwährende Korrektur ihrer Erkenntnisse »die Fackel der Wahrheit« voranträgt.

Was dazu verleitet, diese Theorien des Relativismus zu verdächtigen, ist der Umstand, dass die verschiedenen Systeme miteinander unvereinbar sind. Gewiss ist das ptolemäische Weltsystem unvereinbar mit dem kopernikanischen, und nur in Ersterem haben die Begriffe »Epizykel« und »Deferent« einen Sinn. Aber dass die beiden Systeme unvereinbar sind, heißt nicht, dass sie nicht vergleichbar wären, und gerade wenn wir sie miteinander vergleichen, verstehen wir, welche Himmelserscheinungen es sind, die Ptolemäus mit den Begriffen Epizykel und Deferent erklärte, und wir begreifen, dass es dieselben Phänomene sind, welche die Kopernikaner mit einem anderen begrifflichen Schema zu erklären versuchen.

Der Holismus der Philosophen gleicht dem Holismus der Sprachwissenschaftler, für den eine gegebene Sprache durch ihre semantische und syntaktische Struktur eine bestimmte Weltanschauung erzwingt, sodass ihre Sprecher gewissermaßen Gefangene ihrer Sprache sind. So hat Benjamin Lee Whorf argumentiert, dass zum Beispiel die westlichen Sprachen dazu tendierten, viele Ereignisse als Objekte zu analysieren, und dass ein Ausdruck wie »drei Tage« grammatikalisch auf gleicher Stufe wie »drei Äpfel« stehe, während einige Sprachen der nordamerikanischen Ureinwohner prozessorientiert seien und Ereignisse sähen, wo wir Dinge sehen - weshalb die Sprache der Hopi besser als das Englische geeignet sei, manche Phänomene der modernen Physik zu beschreiben. Desgleichen hat Whorf angeführt, dass die Eskimos für das Wort »Schnee« mindestens vier verschiedene Termini haben, je nach der Beschaffenheit des gemeinten Schnees, und dass sie folglich mehrere verschiedene Dinge sähen, wo wir nur eines wahrnähmen. Abgesehen davon, dass dieser Punkt umstritten ist, kann jedenfalls auch ein westlicher Skiläufer sehr wohl zwischen verschiedenen Arten von Schnee unterscheiden, und ein Eskimo braucht bloß eine Zeit lang mit uns in Kontakt zu kommen, um zu begreifen, dass wir, wenn wir etwas »Schnee« nennen, wofür er vier verschiedene Wörter hat, uns nicht anders verhalten als ein Franzose, der mit *glace* so verschiedene Dinge wie gefrorenes Wasser, Eiszapfen, Speiseeis, Spiegel und Fensterglas bezeichnet und trotzdem nicht so sehr Gefangener seiner Sprache ist, dass er sich morgens beim Rasieren in einem Speiseeis betrachtet.

Schließlich gehört die holistische Perspektive – die übrigens keineswegs vom ganzen zeitgenössischen Denken akzeptiert wird – in den Umkreis all jener Theorien der Perspektivität des Erkennens, denen zufolge die Wirklichkeit aus verschiedenen Perspektiven dargestellt werden kann und jede einem Aspekt der Wirklichkeit entspricht, auch wenn sie nicht deren ganzen unerschöpflichen Reichtum erfasst. Es steckt nichts Relativistisches in der Behauptung, dass die Wirklichkeit immer von einem partikularen Standpunkt aus definiert wird (wobei partikular nicht subjektiv und individuell heißen muss), sowenig wie die Annahme, dass wir die Wirklichkeit immer nur durch die Brille einer bestimmten Beschreibung sehen, uns davon befreit, zu glauben und zu hoffen, dass das, was wir uns dabei vorstellen, immer ein und dieselbe Sache bleibt.

Neben dem kognitiven Relativismus führen die philosophischen Handbücher auch den kulturellen Relativismus auf. Dass verschiedene Kulturen nicht nur verschiedene Sprachen und Mythologien, sondern auch verschiedene Moralvorstellungen haben (die alle in ihrem Lebensbereich vernünftig sind), haben zuerst Montaigne und dann Locke zu begreifen begonnen, als Europa etwas kritischer in Kontakt mit anderen Kulturen kam. Dass gewisse Ureinwohner von Neuguinea noch heute den Kannibalismus als legitim und empfehlenswert ansehen (und ein Engländer nicht), scheint mir ebenso unbestreitbar wie die Tatsache, dass Ehebruch in manchen Ländern auf andere Weise geahndet wird als bei uns. Doch die Anerkennung der Verschiedenheit der Kulturen leugnet erstens nicht, dass bestimmte Verhaltensweisen

Théodore de Bry
Columbus auf Hispaniola,
aus: *History of America,* hg. von Justin
Winsor, London 1886

für alle gelten (zum Beispiel die Liebe einer Mutter zu ihren Kindern
oder die Tatsache, dass gewöhnlich mehr oder minder dieselben Ge-
sichtsausdrücke benutzt werden, um Abscheu oder Freude auszudrücken), und sie impliziert zweitens nicht automatisch jenen moralischen Relativismus, dem zufolge wir mangels gleicher ethischer Werte für alle Kulturen unser Verhalten frei nach unseren Wünschen und
Interessen ausrichten können. Anzuerkennen, dass eine andere Kultur
eben anders ist und in ihrer Andersartigkeit respektiert werden muss,
heißt nicht, auf die eigene kulturelle Identität zu verzichten.

Wie kommt es dann, dass heute ein Gespenst des Relativismus als
homogene Ideologie und Krebsgeschwür der modernen Zivilisation
beschworen wird?

Es gibt eine laizistische Kritik am Relativismus, die sich hauptsäch-
lich gegen die Exzesse des kulturellen Relativismus richtet. Marcello
Pera, der seine Thesen in einem gemeinsam mit Joseph Ratzinger ver-
fassten Buch vorgelegt hat (*Senza radici,* Mailand 2004[6]), weiß sehr
wohl, dass es Unterschiede zwischen den Kulturen gibt, erklärt aber,
es gebe einige Werte der westlichen Kultur (wie Demokratie, Trennung
zwischen Staat und Religion, Liberalismus), die sich als den Werten

anderer Kulturen überlegen erwiesen hätten. Nun hat die westliche Kultur gute Gründe, sich im Hinblick auf diese Themen für höher entwickelt als andere zu halten, aber wenn Pera behauptet, diese Überlegenheit müsse als allgemein evident anerkannt werden, benutzt er ein anfechtbares Argument. So schreibt er: »Wenn Angehörige der Kultur B freimütig zeigen, dass sie die Kultur A vorziehen, und nicht umgekehrt – wenn zum Beispiel die Migrationsströme vom Islam zum Westen fließen und nicht umgekehrt –, dann besteht Grund zur Annahme, dass A besser als B ist.«

Das Argument ist schwach, sind doch zum Beispiel die Iren im 19. Jahrhundert nicht massenhaft nach Amerika emigriert, weil sie die mehrheitlich protestantischen USA ihrem geliebten katholischen Irland vorgezogen hätten, sondern weil sie zu Hause wegen der Kartoffelfäule verhungerten. Marcello Peras Ablehnung des Kulturrelativismus wird von der Sorge diktiert, dass die Toleranz gegenüber anderen Kulturen zur Kapitulation entarte und der Westen sich unter dem Druck der Einwanderungsströme dem Machtstreben fremder Kulturen beuge. Peras Problem ist nicht die Verteidigung des Absoluten, sondern die des Abendlandes.

In seinem Buch *Contro il relativismo* (Rom 2005) baut sich der Neuropsychologe und Psychiater Giovanni Jervis einen relativistischen Buhmann auf, einen seltsamen Verschnitt von Spätromantiker, postmodernem Denker in der Nachfolge Nietzsches und New-Age-Anhänger, für den der Relativismus eine Form von Irrationalismus ist, der sich dem wissenschaftlichen Denken entgegenstellt. Jervis prangert eine reaktionäre Natur des Kulturrelativismus an: Wer verlange, dass jede Form von Gesellschaft respektiert und gerechtfertigt, wenn nicht idealisiert werden müsse, befördere die Ghettoisierung der Völker. Mehr noch, jene Kulturanthropologen, die, statt nach biologischen Charakteristika und konstanten Verhaltensweisen der Völker zu suchen, ihre nur kulturbedingten Verschiedenheiten betonten – womit sie der Kultur zu viel Bedeutung beimäßen und die biologischen Faktoren vernachlässigten –, verträten indirekt ein weiteres Mal den Primat des Geistes über die Materie und solidarisierten sich dadurch mit den Instanzen eines religiösen Denkens.

Es bleibt also unklar, ob der Relativismus sich nun gegen den religiösen Geist richtet oder umgekehrt eine maskierte Form von religiösem Denken ist. Wenn sich doch wenigstens die Antirelativisten darüber einigen würden! Tatsache ist jedenfalls, dass verschiedene Personen von Relativismus sprechen und damit verschiedene Phänomene meinen.

Bei einigen Gläubigen handelt es sich um eine doppelte Furcht: zum einen, dass der Kulturrelativismus zwangsläufig zu moralischem Relativismus führe – als bedeute die Anerkennung des Rechts der Papuas, sich einen Ring durch die Nase zu bohren, dass man in Irland das Recht hat, ein siebenjähriges Kind sexuell zu missbrauchen; und zum anderen, dass die These, es gebe verschiedene Arten, die Wahrheit einer Aussage zu überprüfen, die Erkenntnismöglichkeit einer absoluten Wahrheit infrage stelle. Das ist offenkundig nicht wahr. Es gibt erwiesenermaßen Leute, die glauben, die Jungfrau Maria sei wirklich in Lourdes erschienen, aber zugleich behaupten, der neuseeländische Kormoran sei nur per klassifikatorischer Übereinkunft ein *Phalacrocorax carbo*.

Über den Kulturrelativismus hatte der damalige Kardinal Ratzinger (ich widerspreche Kardinälen, nicht Päpsten, denn heutzutage weiß man ja nie) in einer lehramtlichen Anmerkung der Glaubenskongregation von 2002 behauptet, es gebe eine enge Beziehung zwischen kulturellem und ethischem Relativismus, wobei er beklagte, dass von verschiedener Seite die Meinung vertreten werde, der ethische Pluralismus sei die Grundbedingung der Demokratie.

Schon Papst Johannes Paul II. hatte 1998 in seiner Enzyklika *Fides et ratio* erklärt:

Die moderne Philosophie hat das Fragen nach dem Sein vernachlässigt und ihr Suchen auf die Kenntnis vom Menschen konzentriert. Anstatt von der dem Menschen eigenen Fähigkeit zur Wahrheitserkenntnis Gebrauch zu machen, hat sie es vorgezogen, deren

Grenzen und Bedingtheiten herauszustellen. Daraus entstanden verschiedene Formen von Agnostizismus und Relativismus, die schließlich zur Folge hatten, daß sich das philosophische Suchen im Fließsand eines allgemeinen Skeptizismus verlor.

Und Kardinal Ratzinger, in einer Predigt vor seiner Wahl zum Papst:
Es entsteht eine Diktatur des Relativismus, die nichts als endgültig anerkennt und als letztes Maß nur das eigene Ich und seine Gelüste gelten läßt. Wir haben jedoch ein anderes Maß: den Sohn Gottes, den wahren Menschen.[7]

Hier stehen sich zwei Begriffe von Wahrheit gegenüber, einer als semantische Eigenschaft verbaler Aussagen und einer als Eigenschaft Gottes. Dies liegt daran, dass schon in der Heiligen Schrift (zumindest nach den Übersetzungen, in denen wir sie kennen) beide Wahrheitsbegriffe vorkommen. Mal werden darin das Wort »Wahrheit« und seine Ableitungen als Entsprechung zwischen etwas Gesagtem und einem realen Zustand der Dinge gebraucht (»wahrlich, ich sage euch«, im Sinne von »ich sage euch die Wahrheit«), und mal ist Wahrheit die innerste Eigenschaft Gottes (»Ich bin der Weg, die Wahrheit und das Leben«). Dies hat viele Kirchenväter zu Positionen geführt, die Ratzinger heute relativistisch nennen würde, da sie sagten, es sei nicht wichtig, sich darum zu kümmern, ob eine gegebene Aussage über die Welt dem realen Stand der Dinge entspreche, solange man nur die einzige dieses Namens würdige Wahrheit beachte, nämlich die Heilsbotschaft. Augustinus schien in der Frage, ob die Erde eine Kugel oder eine flache Scheibe sei, zur ersteren Position zu neigen, aber da er überzeugt war, dass die richtige Antwort niemandem dabei helfe, seine Seele zu retten, kam er zu dem Ergebnis, dass in der Praxis die eine Theorie so gut wie andere sei.

Demgegenüber ist es schwer, in den vielen Schriften von Kardinal Ratzinger eine Definition der Wahrheit zu finden, die nicht die der offenbarten und in Christus fleischgewordenen Wahrheit ist. Doch wenn die Wahrheit des Glaubens eine offenbarte Wahrheit ist, warum soll man sie dann der Wahrheit der Philosophen und der Naturwissenschaftler entgegenstellen, die ein Konzept anderer Art und mit anderen Zielen ist? Es würde genügen, sich an Thomas von Aquin zu halten, der in *De aeternitate mundi*, wohl wissend, dass die Übernahme der averroistischen These von der Ewigkeit der Welt eine schreckliche Häresie wäre, als Glaubenswahrheit akzeptierte, dass die Welt geschaffen worden sei, aber aus kosmologischer Sicht einräumte, dass man rational weder beweisen könne, dass die Welt geschaffen worden, noch dass sie ewig sei. Ratzinger schreibt dagegen in seinem Beitrag zu einem Sammelband über den Monotheismus (*Il monoteismo*, Mailand 2002), das Wesen des ganzen modernen philosophischen und wissenschaftlichen Denkens bestehe darin, dass

> die Wahrheit als solche – so meint man – nicht erkennbar sei, aber dass man Stück für Stück mit den kleinen Schritten der Verifikation und der Falsifikation vorankommen könne. Es bestärkt sich die Tendenz, den Begriff der Wahrheit durch den des Konsens zu ersetzen. Das aber bedeutet, dass der Mensch sich von der Wahrheit trennt, und damit auch von der Unterscheidung zwischen Gut und Böse, um sich ganz dem Prinzip der Mehrheitsentscheidung zu unterwerfen [...] Der Mensch entwirft und »baut sich« die Welt ohne prästabilierte Kriterien, und so überwindet er zwangsläufig auch den Begriff der menschlichen Würde, wodurch auch die Menschenrechte problematisch werden. In einer solchen Konzeption der Vernunft und der Rationalität bleibt kein Raum für den Gottesbegriff.

Diese Extrapolation, durch die man von einem vorsichtigen Begriff wissenschaftlicher Wahrheit als Gegenstand fortwährender Überprüfung und Korrektur zu einer Anklage der Zerstörung aller menschlichen Würde gelangt, ist nicht vertretbar, es sei denn, man identifiziert das gesamte moderne Denken mit der Behauptung, es gebe keine Tatsachen, sondern nur Interpretationen, ergo gebe es kein Fundament des Seins, ergo sei Gott tot und damit alles möglich.

Nun sind freilich weder Ratzinger noch die Antirelativisten generell Visionäre oder Verschwörer. Es ist einfach so, dass diejenigen Antirelativisten, die ich als moderat oder kritisch bezeichne, ihren Feind allein in jener spezifischen Form von extremem Relativismus sehen, dem zufolge es keine Tatsachen, sondern nur Interpretationen gibt, während diejenigen Antirelativisten, die ich als radikal bezeichne, die Behauptung, es gebe keine Tatsachen, sondern nur Interpretationen, auf das gesamte moderne Denken ausweiten, womit sie einen Fehler begehen, der ihnen – zumindest in der Universität meiner Zeit – nicht gestattet hätte, ein Examen in Philosophiegeschichte zu bestehen.

Der Gedanke, dass es keine Tatsachen, sondern nur Interpretationen gebe, kommt erstmals bei Nietzsche auf und findet sich sehr klar ausgedrückt in seiner Schrift *Über Wahrheit und Lüge im außermoralischen Sinn* (1873). Da die Natur den Schlüssel weggeworfen hat, spielt der Intellekt mit begrifflichen Fiktionen, die er Wahrheit nennt. Wir glauben von Bäumen, Farben, Schnee und Blumen zu reden, aber das sind nur Metaphern, die nicht den ursprünglichen Wesenheiten entsprechen. Angesichts der Vielfalt einzelner Blätter gibt es keine »Urform« des Blattes, »nach der alle Blätter gewebt, gezeichnet, abgezirkelt, gefärbt, gekräuselt, bemalt wären, aber von ungeschickten Händen«. Der Vogel oder das Insekt nehmen die Welt ganz anders wahr als wir Menschen, und es hat keinen Sinn zu sagen, welche Wahrnehmung richtiger ist, denn dazu bedürfte es des Kriteriums einer »richtigen Perzeption«, das nicht existiert, weil »die Natur keine Formen und Begriffe, also auch keine Gattungen kennt, sondern nur ein für uns unzugängliches und undefinierbares X«. Die Wahrheit wird also »ein bewegliches Heer von Metaphern, Metonymien, Anthropomorphismen«, von poetischen Erfindungen, die zu Wissen erstarrt sind, zu »Illusionen, von denen man vergessen hat, dass sie welche sind«.

Nietzsche lässt jedoch zwei Phänomene außer Acht. Zum einen, dass es uns gelingt, wenn wir uns den Zwängen dieses unseres anfechtbaren Wissens anpassen, in gewisser Weise die Rechnung mit der Natur zu machen: Wenn jemand von einem Hund gebissen worden ist, weiß der Arzt, welche Injektion er ihm machen muss, auch wenn er den individuellen Hund, der ihn gebissen hat, nicht selbst erlebt hat.

Zum anderen, dass uns die Natur immer wieder zwingt, unser Wissen als Illusion zu beklagen und nach einer alternativen Form zu suchen (was dann zum Problem des Paradigmenwechsels, der Revolution unserer Erkenntnismaßstäbe führt). Nietzsche verweist auf die Existenz natürlicher Zwänge, die er als »furchtbare Mächte« bezeichnet, welche uns fortwährend bedrängen und sich unseren »wissenschaftlichen« Wahrheiten entgegenstellen. Doch er weigert sich, sie begrifflich zu fassen, da wir uns ja gerade, um vor ihnen zu fliehen, als Schutz die begriffliche Rüstung errichtet hätten. Ein Wandel sei möglich, aber nicht als Neubau der Begriffe, sondern als permanente dichterische Revolution:

> hätten wir noch, jeder für sich, eine verschiedenartige Sinnesempfindung, könnten wir selbst nur bald als Vogel, bald als Wurm, bald als Pflanze percipiren, oder sähe der eine von uns denselben Reiz als roth, der andere als blau, hörte ein Dritter ihn sogar als Ton, so würde niemand von einer solchen Gesetzmässigkeit der Natur reden, sondern sie als ein höchst subjectives Gebilde begreifen.

Deshalb sucht sich der menschliche »Trieb zur Metaphernbildung« einen neuen Wirkungsbereich und findet ihn in der Kunst (und mit ihr im Mythos):

> Fortwährend verwirrt er die Rubriken und Zellen der Begriffe dadurch, dass er neue Uebertragungen, Metaphern, Metonymien hinstellt, fortwährend zeigt er die Begierde, die vorhandene Welt des wachen Menschen so bunt unregelmässig folgenlos unzusammenhängend, reizvoll und ewig neu zu gestalten, wie es die Welt des Traumes ist.[8]

Wenn dies die Prämissen sind, wäre die erste Möglichkeit, sich aus der Realität in den Traum zu flüchten. Aber Nietzsche selber räumt ein, dass eine solche Herrschaft der Kunst über das Leben eine Täuschung wäre, sei's auch eine sehr angenehme. Oder aber – und dies ist es, was Nietzsches Nachfolger als seine wahre Lehre aufgefasst haben – die Kunst kann sagen, was sie sagt, weil das Sein selber es ist, das jede Definition akzeptiert, da es keine Grundlage mehr hat. Dieses Vergehen und Verschwinden des Seins fiel für Nietzsche mit dem Tod Gottes zusammen, und aus diesem von ihm verkündeten Tod zogen einige Gläubige mit Dostojewski den falschen Schluss: Wenn es Gott nicht oder nicht mehr gibt, dann ist alles erlaubt.

Doch gerade der Nichtgläubige weiß: Wenn es weder Hölle noch Paradies gibt, ist es unverzichtbar, sich auf Erden dadurch zu retten, dass man dort Wohlstand, Verständnis und moralische Gesetze etabliert. 2006 ist ein Buch von Eugenio Lecaldano erschienen,* in dem mit vielen zusammengetragenen Texten die These vertreten wird, dass man ein moralisches Leben nur führen kann, wenn man Gott beiseiteschiebt. Ich will hier gewiss nicht entscheiden, ob Lecaldano und die von ihm angeführten Autoren recht haben, ich will nur daran erinnern, dass es Leute gibt, die der Ansicht sind, dass die Abwesenheit Gottes nicht das ethische Problem aus der Welt schafft – und sehr gut begriffen hatte das Kardinal Martini, als er in Mailand einen Lehrstuhl für Nichtgläubige errichtete. Dass Martini dann nicht Papst geworden ist, kann einen an der göttlichen Eingebung des Konklaves zweifeln lassen, aber das gehört zu den Themen, die sich meiner Kompetenz entziehen. Ich erinnere nur daran, was Elie Wiesel uns in Erinnerung gerufen hat: Diejenigen, die dachten, dass alles erlaubt sei, waren nicht die, die glaubten, dass Gott tot sei, sondern die, die sich selbst für Gott hielten (ein Defekt, der großen und kleinen Diktatoren gemeinsam ist).

In jedem Fall wird die These, dass es keine Tatsachen, sondern nur Interpretationen gebe, keineswegs vom gesamten modernen Denken geteilt. Im Gegenteil, viele halten Nietzsche und seinen Anhängern folgende Einwände entgegen: Erstens: Wenn es keine Tatsachen, sondern nur Interpretationen gäbe, wovon wäre eine Interpretation dann die Interpretation? Zweitens: Wenn die Interpretationen sich wechselseitig interpretierten, müsste es doch ein ursprüngliches Objekt oder Er-

---

* *Un'etica senza Dio*, Rom 2006 (A. d. Ü.).

Andrea Mantegna
Deckengemälde in der *Camera degli Sposi*,
Trompe l'oeil, 1465–74
Mantua, Castello di San Giorgio

eignis geben, das sie dazu gebracht hat, es zu interpretieren. Drittens: Auch wenn das Sein nicht definierbar wäre, müsste man doch sagen können, wer wir dann sind, die metaphorisch darüber sprechen, und damit verschiebt sich das Problem, etwas Wahres zu sagen, vom Objekt der Erkenntnis zu ihrem Subjekt. Gott mag ja vielleicht tot sein, aber Nietzsche ist es nicht. Auf welcher Grundlage rechtfertigen wir Nietzsches Präsenz? Indem wir sagen, sie sei nur eine Metapher? Aber wenn dem so ist, wer formuliert dann diese Metapher? Mehr noch, auch wenn man über die Wirklichkeit oft nur in Metaphern spricht, muss es zu deren Ausarbeitung doch Wörter geben, die eine wörtliche Bedeutung haben und Dinge bezeichnen, die wir aus unserer sinnlichen Erfahrung kennen – ich kann ein Tischbein nicht Bein nennen, wenn ich keinen nichtmetaphorischen Begriff des menschlichen Beins habe, dessen Form und Funktion ich kenne. Viertens schließlich: Wer behauptet, es gebe kein intersubjektives Wahrheitskriterium mehr, der vergisst, dass oft genug das, was außer uns existiert (und was Nietzsche die »furchtbaren Mächte« nannte), sich unseren Versuchen widersetzt, es metaphorisch auszudrücken; dass zum Beispiel der Versuch, etwa die Phlogistontheorie auf eine Entzündung anzuwenden, nicht zur Genesung führt, die Anwendung von Antibiotika aber schon. Mit anderen Worten, dass es eine medizinische Theorie gibt, die besser als andere ist.

Also gibt es vielleicht kein Absolutes, oder wenn doch, dann ist es weder denkbar noch erreichbar, aber es gibt Naturkräfte, die unsere Interpretationen stützen oder bestreiten. Wenn ich eine in Trompel'oeil-Technik gemalte offene Tür als echte Tür interpretiere und sie zu durchschreiten versuche, wird das Faktum brutum der undurchdringlichen Mauer meine Interpretation entkräften.

Es muss eine Art und Weise geben, wie die Dinge sind oder laufen – und der Beweis ist nicht nur, dass alle Menschen sterben müssen, sondern auch, dass ich, wenn ich durch eine Mauer zu gehen versuche, mir eine blutige Nase hole. Der Tod und diese Mauer sind die einzige Form von Absolutem, an der wir nicht zweifeln können.

Die Evidenz dieser Mauer, die »Nein« sagt, wenn wir sie so interpretieren, als ob sie nicht da wäre, ist vielleicht ein sehr bescheidenes Wahrheitskriterium für die Wächter des Absoluten, aber um es mit Keats zu sagen, »dies ist alles, was ihr auf Erden wisst, und alles, was ihr zu wissen braucht«.

[Vortrag im Rahmen der Milanesiana 2007]

Die Flamme ist schön

Dieses Jahr ist die Milanesiana den vier Elementen gewidmet. Über alle vier zu sprechen würde meine Möglichkeiten übersteigen, und so habe ich beschlossen, mich auf das Feuer zu beschränken.

Warum? Weil es von allen Elementen dasjenige ist, das zwar grundlegend für unser Leben bleibt, aber am meisten Gefahr läuft, vergessen zu werden. Die Luft atmen wir unaufhörlich, vom Wasser machen wir täglich Gebrauch, die Erde treten wir ständig mit Füßen, aber unsere Erfahrung des Feuers droht sich immer mehr zu verringern. Was einst die Funktionen des Feuers waren, wird zunehmend von Formen unsichtbarer Energie übernommen; wir haben die Idee des Lichts von jener der Flamme getrennt, und das Feuer erleben wir nur noch am Gasherd (wo man es kaum sieht), am Zündholz oder am Feuerzeug, aber nur, wenn wir noch rauchen, und an den Flämmchen der Kerzen, aber nur, wenn wir noch in die Kirche gehen.

Für die Privilegierten bleibt der Kamin, und mit dem möchte ich hier beginnen. In den Siebzigerjahren hatte ich ein Haus auf dem Lande mit einem schönen Kamin erworben, und für meine damals zehn- und zwölfjährigen Kinder war die Erfahrung des Feuers, des brennenden Holzscheits und der züngelnden Flammen ein absolut neues Phänomen. Mir fiel auf, dass sie, wenn der Kamin brannte, nicht mehr zum Fernseher liefen. Die Flamme war schöner und abwechslungsreicher als jedes Programm, sie erzählte endlose Geschichten, erneuerte sich jeden Augenblick und folgte keinem festen Schema wie die TV-Show.

Unter den Zeitgenossen hat vielleicht keiner mehr über die Poesie, die Mythologie und die Psychologie des Feuers nachgedacht als Gaston Bachelard, der nicht umhinkonnte, bei seinen Forschungen über die

Gaetano Previati
Erschaffung des Lichts, 1913
Rom, Galleria nazionale d'arte moderna

archetypischen Figuren, welche die Bilderwelt der Menschen seit ihren Ursprüngen begleitet haben, auf das Feuer zu stoßen.

Die Wärme des Feuers verweist auf die Wärme der Sonne, die ihrerseits als ein Feuerball gesehen wird; das Feuer hypnotisiert und ist daher primäres Objekt und zugleich Motiv des Fantasierens; das Feuer erinnert uns an das erste allgemeine Verbot (man darf es nicht berühren) und wird damit zur Epiphanie des Gesetzes; das Feuer ist das erste Geschöpf, das, um zu entstehen und zu wachsen, die beiden Hölzchen verzehrt, die es erzeugt haben, und diese Geburt des Feuers hat eine starke sexuelle Valenz, denn der Samen der Flamme entspringt einer Reibung – und übrigens, wenn wir mit einer psychoanalytischen Deutung fortfahren wollen, für Freud ist die Bedingung der Herrschaft über das Feuer der Verzicht auf das Vergnügen, es durch Urinieren zu löschen, also der Verzicht auf das Ausleben einer Triebregung.

Gleichwohl dient das Feuer als Metapher für viele Triebe, vom Entflammen in Wut bis zum Entbrennen in Liebe; das Feuer ist metaphorisch in jedem Diskurs über Leidenschaften enthalten, so wie es sich metaphorisch durch seine Farbe, die es mit dem Blut gemeinsam hat, mit dem Leben verbindet. Das Feuer als Wärme bewirkt die Zersetzung der Nahrungsstoffe in der Verdauung, und mit dem Ernährungsprozess hat es auch den Umstand gemein, dass es, um zu leben, ständig genährt werden muss. Das Feuer bietet sich spontan als Instrument jeder Umwandlung an, und wenn man will, dass etwas anders wird, greift man zum Feuer. Um zu verhindern, dass es erlischt, muss es ähnlich gepflegt werden wie ein neugeborenes Kind. Im Feuer werden die Grundbedingungen unseres Lebens sichtbar, es ist das Element, das Leben spendet und das Tod, Zerstörung und Leid bringt, es ist das Symbol der Reinheit und der Reinigung, aber auch der Verschmutzung, denn es hinterlässt Asche als sein Exkrement.

Das Feuer kann blendendes Licht sein, in das man nicht schauen kann, so wie man nicht in die Sonne schauen kann, aber in gebändigter Form, wie zum Beispiel als Licht einer Kerze, erlaubt es Helldunkelspiele und Nachtwachen, in denen uns eine einzelne Flamme mit ihrem sanften, im Dunklen verschwimmenden Schein zu *Träumereien* drängt, und die Kerze ist zugleich Bild einer Lebensquelle und einer untergehenden Sonne. Das Feuer entsteht aus fester Materie, um sich in immer leichtere und luftigere Substanz zu verwandeln, von der roten oder bläulichen Flamme an der Wurzel bis zur weißen Flamme an der Spitze und zum Vergehen im Rauch ... In diesem Sinne ist das Wesen des Feuers aufsteigend, es verweist auf eine Transzendenz, und dennoch – vielleicht weil man weiß, dass es im Innern der Erde lebt, aus dem es nur bei Vulkanausbrüchen hervorschießt – ist das Feuer Symbol für infernalische Tiefen. Es ist Leben, aber auch Erfahrung seines Erlöschens und seiner ständigen Gefährdung.

Und um mit Bachelard zu schließen, sei hier eine Seite aus seiner *Psychoanalyse des Feuers* zitiert:

Über dem Feuer hing der schwarze Kessel. Der Kochtopf wurde auf seinen drei Füßen in die heiße Asche gestellt. Mit vollen Backen blies meine Großmutter in das Stahlrohr und brachte die Glut wieder zum Brennen. Alles kochte in einem Topf: die Kartoffeln für die Schweine, die etwas feineren Kartoffeln für die Familie. Für mich kochte unter der Asche ein frisches Ei. Feuer läßt sich nicht mit der Sanduhr messen: das Ei war gekocht, wenn ein Wasser- oder oft auch ein Speicheltropfen auf der Schale verdampfte. Ich war sehr überrascht, als ich kürzlich las, daß auch Denis Papin seinen Kochtopf nach dem Verfahren meiner Großmutter überwachte. Vor dem Ei wurde ich zur Brotsuppe verurteilt. [...] Aber wenn ich artig war, wurde das Waffeleisen hervorgeholt. Mit seinem dunklen Rechteck lastete es schwer auf dem Reisigfeuer und wurde rot wie der Stempel einer Gladiole. Und schon war die Waffel in meiner Schürze, zwischen den Fingern brannte sie mehr als auf den Lippen. Ich aß also tatsächlich Feuer, ich aß sein Gold, seinen Duft und sogar sein Knistern, wenn die heiße Waffel zwischen meinen Zähnen knirschte. Und eben dadurch, durch ein Vergnügen besonderer Art wie etwa ein köstlicher Nachtisch, beweist das Feuer seine menschliche Dimension.[1]

Das Feuer ist also vieles zugleich und wird – über das Naturphänomen hinaus – zu einem Symbol, und wie alle Symbole ist es ambivalent, vieldeutig, es evoziert je nach Kontext unterschiedliche Sinnfiguren. Deshalb möchte ich hier keine Psychoanalyse des Feuers zu entwickeln versuchen, sondern eine grobe und zwanglose Semiotik des Feuers entwerfen, indem ich mich auf die Suche nach den verschiedenen Bedeutungen mache, die es in unseren Augen angenommen hat und annimmt, wenn wir uns an ihm wärmen und bisweilen auch an ihm sterben.

Das Feuer als göttliches Element

Da die erste Erfahrung des Feuers indirekt durch das Licht der Sonne und direkt durch den Blitz und den nicht beherrschbaren Brand gemacht worden war, wurde das Feuer von Anfang an mit der Göttlichkeit assoziiert, und so finden wir in allen frühen Religionen einen irgendwie gearteten Feuerkult, vom Gruß an die aufgehende Sonne bis zur Bewahrung des heiligen Feuers, das nie ausgehen darf, im innersten Raum des Tempels.

In der Bibel ist das Feuer immer ein Bild für die Epiphanie des Göttlichen. Elias wird auf einem feurigen Wagen entführt, die Gerechten jubeln im Schein des Feuers (»So sollen all deine Feinde umkommen, Herr. Doch die, die ihn lieben, sollen sein wie die Sonne, wenn sie aufgeht in ihrer Pracht«, *Richter* 5,31; »Die Verständigen werden strahlen, wie der Himmel strahlt; und die, die viele zum rechten Tun geführt haben, werden immer und ewig leuchten wie die Sterne«, *Daniel* 12,3; »Und beim Endgericht werden sie aufleuchten wie Funken, die durch ein Stoppelfeld sprühen«, *Weisheit* 3,7), und später sprechen die Kirchenväter von Christus als Fackel, Lichtbringer, Leuchte, Sonne der Gerechtigkeit, neue Sonne, Stern und so weiter.

Die ersten Philosophen dachten über das Feuer als kosmisches Prinzip nach. Laut Aristoteles war das Feuer für Heraklit die *arché*, der Ur-

Der Prophet Elias auf dem Feuerwagen,
Russische Ikone, um 1570
Solwytschegodsk, Museum für regionale Kunst

sprung aller Dinge, und in einigen Fragmenten sieht es tatsächlich so aus, als hätte Heraklit diese These vertreten. Demnach erneuert sich das Universum in jeder Ära durch das Feuer, es gibt einen gegenseitigen Austausch aller Dinge mit dem Feuer und des Feuers mit allen Dingen, wie der Waren mit dem Gold und des Goldes mit den Waren. Und laut Diogenes Laertius soll Heraklit behauptet haben, alles bilde sich durch das Feuer und löse sich durch das Feuer, alle Dinge seien Mutationen des Feuers, sei's durch Kondensation oder durch Verdünnung (das Feuer verwandelt sich durch Kondensation in Feuchtigkeit, diese durch Verfestigung in Erde, diese verflüssigt sich zu Wasser, welches leuchtende Verdampfungen produziert, die neues Feuer aufflammen lassen). Doch leider weiß man, dass Heraklit per definitionem dunkel war, dass die Pythia des Orakels von Delphi nur in Andeutungen sprach, und so glauben viele, dass die Bezugnahmen auf das Feuer bloß Metaphern für die extreme Wandelbarkeit aller Dinge waren. Anders gesagt, *panta rhei*, alles fließt und kann sich ständig ändern, und man steigt nicht nur nie zweimal in denselben Fluss, sondern – so möchte ich hier glossieren – man verbrennt sich auch nie zweimal an derselben Flamme.

Die schönste Gleichsetzung des Feuers mit dem Göttlichen finden wir vielleicht bei Plotin. Das Feuer ist gerade deshalb Manifestation des Göttlichen, weil paradoxerweise das Eine, von dem alles ausgeht und über das man nichts sagen kann, sich weder bewegt noch sich in einem Schöpfungsakt verzehrt. Und vorstellen kann man sich dieses Höchste Eine nur wie eine Strahlung, die von ihm ausgeht, so wie das Licht, das rings um die Sonne strahlt, von ihr immer neu hervorgebracht wird, während sie selbst in sich ruht und bleibt, was sie ist, ohne sich zu verzehren (5. *Enneade*, 1,6).

Und wenn alle Dinge aus einer Strahlung entstehen, kann nichts auf Erden schöner sein als das, was selbst die Figur der göttlichen Strahlung ist: das Feuer. Die Schönheit einer Farbe, die etwas Einfaches ist, entsteht aus einer Form, die das Dunkel der Materie beherrscht, und aus der Präsenz eines körperlosen Lichts in dieser Farbe, das ihr formaler Daseinsgrund ist. Deswegen ist das Feuer mehr als jeder andere Körper schön an sich, denn es hat die Stofflosigkeit der Form: Es ist von allen Körpern der leichteste, fast stofflos. Es bleibt immer rein, denn es nimmt keine anderen Elemente in sich auf, aus denen sich die Materie zusammensetzt, während alle anderen Elemente das Feuer in sich aufnehmen; tatsächlich können sie sich ja erwärmen, während das Feuer sich nicht abkühlen kann. Nur das Feuer besitzt kraft seiner Natur die Farben. Von ihm empfangen die anderen Dinge Form und Farbe, und wenn sie sich vom Licht des Feuers entfernen, hören sie auf, schön zu sein.

Neuplatonisch geprägt sind die Schriften des Pseudo-Dionysius Areopagita (5.-6. Jh.), von denen die ganze mittelalterliche Ästhetik beeinflusst worden ist. Hier eine Passage aus seiner *Himmlischen Hierarchie* (Kap. XV, 2):

> Ich glaube nun gerade, dass im Feuer das aufscheint, was in den himmlischen Geistern am göttlichsten ist. Tatsächlich beschreiben die heiligen Schriftsteller ja die überwesentliche und gestaltlose Wesenheit oft mit dem Bilde des Feuers, weil dieses, wenn man so sagen darf, viele Aspekte der göttlichen Eigenart hat, soweit man sie in den sichtbaren Dingen zu erkennen vermag. Das sinnlich wahrnehmbare Feuer ist ja gleichsam in allen Dingen und durchdringt unvermischt alle und ist allen entrückt, und während es ganz Licht und zugleich verborgen ist, bleibt es an und für sich unerkennbar, wenn ihm nicht ein Stoff vorgelegt wird, an dem es seine eigentümliche Wirkung kundtun kann. Es ist nicht zu fassen und nicht zu sehen, aber es erfasst alles.[2]

In den mittelalterlichen Vorstellungen von Schönheit dominiert – neben dem Begriff der Proportion – der Begriff der Klarheit und Helligkeit. Kino und Computerspiele legen uns nahe, an das Mittelalter als eine Abfolge »dunkler« Jahrhunderte zu denken, nicht nur im metaphorischen Sinn, sondern ganz handfest in dunklen Farben und düsteren Schatten. Nichts ist falscher. Die Menschen des Mittelalters lebten zwar in dunklen Umgebungen, in Wäldern, Burgen und engen Räumen, die kaum vom Kaminfeuer erhellt wurden, aber abgesehen davon, dass sie früh schlafen gingen und mehr dem Tag zugetan waren als der Nacht (die den Romantikern so teuer sein sollte), stellte das Mittelalter sich selbst in grellen Farben dar.

Das Mittelalter identifizierte die Schönheit – außer wie gesagt mit der Proportion – mit dem Licht und den Farben, und diese Farben waren stets reine Grundfarben, eine Symphonie von Rot, Blau, Gold, Silber, Weiß und Grün, ohne Nuancen und ohne Helldunkel, in welcher der Glanz durch den Einklang des Ganzen entsteht, nicht durch ein Licht, das die Dinge von außen umhüllt oder die Farben über die Ränder der Figuren hinaustreten lässt. In den mittelalterlichen Miniaturen scheint das Licht aus dem Innern der Dinge zu strahlen.

Bei den Dichtern ist dieser Sinn für die klare Farbe stets präsent: Gras ist grün, Blut ist rot, Milch ist blütenrein weiß, eine schöne Frau hat für Guinizelli ein »Antlitz von Schnee, karmesinrot gefärbt« (um nicht von Petrarcas »klaren, frischen und süßen Wassern« zu sprechen).

Zu schweigen von den Lichtvisionen in Dantes *Paradiso*, die merkwürdigerweise erst ein Künstler des 19. Jahrhunderts wie Gustave Doré in vollem Glanz dargestellt hat, indem er versuchte (so gut wie möglich, aber es ist unmöglich), jenes Gleißen sichtbar zu machen, jene Flammenstrudel, jene himmlischen Leuchten und Sonnen, jene strahlenden Klarheiten, die sich erheben »wie ein sich erhellender Horizont« (*per guisa d'orizzonte che rischiari*, Par. XIV, 69), jene *candide rose*, jene *fiori rubicondi*, die im Schlussteil der *Divina Commedia* aufblühen, wo auch die Vision Gottes wie eine Feuer-Ekstase erscheint (Par. XXXIII, 115–120):

In jenem klaren, tiefen Wesensgrunde
Des hohen Lichts erschienen mir drei Kreise
Mit einem Umfang, drei verschiednen Farben.
Und zwei sah ich wie zwei Regenbogen
Einander spiegeln, Feuer schien der dritte,
Von beiden Seiten gleichermaßen lebend.[3]

Paul Limburg (zugeschr.), Umzug berittener Adliger und
Musikanten, gesehen aus dem Herzogspalast
von Riom im Monat Mai,
aus dem Stundenbuch *Les Très riches heures du duc de Berry*,
15. Jahrhundert
Chantilly, Musée Condé

Im Mittelalter herrscht eine Kosmologie des Lichts. Schon im 9. Jahrhundert schreibt Johannes Scotus Eriugena in seinem *Kommentar zur Himmlischen Hierarchie*:

> Dieses universale Gebäude der Welt ist ein gewaltiges Leuchten, bestehend aus vielen Teilen wie aus vielen Lichtern, um die reine Wesensart der erkennbaren Dinge freizulegen und sie mit dem Auge des Geistes zu erfassen, unter Mithilfe der göttlichen Gnade und der Vernunft im Herzen der wissenden Gläubigen. Zu Recht nennt der Theologe daher Gott den Vater der Lichter, denn aus Ihm kommen alle Dinge, durch die und in denen Er sich manifestiert, und im Licht des Leuchtens seiner Weisheit vereint und erschafft er sie.[4]

Im 13. Jahrhundert zeichnet die von Robert Grosseteste vorgeschlagene Kosmologie des Lichts ein Bild des Universums, das aus einem einzigen Strom von leuchtender Energie besteht, der zugleich Quelle der Schönheit und des Seins ist und uns an eine Art Urknall denken lässt. Aus diesem einen Großen Licht entstehen durch zunehmende Verdünnungen und Kondensationen die astralen Sphären und die natürlichen Zonen der Elemente und folglich die unzähligen Nuancen der Farben und die Volumen der Dinge. Bonaventura betont in seinem *Sentenzenkommentar* (II, 12, 1 und II, 13, 2), das Licht sei die gemeinsame Natur in allen Körpern, sowohl den himmlischen wie den irdischen, es sei die Wesensform der Körper, die das Sein umso wirklicher und würdiger besitzen, je mehr sie am Licht teilhaben.

Höllisches Feuer

Da jedoch das Feuer, auch wenn es sich am Himmel bewegt und bis zu uns herniederstrahlt, ebenfalls todbringend aus den Tiefen der Erde hervorbricht, wird es seit jeher auch mit den höllischen Reichen assoziiert.

Im Buch Hiob (41, 11–12) kommt es aus dem Leviathan: »Aus seinem Maul fahren brennende Fackeln, feurige Funken schießen hervor. Rauch dampft aus seinen Nüstern wie aus kochendem, heißem Topf. Sein Atem entflammt glühende Kohlen, eine Flamme schlägt aus seinem Maul hervor.« In der Offenbarung Johannis fallen, als das Siebente Siegel geöffnet wird, Hagel und Feuer auf die Erde, um sie zu verbrennen, der Brunnen des Abgrunds tut sich auf, Rauch und Heuschrecken kommen heraus, die vier Engel, die am Euphrat gefesselt waren, werden losgelassen und reiten mit Heeren von vieltausendmal tausend Männern in feurigen Panzern. Und als die sieben Schalen des Zorns über die Erde ausgegossen werden, verbrennt das Feuer der Sonne die Überlebenden. Und nach dem Armageddon wird das feuerspeiende Tier zusammen mit dem falschen Propheten in einen See aus brennendem Schwefel geworfen.

In den Evangelien werden die Sünder zum ewigen Höllenfeuer verdammt (Matthäus 13,40–42):

Wie man Unkraut jätet und im Feuer verbrennt, so wird es auch am Ende der Welt zugehen: Der Menschensohn wird seine Engel aussenden, und sie werden sammeln aus seinem Reich alle, die andere verführt und Gottes Gesetz übertreten haben, und werden sie in den Feuerofen werfen; und da wird sein Heulen und Zähneklappern.

Kurioserweise gibt es in Dantes *Inferno* weniger Feuer, als man erwarten würde, weil der Dichter bemüht war, sich viele verschiedene Arten von Strafen auszudenken, aber immerhin liegen die Ketzer in brennenden Gräbern, die Gewalttätigen stecken in einem Strom aus kochendem Blut, die Gotteslästerer, Sodomiten und Wucherer sind mit Feuerregen geschlagen, die Simonisten stecken kopfüber in Löchern, aus denen nur ihre brennenden Füße herausragen, die Betrüger schmoren in kochendem Pech ...

Noch quälender ist das höllische Feuer in den barocken Texten, mit einer Beschreibung der Höllenqualen, die Dantes Gewaltfantasien übersteigt, auch weil sie nicht durch den Atem der Kunst erlöst wird. Wie in dieser Passage des heiligen Alfonso de' Liguori (*Apparecchio alla morte*, XXVI, 1758):

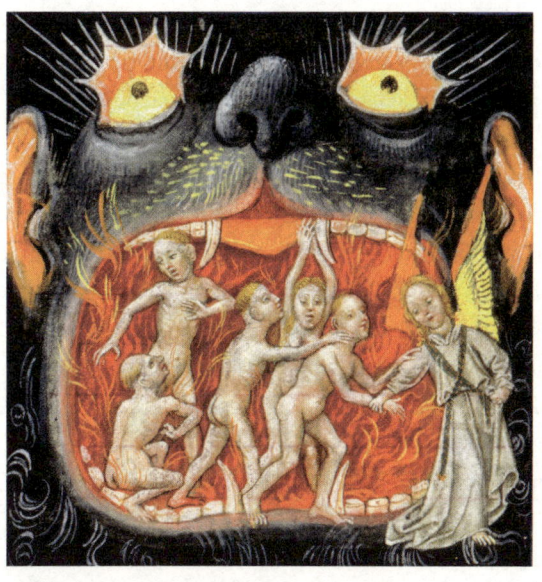

Meister der Katharina von Kleve
Befreiung der Seelen aus dem Maul der Hölle, Detail
aus dem *Stundenbuch* der Katharina von Kleve,
MS M. 917/945, f. 107r, Utrecht, ca. 1440
New York, Pierpont Morgan Library

Die Strafe, die das Gefühl des Verdammten am meisten quält, ist das Höllenfeuer [...] Auch auf dieser Erde ist die Strafe des Feuers die größte von allen; doch es gibt soviel Unterschiede zwischen unserem Feuer und dem der Hölle, dass der heilige Augustinus sagt, das unsere scheine dagegen nur gemalt [...] Der Elende wird vom Feuer umgeben sein wie ein Stück Holz in einem Ofen. Der Verdammte wird einen Abgrund von Feuer unter sich haben, einen Abgrund über sich und einen Abgrund rings um sich. Wenn er etwas berührt, sieht, atmet, so berührt, sieht und atmet er nichts als Feuer. Er wird im Feuer sein wie der Fisch im Wasser. Aber dieses Feuer wird nicht nur rings um den Verdammten sein, es wird auch in sein Inneres eindringen, um ihn zu quälen. Sein ganzer Leib wird aus Feuer sein, so dass brennen werden die Eingeweide im Bauch, das Herz in der Brust, das Hirn im Kopf, das Blut in den Adern, sogar das Mark in den Knochen. Jeder Verdammte wird in sich selbst ein Feuerofen werden.[5]

Und der Jesuit Ercole Mattioli schreibt in seiner *Pietà illustrata* (1694): Ein großes Wunder wird sein, dass ein einziges Feuer eminenterweise, nach dem Urteil seriösester Theologen, in sich enthält die Kälte des Eises, die Stiche der Dornen und Spieße, die Galle der Nattern, das Gift der Vipern, die Grausamkeit aller wilden Tiere, die Bosheit aller Elemente und der Sterne [...]. Noch wunderbarer aber *et supra virtutem ignis* wird sein, dass dieses Feuer, wiewohl von nur einer Art, beim Quälen zu unterscheiden vermag, um den mehr zu quälen, der mehr gesündigt hat, weshalb Tertullian es *sapiens ignis* [wissendes Feuer] genannt hat und Eusebius von Emesa *ignis arbiter* [richtendes Feuer], denn da es sich in Größe und Verschiedenheit der Strafen der Größe und Verschiedenheit der Schuld anpassen muss [...], wird das Feuer, fast als wäre es mit Vernunft begabt und voller Erkenntnis, um zwischen Sünder und Sünder zu unterscheiden, die Bitterkeit seiner Strenge mal mehr, mal weniger spüren lassen.

Auf der gleichen Linie gelangt man schließlich zur Offenbarung des letzten Geheimnisses von Fatima durch die portugiesische Ordensschwester Lucia, das einstige Hirtenmädchen:

Das Geheimnis besteht aus drei verschiedenen Teilen, von denen ich zwei jetzt offenbaren will. Der erste Teil war die Vision der Hölle.

Unsere Liebe Frau zeigte uns ein großes Feuermeer, das in der Tiefe der Erde zu sein schien. Eingetaucht in dieses Feuer sahen wir die Teufel und die Seelen, als seien es durchsichtige schwarze oder braune, glühende Kohlen in menschlicher Gestalt. Sie trieben im Feuer dahin, emporgeworfen von den Flammen, die aus ihnen selber zusammen mit Rauchwolken hervorbrachen. Sie fielen nach allen Richtungen, wie Funken bei gewaltigen Bränden, ohne Schwere und Gleichgewicht, unter Schmerzensgeheul und Verzweiflungsschreie[n], die einen vor Entsetzen erbeben und erstarren ließen. Die Teufel waren gezeichnet durch eine schreckliche und grauenvolle Gestalt von scheußlichen, unbekannten Tieren, aber auch sie waren durchsichtig und schwarz.[6]

Alchimistisches Feuer

Auf halbem Weg zwischen göttlichem und höllischem Feuer steht das Feuer als alchimistische Operation. Feuer und Tiegel sind offenbar wesentlich für die Alchimie, die sich vornimmt, ein Rohmaterial so zu behandeln, dass sie durch eine Reihe von Operationen den *Stein der Weisen* erhält, mit dem sie dann ihr Projekt durchführen kann: die Verwandlung unedler Metalle in Gold.

Die Behandlung des Rohmaterials geschieht in drei Phasen, die sich durch die Farben unterscheiden, die das Material dabei annimmt: die *Nigredo* oder Schwärzung, die *Albedo* oder Weißung und die *Rubedo* oder Rötung. Die Schwärzung sieht ein Ausbrennen vor (also den Eingriff des Feuers) und einen Zerfall des Materials, die Weißung ist ein Sublimations- oder Destillationsprozess, und die Rötung ist das

Endstadium (Rot ist die Farbe der Sonne, und die Sonne steht oft für das Gold und umgekehrt). Hauptwerkzeug der Operation ist der hermetische Ofen, der *Athanor*, aber es werden auch Destillierkolben, Töpfe und Mörser benutzt, alle mit symbolischen Namen wie philosophisches Ei, Mutterleib, Hochzeitskammer, Pelikan, Sphäre, Grab und so weiter. Die Hauptsubstanzen sind Schwefel, Quecksilber und Salz. Aber die Verfahrensweisen sind nie klar, weil die Sprache der Alchimisten auf drei Prinzipien beruht:

1. Da Gegenstand der Kunst ein allergrößtes und unsagbares Geheimnis ist, das Geheimnis der Geheimnisse, besagt kein Ausdruck je das, was er zu besagen scheint, und keine symbolische Interpretation ist jemals die endgültige, weil das Geheimnis immer woanders sein wird: »Armer Tor! Bist du so einfältig zu glauben, wir würden dich offen das größte und wichtigste Geheimnis lehren? Ich versichere dir, wer mit dem gewöhnlichen und buchstäblichen Sinn der Worte erklären will, was die Hermetischen Philosophen schreiben, der wird sich bald in den Wirren eines Labyrinths wiederfinden, aus welchem er nicht entfliehen kann, denn er wird keinen Ariadnefaden haben, der ihn hinausführt« (*Das Geheime Buch* des Philosophen Artephius, ca. 1150).

2. Wenn es scheint, dass man von gewöhnlichen Substanzen wie Gold, Silber oder Quecksilber spricht, ist die Rede von etwas anderem, vom Gold oder Quecksilber der Philosophen, die nichts mit dem gewöhnlichen Gold oder Quecksilber zu tun haben.

3. Wenn keine Rede jemals besagt, was sie zu besagen scheint, spricht umgekehrt jede Rede immer vom selben Geheimnis. Wie es in der *Turba Philosophorum* heißt: »Wisset, dass wir uns alle einig sind, was immer wir auch sagen. [...] Der eine klärt auf, was der andere verborgen hat, und wer wirklich sucht, kann alles finden.«

Wann greift nun das Feuer in den alchimistischen Prozess ein? Besäße das alchimistische Feuer eine Ähnlichkeit mit dem Feuer, das die Verdauung oder die Schwangerschaft bewirkt, so müsste es bei der *Nigredo* eingreifen, das heißt wenn die Wärme, die auf die metallische,

Manuskript mit Darstellung eines *Athanor*,
des Ofens der Alchimisten, 17. Jahrhundert
Duchcov (Tschechien), Waldstein Residence

David Teniers
Alchimist, 17. Jahrhundert
Bayonne, Musée Bonnat-Helleu

flüssige und ölige Urfeuchtigkeit einwirkt, am Subjekt die Schwärzung erzeugt. Befragen wir einen Text wie das *Dictionnaire Mytho-Hermétique* von Dom Pernety (Paris 1758), so lesen wir:

> Wenn die Hitze auf diese Stoffe einwirkt, verwandeln sie sich zuerst in Staub und fettig-klebriges Wasser, das am oberen Rand des Gefäßes verdampft, dann als Tau und Regen auf den Boden zurückkehrt und dort zu einem dicken schwarzen Brei wird. Darum spricht man von Sublimierung und Verflüchtigung, Aufstieg und Abstieg. Wenn das Wasser geronnen ist, wird es zuerst wie schwarzes Pech, deshalb hat man es stinkende schmierige Erde genannt, auch weil es einen muffigen Geruch nach Schimmel, Gruft und Grab ausströmt.

Man kann in den Texten aber auch Behauptungen finden, denen zufolge die Begriffe Destillation, Sublimation, Kalzination, Verdauung oder Auskochung, Rückstrahlung, Auflösung, Abstieg und Gerinnung nichts anderes sind als ein und dieselbe »Operation«, die in ein und demselben Gefäß stattfindet, nämlich ein Auskochen der Materie. Daher, so schließt Pernety,

> muss diese Operation als eine einzige betrachtet und verstanden werden, die lediglich in verschiedenen Begriffen ausgedrückt wird; und man wird verstehen, dass alle folgenden Ausdrücke immer dasselbe bedeuten: im Destillierkolben destillieren, die Seele vom Körper trennen, brennen, kalzinieren, die Elemente vereinen, sie konvertieren, sie ineinander verwandeln, verderben, schmelzen, generieren, konzipieren, zur Welt bringen, schöpfen, befeuchten, mit Feuer waschen, mit dem Hammer schlagen, schwärzen, verwesen lassen, röten, auflösen, sublimieren, zermalmen, zerstäuben, im Mörser zerstampfen, auf Marmor pulverisieren – und viele ähnliche andere Ausdrücke, die alle nur eines bedeuten: die Materie gleichmäßig kochen, bis sie dunkelrot wird. Deshalb muss man darauf achten, das Gefäß nicht fortzubewegen und vom Feuer zu entfernen, denn würde die Materie erkalten, wäre alles verloren (*Règles générales*, S. 202–206).

Doch um was für ein Feuer handelt es sich, wenn in den Traktaten mal von persischem, mal von ägyptischem, mal von indischem Feuer die Rede ist, mal von elementarem Feuer, von natürlichem Feuer, von widernatürlichem Feuer, von himmlischem Feuer, von Aschefeuer, Sandfeuer, Feilstaubfeuer, Fusionsfeuer, Flammenfeuer, Korrosionsfeuer, Reinigungsfeuer, Löwenfeuer, Drachenfeuer, Dungfeuer und so weiter?

Stets erhitzt das Feuer den Ofen, vom Beginn der Operation bis zur Rötung. Aber ist der Terminus »Feuer« nicht auch eine Metapher für die rote Materie, die im alchimistischen Prozess zutage tritt? Hier einige Namen, immer nach Pernety, die dem geröteten Stein gegeben werden: rotes Gummi, rotes Öl, Rubin, Vitriol, Tartarus-Asche, roter Körper, Frucht, rotes Magnesium, rotes Salz, roter Schwefel, Blut, Mohn, Rotwein, Schildlaus und eben auch »Feuer, Naturfeuer« (*Signes*, S. 187–189).

Kurzum, die Alchimisten haben seit eh und je mit dem Feuer gearbeitet, das Feuer liegt der alchimistischen Praxis zugrunde, und doch ist gerade das Feuer eines der undurchdringlichsten Geheimnisse der Alchimie. Da ich noch nie Gold erzeugt habe, wage ich keine Antwort auf diese Fragen zu geben und gehe zu einer anderen Art von Feuer über, zu dem einer anderen Alchimie, nämlich der künstlerischen, bei der das Feuer zum Mittel einer neuen Genesis wird und sich der Künstler als Nachahmer Gottes gibt.

Feuer als Ursprung der Kunst

Platon lässt den Sophisten Protagoras folgende Geschichte erzählen (*Protagoras*, 320c–321d):

> Es war einmal eine Zeit, da gab es schon Götter, aber noch keine sterblichen Wesen. Als nun auch für diese die Zeit gekommen war, die das Schicksal für ihre Entstehung bestimmt hatte, formten die Götter sie im Schoß der Erde aus einem Gemisch von Erde und Feuer und allem, was sich mit Erde und Feuer verbinden läßt. Als sie aber im Begriffe waren, sie ans Licht zu bringen, gaben

sie Prometheus und Epimetheus den Auftrag, diese Wesen auszustatten und einem jeglichen die Fähigkeiten zu verleihen, die ihm zukommen. Epimetheus erbat sich von Prometheus, diese Zuteilung selbst vorzunehmen. »Wenn ich damit fertig bin«, sagte er, »dann prüfe mein Werk.« So überredete er ihn und begann mit der Verteilung. Dabei verlieh er den einen Stärke, aber keine Schnelligkeit, und die Schwächeren stattete er dafür mit Schnelligkeit aus. Den einen schenkte er Waffen, den anderen gab er eine wehrlose Natur und dachte sich eine andere Fähigkeit für sie aus, mit der sie sich erhalten konnten. Denjenigen Wesen, die er in Kleinheit gehüllt hatte, gab er Flügel, mit denen sie fliegen konnten, oder eine unterirdische Behausung; den anderen, die er zur Größe ausdehnte, gab er gerade darin die Möglichkeit, sich zu retten, und mit allen Gaben schaffte er so einen Ausgleich. Das aber richtete er aus Vorsorge ein, damit keine ihrer Gattungen vernichtet werde. Nachdem er sie hinreichend vor der gegenseitigen Ausrottung geschützt hatte, dachte er sich auch einen Schutz für sie aus gegen die Jahreszeiten, die Zeus uns sendet; er umkleidete sie mit dichten Haaren und einer festen Haut, die ausreichten, um die Kälte abzuhalten, die aber auch die Hitze abwehrten und, wenn sie zur Ruhe gingen, einem jeden Lebewesen als eigene und selbstgewachsene Decke dienen konnten. An den Füßen versah er die einen mit Hufen, die anderen mit harter, undurchbluteter Haut. Ferner verschaffte er jedem seine besondere Nahrung, den einen Gras aus der Erde, den anderen Baumfrüchte, wieder anderen Wurzeln; es gibt auch solche, denen er zur Nahrung andere Tiere zu fressen gab. Diesen verlieh er nur eine geringe Nachkommenschaft, ihren Opfern dagegen eine sehr zahlreiche, um so ihre Art zu erhalten. Weil nun aber Epimetheus nicht eben sehr gescheit war, hatte er, ohne es zu merken, alle Fähigkeiten für die vernunftlosen Wesen aufgebraucht; so blieb ihm als einziges das Menschengeschlecht, das noch nicht ausgestattet war, und er wußte keinen Rat, was er damit anfangen sollte.

Wie er noch in Verlegenheit ist, kommt Prometheus und will die
Verteilung in Augenschein nehmen; er sieht, daß die übrigen
Lebewesen mit allem angemessen ausgestattet sind, daß aber der
Mensch nackt, ohne Schuhe, ohne Decken und ohne Waffen geblieben ist. [...] In seiner Verlegenheit, welches Mittel zur Rettung
und Erhaltung er für die Menschen finden könnte, stiehlt er dem
Hephaistos und der Athena ihr kunstreiches Handwerk mitsamt
dem Feuer – denn es wäre unmöglich, es ohne Feuer zu erwerben
oder nutzbar zu machen – und schenkt beides dem Menschen.[7]

Mit der Verfügung über das Feuer entstehen die Künste, jedenfalls im
griechischen Sinne von *Techniken*, und damit die Herrschaft des Menschen über die Natur. Und es ist schade, dass Platon nicht Lévi-Strauss
gelesen und uns gesagt hat, dass mit der Erzeugung des Feuers auch
das Kochen der Speisen beginnt; schließlich ist ja die Kochkunst auch
eine Kunst und somit ebenfalls im platonischen Begriff der *techné* enthalten.

Wie viel das Feuer mit den Künsten zu tun hat, erzählt sehr an-
schaulich Benvenuto Cellini in seiner *Vita* (II, 75), wo er berichtet, wie
er seinen Perseus gegossen hatte:

... und da ich den Überzug von Erde gemacht, ihn wohl verwahrt
und äußerst sorgfältig mit Eisen umgeben hatte, fing ich mit
gelindem Feuer an, das Wachs herauszuziehen, das durch viele
Luftlöcher abfloß, die ich gemacht hatte: denn je mehr man deren
macht, desto besser füllt sich nachher die Form aus.

Da ich nun alles Wachs herausgezogen hatte, machte ich einen
Ofen um gedachte Form herum, den ich mit Ziegeln auf Ziegeln
aufbaute und vielen Raum dazwischen ließ, damit das Feuer
desto besser ausströmen könnte; alsdann legte ich ganz sachte
Holz an und machte zwei Tage und zwei Nächte Feuer, so lange,
bis das Wachs völlig verzehrt und die Form selbst wohl gebrannt
war. Dann fing ich schnell an, die Grube zu graben, um meine
Form hereinzubringen, und bediente mich aller schönen Vorteile,
die uns diese Kunst anbefiehlt. Als nun die Grube fertig war, hub

Jan Cossiers
Prometheus bringt das Feuer, 1637
Madrid, Museo del Prado

ich meine Form durch die Kraft von Winden und guten Hanfseilen eine Elle über den Boden meines Ofens, so daß sie ganz frei über die Mitte der Grube zu schweben kam. Als ich sie nun wohl gerichtet hatte, ließ ich sie sachte hinunter, daß sie dem Grunde des Bodens gleichkam, und stellte sie mit aller Sorgfalt, die man nur denken kann. [...] Da ich sah, daß die Form gut befestigt war und meine Art, sie mit Erde zu umgeben sowohl als die Röhren am schicklichsten Orte anzubringen, von meinen Arbeitern gut begriffen wurde, [...] wendete ich mich, überzeugt, daß ich trauen konnte, zu meinem Ofen, in welchem ich vielen Abgang von Kupfer und andere Stücke Erz aufgehäuft hatte, und zwar kunstmäßig eins über das andere geschichtet, um der Flamme ihren Weg zu weisen. Damit aber das Metall schneller erhitzt würde und zusammenflösse, so sagte ich lebhaft, sie sollten dem Ofen Feuer geben.

Nun warfen sie von dem Pinienholze hinein, das wegen seines Harzes in dem wohlgebauten Ofen so lebhaft flammte und arbeitete, daß [...] das Feuer die Werkstatt ergriff und wir fürchten mußten, das Dach möchte über uns zusammenstürzen. Von der andern Seite gegen den Garten jagte mir der Himmel so viel Wind und Regen herein, daß mir der Ofen sich abkühlte. So stritt ich mit diesen verkehrten Zufällen mehrere Stunden und ermüdete mich dergestalt, daß meine starke Natur nicht widerstand. Es überfiel mich ein Fieber, so heftig, als man es denken konnte, daß ich mich genötigt fühlte, wegzugehen und mich ins Bett zu legen.[8]

So nimmt die Figur zwischen zufällig entstandenen Feuern, kunstvoll entzündeten Feuern und körperlichen Fieberanfällen allmählich Gestalt an.

Wenn jedoch das Feuer ein göttliches Element ist, dann bemächtigt sich der Mensch, wenn er das Feuer zu beherrschen lernt, gleichzeitig einer Macht, die bis dahin den Göttern vorbehalten war, und darum ist sogar das Feuer, das er im Tempel entzündet, Ergebnis eines Aktes der Hybris. Die griechische Kultur weist dem Erwerb des Feuers auch sogleich diese Konnotation der Hybris zu, und es ist bemerkenswert, wie alle Darstellungen des Prometheus, nicht nur in der klassischen Tragödie, sondern auch in der späteren Kunst, weniger auf seinem Geschenk des Feuers als auf seiner darauffolgenden Strafe insistieren.

Feuer als Erfahrung der Epiphanie

Wenn der Künstler voller Stolz und Hochmut annimmt, dass er gottähnlich ist, und das Kunstwerk als Substitut der göttlichen Schöpfung betrachtet, dann kann es in der dekadenten Empfindsamkeit des Fin de siècle zur Gleichsetzung von ästhetischer Erfahrung mit Feuer und Feuer mit Epiphanie kommen.

Der Begriff (wenn nicht der Ausdruck) Epiphanie geht auf Walter Pater zurück, auf die berühmte *Conclusion* seiner Studien über die Renaissance (1873). Nicht umsonst beginnt diese *Conclusion* mit einem Heraklit-Zitat. Die Wirklichkeit ist eine Summe von Kräften und Elementen, die entstehen und vergehen und die uns nur die oberflächliche Erfahrung als körperlich und in einer aufdringlichen Gegenwart fixiert erscheinen lässt: »Aber sobald wir anfangen, über diese Eindrücke nachzudenken, zerfließen sie und verlieren ihre Kohäsionskraft wie mit einem Zauberschlag.« Wir befinden uns dann in einer Welt instabiler, flackernder, nicht zusammenhängender Eindrücke: Die Gewohnheit ist zerbrochen, das vertraute Leben entleert sich, und von ihm, über es hinaus, bleiben nur einzelne Augenblicke, die nur blitzartig greifbar sind und sofort wieder verschwinden.

Fortwährend findet irgendeine Form ihren vollkommenen Ausdruck in Gesicht oder Hand; eine Färbung auf den Hügeln oder dem Meer ist erlesener als die übrigen; eine Stimmung der Leidenschaft oder Einsicht oder intellektuellen Erregung wird unwiderstehlich real und anziehend für uns – für einen Augenblick nur. Wenn man sich diese Ekstase zu bewahren vermag, wird das »der Erfolg im Leben« sein:

Während alles unter unseren Füßen zerfließt, können wir wohl versuchen, irgendeine erlesene Leidenschaft zu erhaschen, einen Beitrag zur Erkenntnis, der durch Aufhellung eines Horizontes den Geist für einen Moment freizusetzen scheint, oder eine Erregung der Sinne, seltsame Farben und Töne, einen feinen neuen Duft, ein Werk von Künstlerhand oder einen Zug im Gesicht eines Freundes.[9]

Die ästhetische und sinnliche Ekstase wird von allen Autoren der Dekadenzliteratur als Blitzen und Leuchten empfunden. Aber mit der Idee des Feuers hat sie vielleicht als Erster D'Annunzio verbunden, den wir nicht bloß mit dem ziemlich abgedroschenen Klischee von der »schönen Flamme« verknüpfen sollten.* Die Vorstellung der ästhetischen Ekstase als Erfahrung des Feuers erscheint in seinem Roman *Il fuoco*, der das Feuer bereits im Titel trägt. Angesichts der Schönheit Venedigs fühlt sich der Dichter Stelio Effrena, als brenne er im Feuer:

Jeder Augenblick vibrierte da in den Dingen wie ein unerträgliches Blitzen. Von den Kreuzen oben auf den vom Beten geschwellten Kuppeln bis hin zu den feinen salzhaltigen Kristallen, die unter den Brückenbögen schwebten, erglänzte alles in jauchzendem Lichte. Und wie aus seinem Auslug der Matrose der unter ihm mit Ungeduld verharrenden und wie ein Sturmwind bewegten Mannschaft den schrillen Schrei aus voller Lunge zuruft, so gab der goldene Engel an der Spitze des höchsten Turmes endlich das flammende Verkündungszeichen. – Und er erschien auf einer Wolke sitzend, wie auf einem Feuerwagen, den Saum seines Purpurmantels hinter sich schleifend.[10]

Inspiriert von D'Annunzios Roman, den er gelesen und geliebt hat, schreibt später James Joyce, der Cheftheoretiker der Epiphanie: »Unter Epiphanie verstand [Stephen] eine jähe geistige Manifestation, entwe-

---

* Anspielung auf den Schluss von D'Annunzios Oper *La figlia di Iorio*, wo die Protagonistin, als sie auf dem Scheiterhaufen verbrannt wird, die sie verzehrende Flamme als »schön« begrüßt (A. d. Ü.).

William Turner
Venice at Sunrise from the Hotel Europa, with the Campanile of San Marco,
um 1840 London, Tate Gallery

der in der Vulgarität von Rede oder Geste, oder in einer denkwürdigen Phase des Geistes selber« (*Stephen Hero*).[11] Diese Erfahrung wird bei Joyce stets als flammende Erfahrung beschrieben. Das Wort »Feuer« kehrt im *Porträt* 59 Mal wieder, die Worte »Flamme« und »flammend« 35 Mal, um nicht von artverwandten Ausdrücken wie »Strahlung« und »Glanz« zu reden. In D'Annunzios *Fuoco* hört die Schauspielerin Foscarina die schwärmerischen Worte des Dichters Stelio und fühlt sich »hineingezogen in diese Atmosphäre, die die Glut einer Schmiede ausströmte«. Für Joyce' Stephen Dedalus manifestiert sich die ästhetische Ekstase stets als Aufschein von Glanz und drückt sich durch Metaphern der Sonne aus, und dasselbe geschieht bei D'Annunzios Stelio Effrena. Vergleichen wir nur zwei Passagen. D'Annunzio:

Das Fahrzeug drehte mit großer Gewalt. Ein Wunder vollzog sich. Die ersten Strahlen der Sonne glitten über das schlagende Segel, vergoldeten die Kreuze hoch oben auf den Glockentürmen von San Marco und von San Giorgio Maggiore, entzündeten die Kugel der Fortuna und krönten die fünf Bischofsmützen der Basilika mit leuchtenden Blitzen. [...]

– Heil dem Wunder! – Ein Gefühl übermenschlicher Kraft und Freiheit schwellte das Herz des jungen Mannes, wie der Wind das für ihn wunderbar verklärte Segel schwellte. Er stand in der purpurnen Pracht des Segels wie in der Pracht seines eigenen Blutes.[12]

Und im *Porträt*:

Sein Denken war ein Dämmer aus Zweifel und Mißtrauen gegen sich selbst, momentweise aufgehellt von den Blitzen der Intuition, aber Blitzen von einem so klaren Glanz, daß in diesen Momenten die Welt zu seinen Füßen unterging, als hätte Feuer sie verzehrt; und hiernach wurde seine Zunge schwer, und er begegnete den Augen anderer mit Augen ohne Antwort, denn er spürte, daß der Geist der Schönheit ihn wie ein Mantel umhüllt hielt.[13]

Das regenerierende Feuer

Für Heraklit erschafft sich das Universum in jeder Ära durch das Feuer neu. Die größte Vertrautheit mit dem Feuer scheint Empedokles gehabt zu haben, der sich, vielleicht um sich zu vergöttlichen oder seine Anhänger von seiner Göttlichkeit zu überzeugen, in den Ätna gestürzt haben soll. Diese finale Reinigung, diese freiwillige Vernichtung im Feuer hat die Dichter seit jeher fasziniert, denken wir nur an Hölderlin:

... Siehest du denn nicht? Es kehrt
Die schöne Zeit von meinem Leben heute
Noch einmal wieder und das Größre steht
Bevor; hinauf, o Sohn, zum Gipfel
Des alten heilgen Aetna wollen wir.

Denn gegenwärtger sind die Götter auf den Höhn –
Da will ich heute noch mit diesen Augen
Die Ströme sehn und Inseln und das Meer.
Da seegne zögernd über goldenen
Gewässern mich das Sonnenlicht beim Scheiden
Das herrlich jugendliche, das ich einst
Zuerst geliebt. Dann glänzt um uns und schweigt
Das ewige Gestirn, indeß herauf
Der Erde Glut aus Bergestiefen quillt
Und zärtlich rührt der Allbewegende,
Der Geist, der Aether uns an, o dann![14]

Zwischen Heraklit und Empedokles zeichnet sich jedoch ein weiterer Aspekt des Feuers ab: das Feuer nicht nur als schöpferisches Element, sondern auch als zerstörerisches und zugleich erneuerndes Element. Die Stoiker sprachen von der *Ekpyrosis* als dem universalen Weltenbrand, durch den alle Dinge, aus dem Feuer geboren, am Ende ihrer Entwicklung zyklisch ins Feuer zurückkehren. An sich legt die Idee der Ekpyrosis keineswegs nahe, dass die Reinigung durch Feuer als Projekt und Werk des Menschen erreicht werden kann. Aber gewiss unterliegt vielen auf Feuer beruhenden Opfern eine Vorstellung, der zufolge das Feuer beim Zerstören gleichzeitig reinigt und regeneriert. Daher die Heiligkeit des Scheiterhaufens.

Die früheren Jahrhunderte sind voller Scheiterhaufen. Verbrannt wurden nicht nur die Ketzer im Mittelalter, sondern auch die Hexen in der Neuzeit, zumindest bis ins 18. Jahrhundert. Und erst der Ästhetizismus D'Annunzios lässt eine zum Tod auf dem Scheiterhaufen verurteilte Person wie Mila di Codra am Ende seiner Tragödie *La Figlia di Iorio* sagen, die Flamme sei schön. Die Scheiterhaufen der vielen Ketzer waren entsetzlich, auch weil ihnen andere Foltern vorausgegangen waren, man lese nur einmal in der *Storia di Fra Dolcino eresiarca*, was für Qualen Fra Dolcino zu erleiden hatte, als er im März des Jahres 1307, am Karsamstag, zusammen mit seiner Frau Margherita dem weltlichen

Der hl. Domenikus verbrennt die Bücher der Albigenser, Miniatur von Vincent de Beauvais im Manuskript *Le miroir historial*, 15. Jahrhundert Chantilly, Musée Condé

Arm übergeben worden war. Während die Glocken der Stadt Sturm läuteten, wurden die Verurteilten auf einen Karren gesetzt, umgeben von Henkern und gefolgt von der Miliz, der durch die ganze Stadt fuhr, und an jeder Ecke wurden ihnen mit glühenden Zangen Gliedmaßen abgezwackt. Margherita wurde zuerst verbrannt, vor Dolcinos Augen, der keinen Gesichtsmuskel verzog, so wie er auch keinen Laut von sich gab, als ihm die glühenden Zangen ins Fleisch fuhren. Dann setzte der Karren seinen Weg fort, während die Henker ihre Eisen in Schalen voll brennender Fackeln hielten. Dolcino erlitt weitere Qualen und blieb weiter stumm, nur als sie ihm die Nase amputierten, fuhr er ein bisschen zusammen, und als sie ihm das männliche Glied abrissen, stieß er einen langen Seufzer aus, der wie ein Wimmern klang. Die letzten Worte, die er sagte, klangen nach Unbußfertigkeit, und er verkündete, dass er am dritten Tage auferstehen werde. Dann wurde er verbrannt und seine Asche in den Wind gestreut.

Für die Inquisitoren aller Zeiten, Rassen und Religionen tilgt das Feuer nicht nur die Sünden der Menschen, sondern auch die der Bücher. Zahlreich sind die Geschichten von Bücherverbrennungen, von solchen aus Unachtsamkeit oder Dummheit, aber auch von absichtlich veranstalteten wie denen der Nazis, um die Welt zu reinigen und die Zeugen einer entarteten Kunst zu beseitigen.

Aus Gründen der Moral und der geistigen Gesundheit verbrennen empörte Freunde die Romanbibliothek des Don Quijote. In Elias Canettis Roman *Die Blendung* geht die Bibliothek in einem Brand auf, der an das Opfer des Empedokles erinnert (»Als ihn die Flammen endlich erreichen, lacht er so laut, wie er in seinem ganzen Leben nie gelacht hat«). In Ray Bradburys *Fahrenheit 451* verbrennen die zum Verschwinden verurteilten Bücher. In meinem *Namen der Rose* verbrennt die Bibliothek der Abtei zwar durch ein Missgeschick, aber infolge einer zuvor geübten Zensur.

Fernando Báez fragt sich in seiner *Universalgeschichte der Bücherzerstörung*, aus welchen Gründen das Feuer ein so dominanter Faktor beim Zerstören von Büchern ist. Und er antwortet:

Das Feuer ist ein heilbringendes Element, weshalb es fast alle Religionen benutzen, um ihre jeweiligen Gottheiten zu ehren. Diese das Leben schützende Macht ist jedoch, vergessen wir das nicht, auch eine zerstörerische Macht. Indem der Mensch durch Feuer zerstört, tut er, als wäre er Gott, als wäre er durch das Feuer Herr über Leben und Tod. Auf diese Weise identifiziert er sich mit einem purifizierenden Sonnenkult und mit dem großen Mythos der Zerstörung, die fast immer durch Verbrennung erfolgt. Der Grund für den Gebrauch des Feuers liegt auf der Hand: Es reduziert den Geist eines Werkes auf bloße Materie.[15]

Zeitgenössische Ekpyrosen

Das Feuer ist in allen Kriegsepisoden zerstörerisch, vom fabelhaften und fabelumwehten griechischen Feuer der Byzantiner (ein militärisches Geheimnis, wenn es je eines gab, ich erinnere nur an den schönen Roman *Das griechische Feuer* von Luigi Malerba) bis zur zufälligen Entdeckung des Schießpulvers durch den Mönch Berthold Schwarz, der in einer persönlichen Straf-Ekpyrosis endet. Das Feuer ist Strafe für den, der im Krieg ein doppeltes Spiel treibt, und »Feuer« ist der Befehl bei jeder Erschießung, als riefe man den Ursprung des Lebens an, um den Epilog des Todes zu beschleunigen. Aber vielleicht war das Kriegsfeuer, das die Menschheit am meisten erschreckt hat – ich meine die ganze Menschheit, die zum ersten Mal auf dem ganzen Globus erfuhr, was in einem seiner Teile geschah –, die Explosion der Atombombe.

Einer der Piloten, der die Bombe auf Nagasaki abgeworfen hatte, schrieb später: »Plötzlich erhellte das Licht von tausend Sonnen die Kabine. Ich war gezwungen, für zwei Sekunden die Augen zu schließen, trotz der dunklen Brille.« In der *Bhagavad Gita* heißt es: »Wenn das Licht von tausend Sonnen plötzlich am Himmel aufscheinen könnte, wäre es wie der Glanz des Großmächtigen [...]. Ich bin der Tod geworden, der Zerstörer der Welten«, und diese Verse kamen Robert Oppenheimer nach dem ersten Atombombentest in den Sinn.

Damit nähern wir uns dramatisch dem Ende meines Vortrags und – in einem rationaleren Zeitraum – dem Ende des menschlichen Abenteuers auf dieser Erde oder des Abenteuers der Erde im Kosmos. Denn drei der vier Urelemente sind heute mehr denn je bedroht: Die Luft wird von Ausdünstungen und Kohlensäure verpestet, das Wasser wird einerseits verseucht und andererseits immer knapper. Allein das Feuer triumphiert, in Form einer Wärme, welche die Erde austrocknet, die Jahreszeiten durcheinanderbringt und die Gletscher schmelzen lässt, sodass die Meere das Land überfluten. Ohne es uns bewusst zu machen, gehen wir auf die erste wirkliche Ekpyrosis zu. Während Bush und China das Protokoll von Kyoto ablehnen, gehen wir dem Tod durch Feuer entgegen – und es tröstet uns nicht, dass sich das Universum nach unserem Holocaust regenerieren wird, denn dann wird es nicht mehr das unsere sein.

So mahnte Buddha in seiner berühmten *Feuerpredigt*:

O Mönche, alles brennt! Und was brennt alles? Das Auge brennt, die Formen und Farben brennen, das Sehbewusstsein brennt, der Sehkontakt brennt, und jedwedes Gefühl, das aus dem Kontakt des Auges mit seinen Gegenständen erwächst, sei es ein angenehmes, unangenehmes oder neutrales, brennt ebenfalls. Und durch was brennt es? Es brennt durch das Feuer der Leidenschaften [...]. Ich sage euch, es brennt durch Geburt, durch Alter und Tod, durch Schmerz, durch Klagen, durch Gram, durch Angst und Verzweiflung. Das Ohr brennt, die Töne brennen [...]. Die Nase brennt, die Gerüche brennen [...]. Die Zunge brennt, das Schmeckbare brennt [...]. Der Tastsinn, o Mönche, brennt [...], das Denken, o Mönche, brennt [...].

Dies alles sehend, o Mönche, wird der edle Jünger, der die Lehren in sich aufgenommen hat, ernüchtert und überdrüssig des Auges, der Formen und Farben [...], überdrüssig des Ohres, der Töne [...], überdrüssig der Nase, der Gerüche [...], überdrüssig aller Gefühle, die aus dem Kontakt der Zunge mit ihren Gegenständen erwachsen, seien sie angenehm, unangenehm oder neutral ...

Doch die Menschheit hat nicht gelernt, auf die Leidenschaft für ihre Riech-, Schmeck-, Hör- und Tastfreuden (wenigstens teilweise) zu verzichten – und auch nicht auf das Feuermachen durch Reibung. Vielleicht hätte sie die Erzeugung des Feuers lieber den Göttern überlassen sollen, die es ihr dann nur hin und wieder in Form von Blitzen gegeben hätten.

[Vortrag im Rahmen der Milanesiana 2008, *Die vier Elemente*]

Giorgio de Chirico
Die beunruhigenden Musen, 1916/17
Privatsammlung

Das Unsichtbare

Warum es falsch ist, dass Anna Karenina in der Baker Street wohnt

In den vorigen Jahren hatte ich mein jeweiliges Thema – das Absolute, das Hässliche oder das Feuer – multimedial mit vielen an die Wand projizierten Bildern behandelt. Dieses Jahr ist das Thema jedoch das Unsichtbare, und wie kann man das Unsichtbare sichtbar machen?

Die Menschen haben sich seit jeher bemüht, sichtbar zu machen, was per definitionem unsichtbar ist, zum Beispiel Gott – ein von Anfang an verlorenes Spiel, nicht unbedingt aus künstlerischer Sicht, aber gewiss aus theologischer. Ist es nicht demütigend für Gott, dass er, um für die Menschen denkbar zu werden, anthropomorphe Züge annehmen muss, die nicht die seinen sind?

Zu Ihrem und meinem Glück werde ich heute nicht darüber sprechen, wie wir Gott oder die heilige Jungfrau in der Grotte von Massabielle sehen. Ich werde darüber sprechen, wie wir jene kuriosen Wesen sehen, die keine natürlichen sind, wenn wir mit diesem Adjektiv Wesen meinen, die von der Natur produziert worden sind, wie die Bäume oder die Menschen, und die trotzdem mitten unter uns leben und von denen wir häufig so reden, als ob sie reale Wesen wären – ich meine die Personen in erzählenden Texten oder besser: die sogenannten fiktiven Wesen.

Die narrativen Personen, also die Figuren der erzählenden Literatur, sind nicht nur erfunden und daher nach dem gesunden Menschenverstand inexistent (und was nicht existiert, kann man nicht sehen), sondern sie sind auch unsichtbar, da und insofern sie uns nicht durch Bilder, sondern durch Wörter vorgestellt werden, wobei ihre physischen Einzelheiten oft nicht einmal sehr genau beschrieben sind.

Dennoch existieren diese Personen irgendwie außerhalb der Romane, in denen sie uns präsentiert worden sind, und leben durch zahllose Bilder aller Art weiter. Daher werde ich auf die Bilder vieler Unsichtbarer zurückgreifen, und das wird nicht bloß ein simpler rhetorischer Trick sein. Einige fiktive Personen sind nämlich sogar *sehr* sichtbar geworden dank der vielen Darstellungen, die wir außerhalb ihrer Ursprungstexte von ihnen haben. Was heißt es für in einem Text geschaffene Personen, außerhalb dieses Textes zu leben? Genau bedacht ist das kein geringes Problem.

Über das physische Äußere von Anna Karenina sagt uns Tolstoi nicht eben viel, außer dass sie schön und betörend ist. Lesen wir es nach:

Wronski [...] fühlte sich aber genötigt, noch einen Blick auf sie zu werfen – nicht, weil sie sehr schön gewesen wäre, nicht wegen der Eleganz und bescheidenen Grazie, die an ihrer gesamten Gestalt zu sehen waren, sondern weil der Ausdruck des anmutigen Gesichts, als sie an ihm vorüberging, etwas besonders Herzliches und Zärtliches hatte. [...] Die funkelnden, unter den dichten Wimpern dunkel wirkenden grauen Augen verharrten freundlich und aufmerksam auf seinem Gesicht, wie wenn sie ihn erkennen würden. [...] Kitty hatte Anna jeden Tag gesehen, war in sie verliebt und hatte sie sich unbedingt in Lila vorgestellt. Jetzt aber, da sie sie in Schwarz sah, merkte sie, dass sie ihren betörenden Reiz noch nicht begriffen hatte. Sie sah sie jetzt auf vollkommen neue, für sie selbst überraschende Weise. Jetzt begriff sie, dass Anna nicht in Lila hatte kommen können und dass ihr Reiz eben darin bestand, dass sie stets aus ihrer Toilette heraustrat, dass die Toilette an ihr niemals sichtbar war. Auch das schwarze Kleid mit den üppigen Spitzen war an ihr nicht sichtbar; es war nur ein Rahmen, und sichtbar war allein sie, Anna, schlicht, natürlich, elegant und zugleich fröhlich und lebhaft. [...]

Sie war betörend in ihrem schlichten schwarzen Kleid, betörend

waren ihre fülligen Arme mit den Armbändern, betörend der
entschlossene Hals mit der Perlenkette, betörend die hervor-
gerutschten Haarkringel der in Unordnung geratenen Frisur,
betörend die graziösen, leichten Bewegungen der kleinen Füße
und Hände, betörend dieses schöne Gesicht in seiner Lebhaftig-
keit; doch war etwas Entsetzliches und Grausames an ihrem
betörenden Reiz.[1]

Die Beschreibung könnte auf Sophia Loren, auf Nicole Kidman, auf Mi-
chelle Obama oder auf Carla Bruni zutreffen. Und bedenken wir nur,
wie viele Kareninas uns allein die Film- und Fernsehtradition vorgesetzt hat, von Greta Garbo bis Tatjana Samoilowa, von Vivien Leigh
bis Sophie Marceau, von Lea Massari bis Jacqueline Bisset und so weiter. Nicht schlecht für eine Unsichtbare.

Im Mai 1860, als Alexandre Dumas aufgebrochen war, um sich zu
Garibaldi nach Sizilien zu begeben, machte er in Marseille Station und
besuchte das Château d'If, wo sein Edmond Dantès, bevor er der Graf
von Monte Christo wurde, vierzehn Jahre als Häftling verbracht und
den Abbé Faria kennengelernt hatte. Bei dieser Gelegenheit entdeckte
Dumas, dass den Besuchern die Zelle des Grafen von Monte Christo gezeigt wurde und dass die Führer von diesem und dem Abbé Faria wie
von historischen Personen sprachen, während sie nicht erwähnten,
dass eine Person der realen Geschichte wie Mirabeau dort inhaftiert
gewesen war.

Dumas kommentiert das in seinen Memoiren so: »Es ist ein Privileg
der Romanciers, Personen zu erschaffen, die denen der Historiker das
Lebenslicht ausblasen. Der Grund dafür ist, dass die Historiker bloße
Phantasmen heraufbeschwören, während die Romanciers Personen
aus Fleisch und Blut erschaffen.«

Roman Ingarden hatte behauptet, fiktive Personen seien ontolo-
gisch gesehen *unterdeterminiert*, soll heißen, wir kennen nur wenige
ihrer Eigenschaften, während reale Personen *vollständig determiniert*
seien und wir jeden ihrer Unterschiede angeben könnten. Ich glaube,
da täuschte er sich: In Wirklichkeit kann niemand alle Eigenschaften

Basil Rathbone (links), Greta Garbo und Fredric March
in dem Film *Anna Karenina*, 1935, von Clarence Brown

eines gegebenen Individuums aufzählen, denn ihre Zahl ist potenziell
unendlich (bedenken Sie nur, dass zu meinen Eigenschaften, an denen
man mich erkennen könnte, von nun an auch gehört, dass ich heute
Abend hier vor Ihnen gesprochen habe – eine so wichtige Eigenschaft,
dass die Polizei sie als ein Alibi bewerten könnte, wenn zufällig in diesem Augenblick irgendwo anders mein schlimmster Feind umgebracht
würde); die Eigenschaften fiktiver Personen sind dagegen streng begrenzt, nämlich durch den Text, der von ihnen spricht – und nur die
dort erwähnten zählen zur Identifizierung der Person.

Tatsächlich kenne ich Renzo Tramaglino* besser als meinen Vater.
Von meinem Vater weiß ich vieles nicht und werde es nie erfahren: Ich

---

* Männliche Hauptperson in Alessandro Manzonis Roman *Die Brautleute*
(A.d.Ü.).

Peter Morgan
Illustration zu
*Der Graf von
Monte Christo,*
20. Jahrhundert
Privatsammlung

kenne wer weiß wie viele Episoden seines Lebens nicht, wer weiß wie
viele seiner geheimen, nie offengelegten Gedanken, wer weiß wie viele seiner verborgenen Vorlieben, seiner unausgedrückten Ängste und
Freuden – sodass ich, ganz wie die Historiker nach Dumas, nur weiter
über dieses liebe Phantasma fantasieren kann. Von Renzo Tramaglino
dagegen weiß ich alles, was ich wissen muss, und was Manzoni nicht
erwähnt hat, spielt keine Rolle, weder für mich noch für Manzoni, noch
für Renzo als fiktive Person.

Aber ist das wirklich so? Gerade weil ich von erfundenen Dingen
spreche, die sich eben darum nie in der wirklichen Welt ereignet haben, müsste doch eine Romanaussage immer falsch sein. Dennoch betrachten wir die Aussagen in Romanen nie als Lügen, und wir klagen
weder Homer noch Cervantes als Lügner an. Wir wissen sehr wohl,
dass wir als Leser eines fiktionalen Textes stillschweigend einen Pakt
mit dem Autor unterschreiben, demzufolge der Autor *vorgibt*, etwas
Wahres zu sagen, und wir *vorgeben*, ihn ernst zu nehmen, ganz wie die

Kinder, wenn sie spielerisch sagen: »Ich bin der Räuber und du bist der Gendarm.« Auf diese Weise entwirft und konstituiert jede Romanaussage eine mögliche Welt, und alle unsere Urteile über wahr und falsch beziehen sich nicht mehr auf die reale Welt, sondern auf die mögliche Welt dieser Fiktion. So wäre es in der möglichen Welt von Arthur Conan Doyle falsch, wenn Sherlock Holmes am Ufer des Spoon River lebte, und in der möglichen Welt von Tolstoi wäre es falsch, wenn Anna Karenina in der Baker Street wohnte.

Es gibt viele mögliche Welten. Zum Beispiel die mögliche Welt meiner Wünsche, in der ich mir vorstelle, was geschehen würde, wenn ich auf einer einsamen polynesischen Insel Schiffbruch erlitte, zusammen mit Sharon Stone. Jede mögliche Welt ist ihrer Natur nach *unvollständig* und wählt sich als Hintergrund viele Aspekte der wirklichen Welt: In der Welt meiner Fantasien hätte die Insel, wenn ich dort mit Sharon Stone landen würde, sicher ringsum einen Kranz von Palmen und einen weißen Sandstrand und vieles mehr, was ich in der wirklichen Welt erwarten kann.

Auch die möglichen Welten nehmen sich als Hintergrund nie ein Milieu, das allzu weit von dem entfernt ist, in welchem wir leben, nicht einmal die Märchen, in denen – auch wenn es in ihrem Wald sprechende Tiere gibt – ein Wald gewöhnlich so ist wie die Wälder in der wirklichen Welt. Die Geschichten von Sherlock Holmes spielen in einem London, das so ist, wie es in Wirklichkeit ist oder war, und wir würden es befremdlich finden, wenn Dr. Watson plötzlich durch den St. James Park ginge, um einen Eiffelturm zu besuchen, der sich am Donauufer hinter der Ecke des Newski Prospekts erhöbe. Ein Erzähler könnte uns auch in eine mögliche Welt dieser Art einführen, aber dann müsste er mit vielen narrativen Tricks operieren, um sie uns akzeptabel zu machen (zum Beispiel indem er Phänomene der räumlichen Dislokation oder Ähnliches einführt), aber damit die Geschichte einen Reiz hat, müsste der Eiffelturm letztlich auch dann so sein wie der in Paris.

Manchmal kann eine fiktive Welt beträchtliche Unterschiede zur realen Welt aufweisen. So behauptet zum Beispiel Shakespeare in *Das*

Rekonstruktion der Baker Street für den Stummfilm
Sherlock Holmes in den Cricklewood Studios, London
(Foto im Magazin »The Illustrated London News«
vom 6. August 1921)

Joseph Wright of Derby
Antigonus in the Storm, 1790
nach Shakespeares *Wintermärchen*, Akt III, Szene 3
Privatsammlung

Wintermärchen, dass die dritte Szene des dritten Aktes in Böhmen in einer wüsten Gegend am Meer spielt, während es in der wirklichen Welt keine böhmischen Strände gibt, so wenig wie es darin Schweizer Seebadeorte gibt. Aber es kostet uns keine Mühe zu glauben (oder so zu tun, als glaubten wir), dass in jener möglichen Welt Böhmen am Meer liegt. Wer den fiktionalen Pakt mit dem Autor schließt, ist gewöhnlich entweder guten Glaubens oder ausreichend uninformiert.

Haben wir diese Unterschiede zwischen möglicher und wirklicher Welt einmal festgelegt, so akzeptieren wir in der Regel, dass die Aussage »Anna Karenina hat sich das Leben genommen, indem sie sich unter einen Zug warf« nicht in derselben Weise wahr ist wie die historische Aussage »Adolf Hitler hat sich das Leben genommen, indem er sich in seinem Berliner Bunker erschoss«.

Wie aber kommt es, dass wir nicht nur einen Geschichtsstudenten im Examen durchfallen lassen würden, der sagt, Hitler sei am Comer See erschossen worden, sondern auch einen Literaturstudenten, der sagt, Anna Karenina sei mit Aljoscha Karamasow nach Sibirien geflohen?

Die Frage ist leicht in logischen und semiotischen Termini zu beantworten, nämlich indem man anerkennt, dass die Aussage »Es ist wahr, dass Anna Karenina sich das Leben genommen hat, indem sie sich unter einen Zug warf« nur eine konventionelle Kurzform ist für die Aussage »Es ist wahr, dass Tolstoi in der wirklichen Welt geschrieben hat, dass Anna Karenina sich das Leben nimmt, indem sie sich unter einen Zug wirft«. Folglich sind es Tolstoi und Hitler, die zur selben Welt gehören, nicht Hitler und Anna Karenina.

Somit wäre die Aussage über Anna Kareninas Selbstmord in logischen Termini *de dicto* wahr, während es die über Hitlers Selbstmord *de re* wäre. Oder besser noch, die Geschichte von Anna Karenina betrifft nicht das *Signifikat* der Aussage, sondern deren *Signifikanten*. Mit anderen Worten, wir können wahre Aussagen über fiktive Personen in derselben Weise machen, wie wir sagen können, dass es wahr ist, dass Beethovens Fünfte in c-moll geschrieben ist (und nicht in F-Dur) und mit *g-g-g-es* beginnt. Das wäre ein Urteil über die Partitur. *Anna Karenina* beginnt mit einer Maxime (»Alle glücklichen Familien sind einander ähnlich, jede unglückliche Familie ist unglücklich auf ihre Weise«), was eine Meinungsäußerung ist. Aber gleich darauf folgt eine Tatsachenbehauptung (»Drunter und drüber ging es bei den Oblonskis«), bei der wir uns nicht fragen müssen, ob es wahr ist, dass es bei den Oblonskis drunter und drüber ging, sondern ob es wahr ist, dass in der Partitur namens *Anna Karenina* geschrieben steht: »Drunter und drüber ging es bei den Oblonskis« beziehungsweise sein russisches Äquivalent.

Trotzdem lässt uns diese Auskunft unbefriedigt zurück. Eine musikalische Partitur ist im Grunde (einmal abgesehen von den zahllosen Interpretationsproblemen, die sie mit sich bringt) ein Set von Instruktionen, um eine Folge von Tönen zu produzieren, und die wahren Probleme des Genusses, des ästhetischen Urteils und der von der Fünften hervorgerufenen Gefühle kommen später. Ebenso lässt uns das, was am Anfang des Romans mit dem Titel *Anna Karenina* geschrieben steht, an eine Lage der Dinge im Hause Oblonski denken, und es ist diese Lage der Dinge, um die es in unserer Annahme, ob etwas wahr oder falsch ist, geht. Das heißt, um streng logisch zu sein, auch wenn wir es als wahr betrachten, dass am Anfang von *Anna Karenina* geschrieben steht: »Drunter und drüber ging es bei den Oblonskis«, haben wir noch nicht entschieden, ob es wahr ist oder nicht, dass es bei den Oblonskis drunter und drüber ging, und vor allem, ob diese Unordnung, außer dass sie in Tolstois möglicher Welt wahr ist, nicht auch für uns irgendwie wahr ist, in unserer Alltagswelt.

Wahr ist, dass die Partitur namens *Bibel* im hebräischen Original mit »Bereschit« beginnt, aber wenn wir sagen, dass Abraham im Begriff war, seinen Sohn zu opfern (und oft versuchen wir diesen Vorgang allegorisch, mystisch oder moralisch zu interpretieren), beziehen wir uns nicht auf die originale hebräische Partitur (die 99 Prozent derer, die von Kain oder Abraham sprechen, ohnehin nicht kennen) und sprechen nicht über die *Signifikanten*, sondern über die *Signifikate* dieses Buches – und die Signifikate sind das, was auch mit anderen Worten, mit Bildern oder Filmen ausgedrückt werden kann, die nicht in der originalen Partitur stehen.

Die Frage, ob man wahre Aussagen über fiktive Personen machen kann, hat nichts mit der Frage zu tun, welche Worte gebraucht worden sind, um diese Personen vorzustellen. Viele meiner Landsleute werden als Kinder die wunderschönen Bände der Scala d'Oro gelesen haben, in denen große Werke der Literatur von sehr guten Schriftstellern für junge Leser zusammengefasst wurden. Natürlich gehörte *Anna Karenina* nicht dazu, weil es schwierig ist, dieses Werk für Kinder und Heranwachsende zu resümieren, aber da waren zum Beispiel Victor Hugos *Die Elenden* oder Théophile Gautiers *Kapitän Fracasse*. Dank dieser Bände wissen viele Italiener, wer Jean Valjean oder der Baron Sigognac sind, ohne jemals die Partitur gesehen zu haben, die ihre Originaltexte darstellten. Wie haben all diese Personen außerhalb ihrer Ursprungstexte überleben können?

Niemand kann vernünftigerweise leugnen, dass Hitler und Anna Karenina zwei verschiedene Arten von Wesen mit unterschiedlichem ontologischem Status sind. Aber wir müssen zugeben, dass oftmals auch unsere historischen Aussagen nur *de dicto* wahr sind, ganz wie die Aussagen über Romanpersonen: Schüler oder Studenten, die in einem Referat über Zeitgeschichte schreiben, dass Hitler sich in seinem Berliner Bunker erschossen hat, beziehen sich damit nicht auf etwas, das sie aus direkter Erfahrung kennen, sondern übernehmen einfach, was in ihren Geschichtsbüchern steht.

Mit anderen Worten, außer den Urteilen, die von unserer direkten Erfahrung abhängen (von der Sorte »Es regnet«), sind alle Urteile, die wir aufgrund unserer kulturellen Kenntnis aussprechen können, abhängig von Informationen, die in einer Enzyklopädie verzeichnet sind, der wir sowohl entnehmen können, wie weit die Erde von der Sonne entfernt ist, als auch, dass Hitler in seinem Berliner Bunker gestorben ist. Da wir nicht dort waren, um nachzuprüfen, ob es wirklich so war, vertrauen wir diesen Informationen, weil wir sowohl den Faktencheck über die Sonne als auch den über Hitler an Fachleute delegiert haben.

Außerdem ist jede Wahrheit der Enzyklopädie offen für Revisionen. Wenn wir im wissenschaftlichen Sinne aufgeschlossen sind, müssen wir bereit sein, eines Tages neue Dokumente zu entdecken, aus denen hervorgeht, dass Hitler nicht in seinem Bunker gestorben, sondern nach Argentinien entkommen ist, dass der verkohlte Leichnam im Bunker nicht der seine war und dass sein Selbstmord aus Propagandagründen von den Russen erfunden worden ist, ja dass sogar der Bunker nie existiert hat; tatsächlich gibt es zwar ein Foto von Churchill, auf dem er angeblich genau dort sitzt, wo Hitlers Bunker war, aber andere bestreiten die Richtigkeit dieser Lokalisierung. Der Selbstmord von Anna Karenina ist dagegen nicht zu bezweifeln und wird es nie sein.

Fiktive Personen haben noch einen weiteren Vorteil gegenüber den historischen. In der Realgeschichte sind wir uns immer unsicher über

Émile Bayard
*Jean Valjean trägt Marius auf der Schulter durch
die Gassen von Paris*, Illustration zu *Les Misérables*
von Victor Hugo, 1862

die Identität des Mannes mit der eisernen Maske oder von Leuten wie Kaspar Hauser. Wir wissen nicht sicher, ob Anastasia Nikolajewna Romanowa mit ihrer realen russischen Familie ermordet worden ist oder überlebt hat und die faszinierende Prätendentin war, die später von Ingrid Bergman verkörpert worden ist. Dagegen können wir, wenn wir Arthur Conan Doyle lesen, immer sicher sein, dass Sherlock Holmes, wenn er sich auf Watson bezieht, immer dieselbe Person meint, dass es in London nicht zwei Personen mit demselben Namen und denselben Merkmalen gibt und dass die Person, von der die Rede ist, in allen Geschichten immer dieselbe wie jene ist, die in *Eine Studie in Rot* von einem gewissen Stamford zum ersten Mal »Watson« genannt wird. Es kann sein, dass Conan Doyle in einer noch unpublizierten Sherlock-Holmes-Geschichte erzählt, Watson habe gelogen, als er sagte, er sei in der Schlacht von Maiwand während des Afghanistankrieges verwundet worden, oder als er sagte, er habe den Doktor in Medizin gemacht, aber auch in diesem Fall wäre der, der dann als Hochstapler entlarvt würde, immer noch die Person, die von Stamford in *Eine Studie in Rot* als »Watson« angesprochen wird.

Das Problem der stabilen Identität fiktiver Personen ist von größter Bedeutung. Im Jahre 2007 erschien ein Roman von Philippe Doumenc, *Contre-enquête sur la mort d'Emma Bovary*,[2] in dem es um eine polizeiliche Untersuchung geht, die beweist, dass Emma Bovary sich nicht mit Arsen vergiftet hat, sondern ermordet worden ist. Ein amüsantes Spiel, das aber seinen Reiz nur daraus bezieht, dass die Leser ja wissen, wie Emma Bovary »wirklich« gestorben ist. Wenn ihnen diese unbestreitbare Wahrheit nicht bekannt wäre, hätten sie keinen Spaß an dieser *Contre-enquête*. Der Fall liegt ähnlich wie in den sogenannten »Uchronien« oder kontrafaktischen Geschichten, in denen man zum Beispiel eine Erzählung, in der Napoleon die Schlacht bei Waterloo gewinnt, nur genießen kann, wenn man weiß, dass Napoleon, wie es die Enzyklopädien bezeugen, in Waterloo besiegt worden ist.

Und so kann ich nun guten Gewissens behaupten, auch wenn es einen unbestreitbaren ontologischen Unterschied zwischen Hitler und

Anna Karenina gibt, dass die Aussagen in Romanen, bedenkt man die Art, in der wir ihnen Glauben schenken, wie wir sie zitieren und uns im Alltagsleben auf sie beziehen, unverzichtbar sind, um zu klären, was wir unter unbestreitbarer Wahrheit verstehen.

Wenn uns jemand fragen würde, wann und unter welchen Bedingungen eine Aussage wahr ist, könnten wir mit der berühmten Definition von Alfred Tarski antworten, dass die Aussage »Schnee ist weiß« (in Anführungszeichen, als verbaler Signifikant oder als entsprechender Satz) nur dann wahr ist, wenn der Schnee weiß ist, das heißt wenn er unabhängig von der Art, wie wir ihn definieren, so und so beschaffen ist. Doch mag diese Definition auch befriedigend für Logiker sein, so wird sie gewöhnliche Leute kaum zufriedenstellen. Daher sage ich lieber, dass eine Aussage dann unbezweifelbar wahr ist, wenn sie so unbestreitbar ist wie die Aussage »Superman ist Clark Kent« (und umgekehrt).

Der Papst und der Dalai Lama können jahrelang über die Wahrheit eines Satzes wie »Jesus Christus ist wirklich Gottes Sohn« streiten, doch wenn sie vernünftige Leute sind (und sich in der Comic-Literatur auskennen), werden sie zugeben müssen, dass Superman und Clark Kent dieselbe Person sind. Um also zu wissen, ob der Satz »Hitler ist in seinem Berliner Bunker gestorben« unbestreitbar wahr ist, müssen wir prüfen, ob er ebenso unbestreitbar wahr ist wie der Satz »Superman ist Clark Kent«.

Somit besteht die epistemologische Funktion fiktionaler Aussagen darin, dass sie als *Lackmustest* für die Unbestreitbarkeit jeder anderen Aussage benutzt werden können.

Doch warum sagen wir, dass es wahr ist, dass Anna Karenina sich das Leben nimmt, anstatt immer nur zu sagen, dass es wahr ist, dass in Tolstois Roman geschrieben steht, dass Anna Karenina sich das Leben nimmt? Nun, weil klar ist, dass, wenn sich jemand über Anna Kareninas Selbstmord erregt, dies ja mitnichten heißt, dass er sich über die Tatsache erregt, dass Tolstoi in seinem Roman beschrieben hat, wie Anna Karenina Selbstmord begeht!

Kommen wir nun zu dem Grund, aus dem ich mich für diese Probleme zu interessieren begonnen habe. Vor einiger Zeit schlug mir ein Kollege vor, ein Seminar über die Frage zu veranstalten, warum wir Tränen vergießen (oder jedenfalls uns emotional erregen) über das, was fiktiven Personen widerfährt. Im ersten Moment erwiderte ich, das sei eine Frage für Psychologen, die sich mit den Mechanismen der Projektion und Identifikation beschäftigt haben. Kommt es nicht vor, sagte ich, dass man träumt oder sich vorstellt, die geliebte Person sei gestorben, und darüber in Tränen ausbricht? Also warum dann nicht auch in Tränen ausbrechen, wenn und indem man wörtlich nimmt, was der Heldin von Erich Segals *Love Story* widerfährt?

Dann sagte ich mir, dass einer, der sich vorstellt, die geliebte Person sei gestorben, so bestürzt er darüber auch sein mag, nach einer Weile erkennt, dass es nicht stimmt, und aufhört zu weinen, ja Erleichterung verspürt, während Scharen von romantischen Jünglingen, nachdem sie über den Selbstmord von Goethes Werther geweint hatten, ebenfalls Selbstmord begingen, obwohl sie vorher wie nachher gewusst hatten, dass es sich um eine fiktive Romanperson handelte. Was ja bedeutet, dass diese Leser weiterhin dachten, *in einer irgendwie anderen Welt* habe Werther sich *wirklich* umgebracht.

Vermutlich hat keiner meiner Leser über das Schicksal von Scarlett O'Hara echte Tränen vergossen, aber sage mir niemand, sie seien unberührt von dem der Medea geblieben. Ich habe hochkarätige Intellektuelle gesehen, die sich am Ende von *Cyrano de Bergerac* heimlich eine Träne zerdrückten, auch wenn sie das Stück schon mehrmals gesehen hatten, also genau wussten, wie es ausgeht, und nur ins Theater gegangen waren, um den Cyrano von Depardieu mit dem von Belmondo zu vergleichen. Wie eine sanfte und sensible Freundin von mir immer sagte: »Jedes Mal, wenn ich in einem Film eine Flagge wehen sehe, egal welcher Nationalität, kommen mir die Tränen.«

Es gibt also einen Unterschied zwischen der fingierten Vorstellung, dass die Person, die wir lieben, gestorben sei, und der fingierten Vorstellung, dass Anna Karenina oder Madame Bovary sterben. Im ersten

Evelyn De Morgan
Medea, 1889
Birkenhead, Williamson Art Gallery

Maria Callas in dem Film *Medea*, 1969,
von Pier Paolo Pasolini

Fall verlässt man den Illusionsraum bald wieder, im zweiten sprechen wir weiterhin ernsthaft vom Unglück der beiden Frauen und schreiben Bücher darüber.

Hier sehen wir einige Madames Bovarys. Zumindest eine davon hat nicht direkt mit dem Roman zu tun, es ist eher so, als hätte sie ihn verlassen, um sich in anderen Ausdrucksmitteln zu etablieren, zum Beispiel wie hier im Film, aber es könnte auch der Umschlag eines Buches oder eines Comic-Albums sein. Es gibt auch kleinbürgerliche Bovarys und solche, die man *osées* nennen könnte, *gewagt*, bis zu solchen, die als Werbefiguren für Küchenrezepte verwendet werden.

Warum zeige ich sie hier? Um den Vortrag aufzulockern? Nein, sondern weil die Tatsache, dass es viele Emma Bovarys gibt, die sich auf unterschiedliche Weise außerhalb des Romans von Flaubert bewegen – und vergessen wir nicht, es gab sogar einmal eine Anna Karenina (nämlich in der ersten Verfilmung mit Greta Garbo, 1927), die am Ende *nicht* stirbt –, weil eben dies alles bedeutet, dass wir es nicht mehr mit einer Figur in der Welt Flauberts zu tun haben, sondern mit einer *fluktuierenden Person*.

Viele Personen der erzählenden Literatur haben die Fähigkeit, außerhalb ihrer Ursprungstexte leben zu können und sich in einer Zone des Universums zu bewegen, die schwer einzugrenzen ist. Manche wandern sogar von Text zu Text, wie in Romanen oder Filmen, die dann *Der Sohn D'Artagnans* oder *Pinocchio der Flieger* heißen. Sie gehören nicht mehr allein ihrem Ursprungstext. Viele von ihnen kommen aus großen Kunstwerken oder Mythen, aber sicher nicht alle. So gehören zu unserer Gemeinschaft der fluktuierenden Personen sowohl Hamlet als auch Robin Hood, sowohl Gargantua als auch Tintin, sowohl Heathcliff als auch Milady, sowohl Leopold Bloom als auch Superman, sowohl Faust als auch Popeye the Sailor – und nicht in sie hineingeschafft haben es Figuren wie Prousts Baron de Charlus, Alain-Fourniers Großer Meaulnes, D'Annunzios Stelio Effrena und sein Andrea Sperelli.

Eine Umfrage hat kürzlich ergeben, dass 25 Prozent der britischen Teenager Churchill, Gandhi und Dickens für fiktive Personen halten,

Umberto Brunelleschi
Illustration zu *Madame Bovary*, 1953
Librairie Gibert Jeune

Isabelle Huppert in dem Film
Madame Bovary, 1991,
von Claude Chabrol

und ich weiß nicht mehr, wie viele stattdessen glauben, Sherlock Holmes und Eleanor Rigby hätten real existiert. Zahllos sind also die Gründe, aus denen man eine fluktuierende Person werden kann. Disraeli fluktuiert nicht, aber Churchill tut es, Scarlett O'Hara tut es ebenfalls, aber die Prinzessin von Clèves nicht (bedenken wir, dass Sarkozy wiederholt beteuert hat, er habe es nie geschafft, Madame de Lafayette zu lesen – was übrigens, wie mir meine französischen Freunde erzählen, das Los der unglücklichen Prinzessin von Clèves etwas verbessert hat, denn viele haben daraufhin aus Trotz angefangen, ihre Geschichte zu lesen; gebe Gott, dass Berlusconi sich eines Tages entschließt zu versichern, er habe niemals Ippolito Nievo gelesen).

Viele Figuren sind dermaßen fluktuierend geworden, dass die meisten Leute sie eher durch ihre außertextlichen Avatare kennen als durch den Text, der sie eingeführt hat. Nehmen wir den Fall Rotkäppchen. In der Fassung von Charles Perrault unterscheidet sich das Märchen von dem der Brüder Grimm (so erscheint bei Perrault am Ende nicht der Jäger, um Rotkäppchen und seine Großmutter zu retten), aber die fluktuierende Geschichte, die Mütter ihren Kindern erzählen, vermischt häufig beide Versionen, auch wenn sie sich an das Ende der Grimms hält, und manchmal löst sie sich von beiden. Viele Personen des Mythos fluktuieren sogar schon, bevor sie in einen berühmten Text eintreten, wie es bei Ödipus der Fall war. Auch die drei Musketiere sind längst nicht mehr nur die von Dumas.

Jeder Leser der Geschichten von Nero Wolfe und Archie Goodwin weiß, dass Wolfe in Manhattan in einem Brownstone-Haus irgendwo in der 35. Straße West wohnt. Aber Rex Stout hat in seinen Romanen mindestens zehn verschiedene Hausnummern dieser Straße angegeben (in der es übrigens keine Brownstone-Häuser gibt). Irgendwann sind dann die Nero-Wolfe-Fans in einer Art stillschweigender Übereinkunft zu der Überzeugung gelangt, die richtige Nummer sei 454, und am 22. Juni 1996 haben die Stadt New York und der Fanclub The Wolfe Pack eine Bronzeplakette am Haus Nummer 454 der 35. Straße West, 64d, angebracht, um daran zu erinnern, dass hier das berühmte Brownstone-Haus stand.

So sind Medea, Dido, Don Quijote, der Graf von Monte Christo oder der große Gatsby zu Individuen geworden, die außerhalb ihrer Ursprungstexte leben, und auch wer diese Texte niemals gelesen hat, kann behaupten, diese Personen zu kennen und wahre Aussagen über sie zu machen. Einige haben sich beim Herumschweifen außerhalb ihrer Ursprungstexte miteinander vermischt, wie Philip Marlowe, Sam Spade und der Rick Blaine in *Casablanca*, die in unserer kollektiven Erinnerung alle drei das Gesicht von Humphrey Bogart tragen. Losgelöst vom Text ihres Ursprungs bewegen sich diese Personen sozusagen unter uns, beeinflussen unsere Verhaltensweisen, und manchmal nehmen wir sie als Vorbilder nicht nur für unser eigenes Leben, sondern auch für das der anderen, und sagen von jemandem, er habe einen Ödipuskomplex, einen Appetit wie Gargantua, sei eifersüchtig wie Othello oder zweifelnd wie Hamlet oder geizig wie Scrooge.

Wenn wir daher behaupten, es sei wahr, dass Anna Karenina sich das Leben genommen hat oder dass Sherlock Holmes in der Baker Street wohnte, machen wir Aussagen nicht über eine gegebene Partitur (also das, was ein gegebener Autor geschrieben hat), sondern über eine fluktuierende Kreatur, deren ontologischer Status ziemlich bizarr erscheint, da sie nicht existieren dürfte und doch irgendwie unter uns umgeht und unsere Gedanken besetzen kann.

Ist es möglich zu fluktuieren, ohne körperlich zu existieren? Gibt es Objekte, die nicht notgedrungen in physischer Form existieren? Gewiss, man braucht nur jede Entität als Objekt zu definieren, an der sich das Denken festmachen und von der man einige Eigenschaften benennen kann. Nehmen wir zum Beispiel den Fall eines Ehepaars, bei dem er Geschichtslehrer und sie Mathematiklehrerin ist, weshalb sie oft von Julius Cäsar und vom rechtwinkligen Dreieck sprechen, aber die auch ein Kind haben möchten.

Also beginnen sie jeden Tag damit, nicht nur von Julius Cäsar und vom rechtwinkligen Dreieck zu sprechen, sondern auch von diesem Kind, das sie, wie alle heute, Gessica nennen wollen, natürlich mit G geschrieben: wie sie die Kleine erziehen werden, welche Sportarten sie treiben soll, wie schön es wäre, wenn sie später einmal Fernsehansagerin würde. So sprechen die beiden Eheleute 1.) von jemandem, der physisch existiert hat, aber nicht mehr existiert (wie Cäsar), 2.) von etwas, das manche ein ideelles Objekt nennen und von dem man nicht genau weiß, wo genau es existiert, es sei denn, man nimmt mit Platon an, dass es eine Welt der Ideen gibt, und 3.) von jemandem, der hoffentlich physisch existieren wird, es aber noch nicht tut (Gessica). Was aber geschieht, wenn die beiden anfangen, außer über all dies auch noch über Freiheit oder Gerechtigkeit zu reden?

Freiheit und Gerechtigkeit sind sicher Objekte des Denkens, aber anders als Cäsar und Gessica, erstens weil sie nicht so gut definiert sind wie Cäsar und Gessica, weil die Leute je nach Land und Kultur, nach historischem Zeitraum und religiöser Ausrichtung unterschiedliche Vorstellungen von ihnen hatten, und zweitens weil sie keine Individuen, sondern Begriffe sind und es ja immerhin auch Begriffe wie den des rechtwinkligen Dreiecks gibt, die besser definiert sind als der Begriff der Gerechtigkeit.

Sind Romanfiguren Entitäten wie Cäsar, wie Gessica, wie das rechtwinklige Dreieck oder die Freiheit?

Sie haben etwas mit Cäsar, Gessica, dem Dreieck und der Freiheit gemeinsam, denn sie sind *semiotische Objekte*, das heißt Ensembles von Eigenschaften, die durch einen bestimmten Terminus ausgedrückt werden und die eine bestimmte Kultur per allgemeinem Konsens anerkennt und in ihrer Enzyklopädie verzeichnet. Semiotische Objekte sind das rechtwinklige Dreieck, die Frau, die Katze, der Stuhl, die Stadt Mailand, der Mount Everest, der Artikel 7 unserer Verfassung, die Pferdheit – und unter den semiotischen Objekten gibt es auch solche, die durch Eigennamen ausgedrückt werden, und in diesem Sinne sind nicht nur Leute wie Julius Cäsar semiotische Objekte, sondern sogar – angenommen, es gibt sie irgendwo – Leute wie Fritz Hinz und Franz Kunz und Lieschen Müller, die ja nicht nur physische Entitäten sind, sondern, wenn wir sie durch Nennung eines Namens erwähnen, auch Ensembles von Eigenschaften (auch ohne ihm jemals begegnet zu sein, könnten wir Fritz Hinz identifizieren als Sohn des Sowieso, geboren in A-Stadt, derzeit Kassierer in der B-Bank, wohnhaft in der C-Straße usw.). Und da unter den Eigenschaften, die durch einen Namen ausgedrückt werden, auch diejenigen sind, existiert zu haben oder aktuell zu existieren, oder auch diejenigen, die eine gute Enzyklopädie verzeichnet, wie die Eigenschaft, ein mythologisches Wesen oder eine Romanfigur zu sein, sind auch die fiktiven Personen semiotische Objekte.

Nun ist es für semiotische Objekte eigentümlich, dass sie mehr einem Muster, einem System von Beziehungen gleichen als einem konkreten Individuum wie mir oder einem gegebenen Hund. Sie sind Objekte von solcher Art, dass sie, auch wenn viele ihrer Eigenschaften verändert werden, ein Muster, eine Form, eine grundlegende *Gestalt* behalten. So verhält es sich mit einer Melodie, die dieselbe bleibt, egal ob sie von einer Trompete oder einer Okarina gespielt wird, und ebenso mit dem Eurostar-Schnellzug Mailand-Rom um 15:15 Uhr, der derselbe bleibt, auch wenn seine Waggons jeden Tag andere sind, auch wenn er wegen Verspätung nicht um 15:15 Uhr, sondern erst 15:45 Uhr abfährt, auch wenn seine Existenz negiert wird durch die Lautsprecheransage, dass er heute leider ausfällt.

Aber so verhält es sich auch mit dem Hund (oder dem Stuhl oder dem Berg), da wir imstande sind, sowohl einen Dobermann als auch einen Chihuahua als Hund zu erkennen. Beiden gemeinsam sind einige typische Eigenschaften, die ich mich hier begnüge, als »diagnostische« zu definieren. Und so verhält es sich auch mit Entitäten wie Mailand, andernfalls würden diejenigen, die es wie ich das erste Mal 1946 gesehen haben, zur Hälfte zerstört, ohne den Pirelli-Wolkenkratzer und ohne die Torre Velasca, das heutige Mailand nicht als dieselbe Stadt erkennen. Und so verhält es sich schließlich auch mit historischen Personen, andernfalls wäre es nicht möglich, Aussagen zu treffen wie: »Hätte Kleopatra eine etwas längere Nase gehabt, wäre die Geschichte Roms anders verlaufen« (anders gesagt, wir können unsere Vorstellung von Kleopatra um ein paar Eigenschaften verringern, ohne deswegen aufzuhören, sie als Kleopatra zu erkennen – und wir können uns kontrafaktische Situationen von der Art vorstellen, was geschehen wäre, wenn man Cäsar nicht an den Iden des März ermordet hätte).

Welche diagnostischen Eigenschaften es sind, die erhalten bleiben müssen, um etwas als zugehörig zur selben Klasse identifizieren zu können, ist eine offene Frage, und auf jeden Fall können wir annehmen, dass eine Eigenschaft diagnostisch wird oder bleibt, je nachdem, in welchem Kontext oder Diskursuniversum sie erscheint.

Was die fiktiven Personen angeht, so sind sie nicht nur deshalb fluktuierende semiotische Objekte, weil wir mit ihren Namen ein Ensemble von Eigenschaften assoziieren, sondern auch, weil sie einige dieser Eigenschaften offensichtlich verlieren können, ohne dadurch ihre Identität einzubüßen – bedenkt man zum Beispiel, dass d'Artagnan in der populären Bilderwelt als ein Musketier gilt, während er bei Dumas bekanntlich nur ein Kadett der drei Musketiere ist. Wenn Madame Bovary nicht in Frankreich, sondern in Italien gelebt hätte, wäre ihre Geschichte nicht viel anders verlaufen. Was also sind die wirklich diagnostischen Eigenschaften der Madame Bovary? Man würde sagen: dass sie sich aus sentimentalen Gründen umgebracht hat. Warum aber ergötzt uns dann eine Parodie wie Woody Allens *The Kugelmass Episode*,[3] in welcher der Titelheld die unglückliche Madame Bovary aus Yonville entführt und zu sich nach New York bringt, um dort mit ihr das schöne Leben zu führen, von dem sie immer geträumt hat? Nur weil der Kontext als diagnostische Eigenschaft der Bovary hervorhebt, dass sie eine kleinbürgerliche Provinzlerin mit Hang zum Kitsch ist? Tatsächlich funktioniert die Parodie, weil Kugelmass sich beeilt, Madame Bovary zu sich zu holen, ehe sie Selbstmord begeht. Während dieser Selbstmord also einerseits parodistisch negiert wird, bleibt er andererseits weiterhin essenziell und radikal diagnostisch für die Identität der Madame Bovary. Und diesen Punkt muss ich unterstreichen, denn am Ende werden wir sehen: Was uns an den fiktiven Personen fasziniert, ist, dass sich ihr Schicksal nicht ändern lässt. Wir können uns vorstellen, was geschehen wäre, wenn Napoleon in Waterloo gesiegt hätte, und diese kontrafaktische Übung wäre sicherlich hochinteressant, aber wie öde wäre eine Geschichte, in der man sich vorstellte, dass Emma Bovary am Ende kein Gift einnimmt, sondern glücklich und zufrieden irgendwo weiterlebt ...

Warum können wir Mitgefühl für semiotische Objekte wie diese fiktiven Personen entwickeln? Wir könnten antworten: aus demselben Grund, aus dem viele bereit sind, für die Gerechtigkeit oder die Freiheit zu sterben. Aber für Werte zu sterben ist etwas anderes, als für Individuen zu sterben, und daher sagen wir lieber, wir empfinden das, was den Romanpersonen widerfährt, als würde es uns widerfahren.

Wir entwickeln Mitgefühl für Anna Karenina, weil wir uns auf den narrativen Pakt eingelassen und so getan haben, als lebten wir in ihrer Welt wie in unserer eigenen, und nach einer Weile (wie von einem mystischen Raptus ergriffen, der sicher durch einige Qualitäten der Erzählung ausgelöst worden ist) haben wir *vergessen, dass wir nur so getan haben.* Mehr noch, da wir in jener Welt sozusagen nicht vorgesehen waren oder keine relevante Größe darstellten, haben wir instinktiv versucht, uns an die Stelle derjenigen Person zu versetzen, die unter ihren rechtmäßigen Bewohnern am meisten mit uns gemeinsam hatte.

Wenn wir diese Definition der fiktiven Personen akzeptieren, müssen wir zugeben, dass zu den semiotischen Objekten auch die Gottheiten aller Mythologien gehören, die Zwerge und Feen, der Weihnachtsmann und die höheren Wesen der verschiedenen Religionen. Jemand könnte hier einwenden, Götterwesen mit Feen zu vergleichen sei ein Ausdruck von Atheismus, aber ich lade alle Gläubigen zu einem geistigen Experiment ein: Stellen Sie sich vor, Sie seien Katholik und glaubten, dass Jesus wirklich Gottes Sohn sei. Gut, in diesem Fall sind Schiwa, der Große Manitou und der Exú der brasilianischen Kulte bloße Fiktionen. Aber stellen Sie sich nun vor, Sie wären Hindu: Wenn Schiwa wirklich irgendwo existiert, dann ist klar, dass der Große Manitou, der Exú und der Gott Israels bloße Fiktionen sind. Und so weiter, bis wir zugeben müssen, dass, zu welchem Glauben wir uns auch bekennen, alle religiösen Entitäten bis auf eine nichts als fiktive Wesen sind und dass daher, auch wenn wir uns weigern zu entscheiden, welche diese eine ist, die sich dem allgemeinen Gesetz entzieht, sicher 99 Prozent aller religiösen Entitäten nur fiktive Wesen sind, die wie Madame Bovary oder Othello gewöhnlich einem Buch (einem heiligen) entstammen – mit dem einzigen Unterschied, dass es mehr Menschen gibt, die den Glauben an Schiwa teilen, als Menschen, die Madame Bovary kennen, aber wir wollen uns hier nicht in statistisch-quantitativen Fragen verlieren.

Die fluktuierenden Personen der Fiktion sind von gleicher Natur wie die Personen des Mythos. Ödipus und Achilles waren fluktuierende Entitäten wie Anna Karenina oder Pinocchio, nur dass Erstere im Dunkel der Zeiten geboren sind und Letztere sozusagen als säkulare Mythen entstehen. Und wir fühlen uns berechtigt zu sagen, dass es wahr ist, dass Pinocchio aus einem Stück Holz geboren ist, so wie wir uns berechtigt fühlen zu sagen, dass es wahr ist, dass Athene aus dem Kopf des Zeus geboren ist.

Es genügt nicht, daran zu erinnern, dass die Alten glaubten, Zeus und Athene habe es wirklich gegeben, während jeder, der an Pinocchio als fluktuierendes Wesen denkt, sehr wohl weiß, dass er nie existiert hat. Ich würde sagen, das sind psychische Akzidenzien. Sehr viele Menschen haben ziemlich verschwommene Vorstellungen vom Grad der Existenz ihrer Götter. Es gab Hirtenmädchen, die behaupteten, mit der Madonna gesprochen zu haben, es gab romantische junge Frauen, die sich für Jacopo Ortis umbrachten, im sizilianischen Puppentheater beschimpfte man lauthals den Verräter Ganelon, es gibt Teenager, die sich unsterblich in eine Filmfigur verlieben (in die Figur, nicht den Schauspieler), es ist nicht gesagt, dass Cäsar an die Existenz Jupiters glaubte, die christlichen Dichter riefen weiter die Musen an, und somit treten wir in ein Universum privater Gefühle, Fantasien und Emotionen ein, in dem genaue Grenzlinien schwer zu ziehen sind.

Die Art Existenz, die wir den fluktuierenden Personen zuerkannt haben, erklärt auch ihre moralische Funktion. Ich weiß, dass ich über dieses Thema schon andernorts gesprochen und geschrieben habe, aber hier muss ich es zum Abschluss dieses Beitrags noch einmal erwähnen.

Obwohl sie fluktuierend sind, erscheinen uns diese Personen unabänderlich an ihr Schicksal gekettet. Sicher hoffen wir manchmal, wenn wir ihr Los beklagen, dass es anders ausgehen könnte, dass Ödipus einen anderen Weg nimmt und nicht seinem Vater auf dem Weg nach Theben begegnet, sondern vielleicht nach Athen gelangt und sich dort mit der schönen Phryne vereint, dass Hamlet Ophelia heiratet und die beiden glücklich und zufrieden als dänisches Königspaar leben, dass Heathcliff noch ein paar Demütigungen mehr erträgt und auf den Wuthering Heights verharrt, bis er seine Catherine heiraten kann, um mit ihr als perfekter Country Gentleman zu leben, dass Fürst Andrej wieder gesund wird, dass Raskolnikow nicht auf die verrückte Idee kommt, eine alte Frau zu erschlagen, sondern sein Studium beendet, um ein geachteter Staatsbeamter zu werden, dass, als Gregor Samsa zu einem ungeheuren Ungeziefer verwandelt worden ist, eine wunderschöne Prinzessin in sein Zimmer tritt, ihn küsst und zum reichsten Manne von Prag verwandelt ...

Heute könnten uns die Computer sogar Programme anbieten, mit denen sich alle diese Geschichten nach Lust und Laune neu schreiben ließen, aber wollen wir sie wirklich neu schreiben?

Romane und Erzählungen lesen heißt zu wissen, dass man am Schicksal der Personen nichts ändern kann. Wenn wir das traurige Los der Madame Bovary ändern könnten, hätten wir nicht mehr die tröstliche Gewissheit, dass die Aussage »Madame Bovary hat sich das Leben genommen« das Musterbeispiel jeder unbestreitbaren Wahrheit ist. In eine mögliche Romanwelt einzutreten heißt hinzunehmen, dass die Dinge ein für alle Mal in einer bestimmten Weise verlaufen, was immer wir uns auch gewünscht hätten. Wir müssen diese Frustration akzeptieren und durch sie den Schauder des Schicksals verspüren.

Ich glaube, diese Erziehung zum Fatum ist eine der Hauptfunktionen der erzählenden Literatur und begründet den paradigmatischen Wert der fiktiven Personen, dieser Heiligen der säkularen Welt – und auch vieler gläubiger Menschen.

Nur die Tatsache, dass Anna Karenina stirbt, und zwar unabänderlich, macht sie uns liebevoll, dominant und obsessiv gegenwärtig als melancholische Gefährtin unseres Daseins, auch wenn sie physisch nie existiert hat.

[Vortrag im Rahmen der Milanesiana 2009, *Das Unsichtbare*]

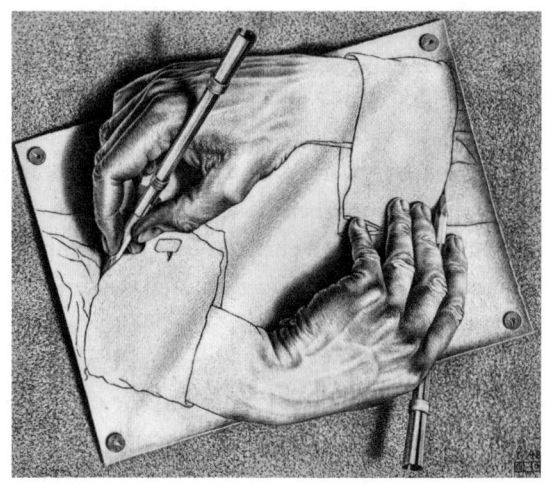

Maurits Cornelis Escher
Zeichnende Hände, 1948
Privatsammlung

Paradoxe und Aphorismen

Oft hören wir Sätze wie »Das ist paradox: Er hat mich eingeladen, und jetzt verlangt er, dass ich den Schaden zahle« oder »Es ist paradox, dass Raffaels Frau genau am Tag ihrer Hochzeit gestorben ist«.

Nun, der erste Fall ist nicht paradox, sondern einfach ärgerlich oder höchstens absurd, während der zweite ungewöhnlich, ausgefallen, nicht den normalen Erwartungen entsprechend ist, wie die Geburt einer Fliege mit zwei Köpfen.

In keinem der beiden Fälle haben wir es mit echten Paradoxen zu tun, auch wenn der naive Sprachgebrauch den Begriff für alles benutzt, was im Gegensatz zu dem von uns Gewollten oder Erwarteten steht.

Allenfalls kann etwas paradox im Sinne von »sonderbar« oder »bizarr« sein, weil das Wort paradox zwei ziemlich verschiedene Bedeutungen hat: einerseits die in der Logik und Philosophie übliche, andererseits die in der Rhetorik gebräuchliche.

Die logischen Paradoxe sollte man passender »Antinomien« nennen. Im Internet behauptet zwar jemand, die Griechen hätten sie »Paralogismen« genannt, aber Paralogismen sind einfache Denkfehler, die problemlos korrigiert werden können. So ist es zum Beispiel ein Paralogismus, wenn man sagt: »Alle Athener sind Griechen, alle Spartaner sind Griechen, also sind alle Athener Spartaner.« Abgesehen davon, dass diese Schlussfolgerung schon für den gesunden Menschenverstand als falsch erkennbar ist, zeigt sich ihr paralogischer Charakter in einem Dreisatz wie diesem:

Alle A sind G

Alle S sind G

Also sind alle A gleich S.

Thomas Bricot
Tractatus Insolubilium
Paris 1498

Dies ist deshalb ein Paralogismus, weil in diesem Syllogismus der Mittelbegriff (G) nicht quantifiziert ist und eine fehlende Quantifizierung des Mittelbegriffs die Schlussfolgerung falsch macht.

Antinomien sind dagegen diejenigen Aussagen, die man im Mittelalter *insolubilia* nannte, »Unlösbarkeiten«, das heißt Sätze oder Schlussfolgerungen, die man weder als wahr noch als falsch bezeichnen kann, da sie zwei einander widersprechende Interpretationen erlauben.

Die klassische Antinomie ist die des Lügners. Der Satz »Ich bin ein Lügner« kann weder als wahr noch als falsch bezeichnet werden, denn wäre er wahr, würde zutreffen, was er besagt, und folglich wäre ich kein Lügner, und wäre er falsch, wäre es nicht wahr, dass ich ein Lügner bin, und folglich wäre es wahr, dass ich die Wahrheit sage, und damit wäre ich wirklich ein Lügner.

Das bekannteste Beispiel ist das Paradox des Epimenides, der als Kreter behauptete, alle Kreter seien Lügner. Der Apostel Paulus, der viele gute Eigenschaften besaß, nur keinen Sinn für Humor, hat diese Behauptung ernst genommen und im *Brief an Titus* geschrieben, die Kreter seien allesamt Lügner, und der Beweis sei, dass es einer von

René Magritte
Der Verrat der Bilder oder auch: *Dies ist keine Pfeife*, 1929
Los Angeles County Museum of Art

ihnen gesagt habe, der sie gut kenne. Dabei liegt auf der Hand, dass Epimenides, weil er Kreter ist, zwar lügt, aber es eben deshalb nicht wahr sein kann, dass alle Kreter Lügner sind, sondern einige Kreter die Wahrheit sagen. Aber gehört nun Epimenides zu diesen Einigen oder nicht? Wenn ja, dann stimmt es, dass alle Kreter Lügner sind, und es ist falsch, dass einige wie Epimenides die Wahrheit sagen. Und wenn Epimenides zu denen gehört, die lügen, dann stehen wir wieder am Anfang, und alles geht von vorne los.

Doch das sogenannte Paradox des Epimenides ist kein echtes Paradox, denn man bräuchte nur anzunehmen, dass Epimenides von allen Kretern der einzige Lügner ist, und schon wäre es ganz natürlich, dass er nicht die Wahrheit sagt.

Ähnlich berühmt ist das Paradox vom Wettlauf des Achilles und der Schildkröte, das Zenon zugeschrieben wird. Wenn die Schildkröte sich, sagen wir, einen Meter vor Achilles befindet, muss er, um sie einzuholen, zuerst den ersten halben Meter zurücklegen, doch um das zu tun, muss er zuerst den ersten Viertelmeter zurücklegen, und um das zu tun, die Hälfte des ersten Viertelmeters und immer so weiter *ad infinitum*, weshalb er die Schildkröte niemals einholen kann.

Oder stellen wir uns eine Strecke von einem Kilometer vor, von dem Punkt P bis zu dem Punkt A. Und jetzt stellen wir uns vor, wie Achilles von P losläuft, um A zu erreichen. Zuerst muss er die Hälfte der Entfernung von P nach A zurücklegen, um den Punkt auf der Mitte zwischen den beiden zu erreichen, den wir M nennen wollen. Dann muss er die Hälfte der verbliebenen Entfernung von M nach A zurücklegen, um an den Punkt S zu gelangen. Dieser Halbierungsprozess der Strecke setzt sich bis in alle Ewigkeit fort. Die verbliebene Strecke kann, wie klein sie auch sein mag, immer wieder halbiert werden.

Doch auch das sogenannte Achilles-Paradox ist kein echtes Paradox, und die Lösung hatte schon Aristoteles gesehen, als er die Unterscheidung zwischen *potenziell Unendlichem* und *tatsächlich Unendlichem* traf (in *Physik* III, 8, 206): Bei Zahlengrößen gibt es eine Unendlichkeit per Addition (ich kann immer eine gerade Zahl finden, die höher als die vorige ist), nicht aber per Division, da die Unendlichkeit der Abschnitte, in die eine Strecke unterteilt werden kann, immer in einer begrenzten Totalität enthalten ist (nie höher als 1). So unbegrenzt die Teilung auch fortgesetzt werden kann (Halbierung des Ganzen, Halbierung der Hälfte, Halbierung der Hälfte der Hälfte usw.), wird das Ergebnis doch nie größer als 1 sein, wie es ja auch bei den irrationalen Zahlen der Fall ist, bei denen aus 3,14 …, wie weit man es auch zu berechnen vermag, niemals 4 wird.

Wendet man diese Überlegung auf die unterteilbare Länge einer Strecke an, die sich *potenziell* unendlich oft unterteilen ließe, zumindest insofern man immer kleinere Teilstücke postulieren kann, so ändert das nichts daran, dass Achilles *in actu* diese Strecke mit einem Schritt bewältigen kann. Achilles bewältigt eine ihm zugewiesene Wegstrecke in einer ihm eigenen Zeiteinheit.

Von Paradoxen spricht man auch in der Topologie, und so hat man

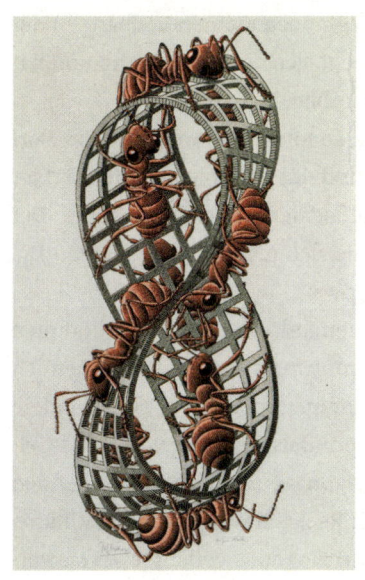

Maurits Cornelis Escher
Möbiusring II, 1963
Privatsammlung

auch schon den Möbiusring als paradox definiert. Ich finde daran nichts Paradoxes. Oder besser gesagt, es klingt zwar unwahrscheinlich, dass eine Verdrehung genügt, um eine Fläche mit zwei Seiten in eine Fläche mit nur einer Seite zu verwandeln, aber es kommt tatsächlich vor, wir haben es gesehen, und das heißt nur, dass die Topologie ein bisschen komplizierter ist als die euklidische Geometrie. Es gibt jedoch sehr viel ernsthaftere Paradoxe, unter denen eines der berühmtesten das von Bertrand Russell vorgeschlagene Paradox des Barbiers ist.

Es gibt dafür eine naive und eine subtile Formulierung. Die erste lautet: »Der Dorfbarbier ist derjenige, der alle Männer rasiert, die sich nicht selber rasieren. Wer rasiert den Dorfbarbier?« Offenkundig kann er sich nicht selber rasieren, denn er rasiert ja nur diejenigen, die sich nicht selber rasieren, und es ist anzunehmen, dass es im Dorf keine anderen gibt, die berechtigt sind, irgendwen zu rasieren. Ich habe dieses Paradox meinen vier- und fünfjährigen Kindern vorgelegt, und sie haben es auf dreierlei Weise gelöst: 1.) Der Dorfbarbier ist eine Frau, 2.)

der Barbier rasiert sich nicht und trägt einen dichten Vollbart, 3.) der Barbier rasiert sich nicht, sondern sengt sich die Barthaare ab und hat das Gesicht voller grässlicher Brandnarben.

In Wirklichkeit muss das Paradox so formuliert werden: »Ein Dorf hat unter seinen Bewohnern einen und nur diesen einen, der Barbier ist, ein stets glatt rasierter Mann. Auf seinem Ladenschild steht: ›Der Barbier, der alle diejenigen rasiert, die sich nicht selber rasieren.‹ Die Frage ist nun: Wer rasiert den Barbier?«

Die Logik und die moderne Mathematik haben viele Antinomien vorgeschlagen, um höchst subtile Probleme zu lösen, von denen ich hier nicht sprechen will, um mich damit zu begnügen, einige andere berühmte Antinomien zu zitieren, zum Beispiel diese von Aulus Gellius überlieferte, nach welcher Protagoras einen vielversprechenden jungen Mann namens Euathlos zum Rechtsanwalt ausgebildet hatte, dafür aber nur die Hälfte des üblichen Honorars verlangte, da sie vereinbart hatten, den Rest werde Euathlos bezahlen, wenn er seinen ersten Prozess gewonnen habe.

Doch Euathlos war dann nicht Anwalt geworden, sondern hatte sich auf die Politik verlegt und folglich nie einen ersten Prozess gewonnen, da er nie einen geführt hatte. Also wurde Protagoras nie bezahlt. Schließlich zog er vor Gericht und verklagte Euathlos auf Zahlung des Resthonorars für seine Ausbildung. Der junge Mann beschloss, sich allein zu verteidigen, wurde also zum Anwalt seiner selbst und schuf damit folgende unentschiedene Lage: Nach Meinung von Protagoras: Würde Euathlos gewinnen, müsste er ihm das Resthonorar auf Basis ihrer Vereinbarung zahlen, denn er hätte ja dann seinen ersten Prozess gewonnen; würde er dagegen verlieren, müsste er es ihm gleichfalls zahlen, diesmal aufgrund des Urteils. Nach Meinung von Euathlos: Würde er gewinnen, müsste er dem Protagoras aufgrund des Urteils nichts bezahlen; würde er verlieren, müsste er ihm aufgrund der Vereinbarung nichts bezahlen, denn dann hätte er ja seinen ersten Prozess nicht gewonnen.

Dieses Paradox hat lange Zeit als Beweis dafür gedient, dass sowohl die Advokaten als auch die Politiker keine vertrauenswürdigen Personen seien.

Oder nehmen wir das von Diogenes Laertius zitierte Rätsel des Krokodils: Ein Krokodil hat sich ein Kind geschnappt, das am Ufer des Nils gespielt hatte. Die Mutter fleht das Krokodil an, ihr das Kind zurückzugeben. »Sicher«, sagt das Krokodil, »wenn du mir exakt voraussagen kannst, was ich tun werde, gebe ich dir den Kleinen zurück; aber wenn du es nicht errätst, verzehre ich ihn zu Mittag.« – »Oh«, sagt die Mutter verzweifelt schluchzend, »du wirst mein Kind verschlingen.«

Das schlaue Krokodil erwidert: »Ich kann dir dein Kind nicht zurückgeben, denn wenn ich es tue, bewirke ich damit, dass du etwas Falsches gesagt hast, und ich hatte dir garantiert, dass ich in dem Fall dein Kind verschlingen würde.« – »Genau das Gegenteil ist der Fall«, antwortet die schlaue Mutter. »Du kannst mein Kind nicht verschlingen, weil du damit sonst bewirken würdest, dass ich die Wahrheit gesagt habe, und du hattest ja versprochen, dass du mir, wenn ich die Wahrheit sage, mein Kind zurückgibst. Ich weiß, dass du ein ehrenwertes Krokodil bist und dein Wort halten wirst.«

Zum Abschluss hier noch ein paar schöne logische Paradoxe, die Raymond Smullyan gesammelt hat:

Ich bin ein Solipsist, wie übrigens alle.

Ich glaube, der Solipsismus ist die richtige Philosophie, aber das ist nur eine individuelle Meinung.

Autorisiertes Parken verboten.

Diese Spezies ist immer ausgestorben gewesen.

Du bist außerordentlich, wie immer.

Gott muss es geben, denn er wäre nicht so gemein, mich glauben zu lassen, dass es ihn gibt, wenn es ihn nicht gäbe.

Ich schwöre, den Schwur zu brechen, den ich gerade schwöre.

Aberglauben bringt Unglück.

Was aber ist ein rhetorisches Paradox?

Etymologisch ist griechisch *parádoxos* etwas, das sich *pará tēn dóxan*, gegen die herrschende Meinung stellt. Daher bezeichnet das Wort

Jean-Simon Barthélémy
Alexander durchschneidet den gordischen Knoten, 1767
Paris, École Nationale Supérieure des Beaux-Arts

ursprünglich eine seltsame, bizarre, unerwartete Behauptung, weitab von den Überzeugungen der Mehrheit, und in diesem Sinne finden wir es noch bei Isidor von Sevilla (*Etymologien* II, 21, 29) – für den ein Paradox dann vorliegt, wenn wir sagen, dass etwas Unglaubliches geschehen ist, wie etwa als Cicero in der Verteidigung von Flaccus, den er hätte loben müssen, ihn stattdessen jedoch verurteilte.

Doch die rhetorische Definition von Paradox finden wir in den diversen italienischen Enzyklopädien, und so lautet sie zum Beispiel im Battaglia:

> These, Auffassung, Behauptung, Sentenz, geistreiche Bemerkung, meist innerhalb eines ethischen oder theoretischen Diskurses, im Widerspruch zur verbreiteten oder allgemein anerkannten Meinung, zum gesunden Menschenverstand und zur allgemeinen Erfahrung, zum System der Glaubensvorstellungen, auf die man sich bezieht, oder zu den Prinzipien und Kenntnissen, die als anerkannt gelten (oft hat das P. auch keinerlei Wahrheitswert und ist bloß ein Sophismus, geprägt aus Liebe zur Exzentrizität oder um dialektische Fähigkeiten zu bezeugen; aber es kann auch unter einer scheinbar unlogischen und verwirrenden Form einen objektiv gültigen Kern enthalten, der dazu bestimmt ist, sich gegen die Ignoranz und Leichtfertigkeit der unkritisch die Meinung der Mehrheit Befolgenden zu behaupten).[1]

Demnach wäre das Paradox im rhetorischen und literarischen Sinn eine Art Diktum oder Maxime, die auf den ersten Blick wie etwas Falsches erscheint, sich aber schließlich als eine nicht selbstverständliche Wahrheit erweist.

In diesem Sinne tritt das Paradox fast immer in Form einer Maxime oder eines Aphorismus auf.

Nichts ist weniger definierbar als der Aphorismus. Das griechische Wort, eigentlich »das für eine Spende Abgezweigte« und daher »Spende«, bekommt im Laufe der Zeit die Bedeutung »Abgrenzung, Definition, knappe Sentenz«. So beispielsweise die Aphorismen des Hippokrates. Darum ist der Aphorismus heute für unsere gängigen Wörter-

René Magritte
Die verbotene Reproduktion, 1937
Rotterdam, Museum Boijmans van Beuningen

bücher, wie den Zingarelli, eine »kurze Maxime, die eine Lebensregel oder eine philosophische Sentenz ausdrückt«.

Man hat gesagt, der Aphorismus sei eine Maxime, in der es nicht bloß auf die Kürze der Form, sondern auch auf den Witz und Scharfsinn des Inhalts ankomme, wobei die Anmut und Geschliffenheit höher geachtet würden als die Annehmbarkeit des Gesagten unter dem Aspekt der Wahrheit. Natürlich ist der Begriff der Wahrheit bei Maximen und Aphorismen abhängig von den Intentionen des Aphoristikers. Zu sagen, ein Aphorismus drücke eine Wahrheit aus, heißt zu sagen, er wolle ausdrücken, was der Autor für wahr hält und wovon er seine Leser überzeugen will. Doch im Allgemeinen wollen Maximen und Aphorismen weder unbedingt geistreich erscheinen noch eine gängige Meinung attackieren, sondern vielmehr einen Punkt vertiefen, in dem die gängige Meinung oberflächlich erscheint und der Korrektur bedarf.

Nehmen wir folgende Maxime von Chamfort: »Der Sparsame ist der reichste aller Menschen, der Geizige der ärmste« (*Maximes et pensées*, I, 145). Hier entspringt der Witz aus der Tatsache, dass die gängige Meinung dazu neigt, den Sparsamen als einen zu betrachten, der seine wenigen Ressourcen nicht verschwendet, also auch seine eigenen Bedürfnisse nur sparsam befriedigt, während der Geizige als einer gilt, der mehr Ressourcen anhäuft, als er braucht. Die Maxime scheint also der gängigen Meinung zu widersprechen und dabei lediglich hinzunehmen, dass »reich« in Bezug auf die Ressourcen verstanden wird und »arm« außer im moralischen Sinne auch in Bezug auf die Bedürfnisbefriedigung. Ist dieses rhetorische Spiel einmal durchschaut, widerspricht die Maxime der gängigen Meinung nicht mehr, sondern bekräftigt sie eher.

Widerspricht jedoch ein Aphorismus der gängigen Meinung so heftig, dass er auf den ersten Blick falsch und inakzeptabel erscheint und erst nach wohlüberlegter Reduzierung seiner hyperbolischen Form als Träger einer gerade noch akzeptablen Wahrheit erkennbar wird, so haben wir es mit einem Paradox zu tun.

Demnach wäre der Aphorismus eine Maxime, die als wahr anerkannt werden will, obwohl sie vor allem geistreich erscheinen möchte, während das Paradox als eine Maxime auftritt, die auf den ersten Blick falsch ist und erst nach einiger Überlegung erkennen lässt, dass sie ausdrücken soll, was der Autor für wahr hält. Aufgrund der Kluft zwischen den Erwartungen der gängigen Meinung und der provokatorischen Form, in der die Maxime auftritt, wirkt sie dann geistreich.

Die Literaturgeschichte ist reich an Aphorismen und etwas weniger reich an Paradoxen. Aphorismen zu prägen ist relativ leicht (und zu den Aphorismen gehören auch Sprichwörter wie »La mamma è sempre la mamma« oder »Hunde, die bellen, beißen nicht«). Paradoxe dagegen sind eher schwierig.

Vor Jahren habe ich mich einmal mit einem Meister des Aphorismus wie Pitigrilli beschäftigt.* Hier sind einige seiner brillantesten Maximen.[2] Manche davon wollen, wenn auch mit Witz, eine Wahrheit bekräftigen, die sich keineswegs gegen die gängige Meinung stellt:

Gastronom: ein Koch, der das Gymnasium besucht hat.

Grammatik: ein kompliziertes Instrument, das Sprachen lehrt, aber am Sprechen hindert.

Fragmente: eine Himmelsgabe für Schriftsteller, die keine ganzen Bücher zustande bringen.

Dipsomanie: ein medizinischer Fachausdruck, der so schön ist, dass er einem Lust macht zu trinken.

Andere formulieren weniger eine angebliche Wahrheit als eine ethische Entscheidung oder Handlungsmaxime:

Ich verstehe den Kuss für einen Leprakranken, aber nicht den Händedruck mit einem Kretin.

Sei nachsichtig mit denen, die dir ein Unrecht getan haben, denn du weißt nicht, was die anderen für dich bereithalten.

Doch gerade in jenem Band mit dem schönen Titel *Dizionario antiballis-*

---

* Pitigrilli, eigentlich Dino Segre, 1893–1975, war ein italienischer Journalist und Autor vielgelesener drastisch-satirisch-erotischer Gesellschaftsromane.

tico (Mailand 1962), in dem er Maximen, Sprüche und Aphorismen von sich und anderen versammelt, warnt Pitigrilli, der stets und um jeden Preis zynisch sein wollte, auch auf die Gefahr hin, treuherzig seine Bosheiten zu gestehen, wie tückisch das Spiel des Aphorismus sein kann:

Da wir schon einmal bei Vertraulichkeiten sind, gestehe ich, dass ich das Rowdytum des Lesers gefördert habe. Ich meine folgendes: Wenn auf der Straße ein Streit ausbricht oder ein Verkehrsunfall passiert, taucht häufig plötzlich wie aus den Eingeweiden der Erde ein Individuum auf und versucht, einem der beiden Streithähne, gewöhnlich dem Automobilisten, seinen Regenschirm über den Schädel zu hauen. Der unbekannte Rowdy lässt seine latente Wut heraus. Ähnliches kommt auch in Büchern vor: Wenn ein Leser, der keine Ideen hat oder nur solche in formlosem Zustand, auf einen pittoresken, phosphoreszierenden oder explosiven Satz stößt, verliebt er sich in ihn, adoptiert ihn, versieht ihn mit einem Ausrufungszeichen am Rande, mit einem »gut!« oder »richtig!«, als hätte er schon immer so gedacht, als wäre dieser Satz die Quintessenz seines Denkens und Philosophierens. Er »bezieht Position«, wie der Duce sagte. Ich biete ihm die Möglichkeit, Position zu beziehen, ohne dass er in den Dschungel der verschiedenen Literaturen eintauchen muss.

So verstanden, drückt der Aphorismus auf brillante (und neue) Weise einen Gemeinplatz aus.

Von einem Harmonium zu sagen, es sei »ein Pianoforte, das sich angeekelt vom Leben in die Religion geflüchtet hat«, ist nichts als eine effektvolle Formulierung dessen, was wir schon wussten und glaubten, nämlich dass das Harmonium ein Kircheninstrument ist. Vom Alkohol zu sagen, er sei »eine Flüssigkeit, welche die Lebenden tötet und die Toten konserviert«, fügt dem, was wir über die Gefahren der Trunksucht und die Gebräuche in anatomischen Instituten wussten, nichts hinzu.

Wenn Pitigrilli (in *Esperimento di Pott*, Mailand 1929) seinen Protagonisten sagen lässt: »Intelligenz bei Frauen ist eine Anomalie, die so selten auftritt wie Albinotum, Linkshändigkeit, Hermaphroditismus oder

Polydaktilie«, dann sagt er genau das, wenn auch auf witzige Weise, was der männliche Leser (und vermutlich auch die weibliche Leserin von 1929) zu lesen erwartete.

Doch, bei aller Kritik an seiner *vis aphoristica*, sagt Pitigrilli noch etwas mehr, nämlich dass viele glänzende Aphorismen auch umgedreht werden können, ohne dadurch an Kraft zu verlieren. Sehen wir uns einige der von ihm selbst vorgebrachten Beispiele solcher Umkehrung an:

Viele verachten die Reichtümer, aber nur wenige wissen sie zu verschenken.

Viele wissen Reichtümer zu verschenken, aber nur wenige verachten sie.

Wir versprechen gemäß unseren Befürchtungen und halten gemäß unseren Hoffnungen.

Wir versprechen gemäß unseren Hoffnungen und halten gemäß unseren Befürchtungen.

Die Geschichte ist nur ein Abenteuer der Freiheit.

Die Freiheit ist nur ein Abenteuer der Geschichte.

Das Glück liegt in den Dingen und nicht in unserem Geschmack.

Das Glück liegt in unserem Geschmack und nicht in den Dingen.

Überdies stellt er Maximen verschiedener Autoren zusammen, die zwar einander widersprechen, aber dennoch eine gesicherte Wahrheit auszudrücken scheinen:

Man täuscht sich nur aus Optimismus (Hervieu).

Man wird öfter durch Misstrauen als durch Vertrauen getäuscht (Rivarol).

Die Völker wären glücklich, wenn die Könige philosophierten und die Philosophen regierten (Plutarch).

Wenn ich eine Provinz bestrafen will, werde ich sie von einem
Philosophen regieren lassen (Friedrich II.).

Ich werde für diese umkehrbaren Aphorismen hier den Begriff »kanzerisierbare Aphorismen« verwenden. Der kanzerisierbare – also krebsanfällige – Aphorismus ist eine Krankheit der Neigung zum Witz oder Aperçu, mit anderen Worten, eine Maxime, die sich, solange sie nur geistreich erscheint, nicht darum schert, dass ihr Gegenteil ebenso wahr ist. Das Paradox ist eine reale Umkehrung des Gewohnten, die eine inakzeptable Welt präsentiert, weshalb es erst einmal Widerstand und Ablehnung hervorruft, dann aber, wenn man es genauer bedenkt, Erkenntnis produziert. Am Ende erscheint es geistreich, weil man zugeben muss, dass es wahr ist. Der kanzerisierbare Aphorismus ist demgegenüber lediglich Träger einer partiellen Wahrheit, und oft enthüllt er, sobald er kanzerisiert worden ist, dass keine der beiden behaupteten Ansichten wahr ist. Es schien nur so, weil er witzig formuliert war.

Das Paradox ist jedoch keine Abart des klassischen Topos der »verkehrten Welt«. Dieser ist bloß mechanisch, er führt eine Welt vor, in der Tiere sprechen und Menschen brüllen, Fische fliegen und Vögel schwimmen, Affen die Messe lesen und Bischöfe auf den Bäumen herumspringen. Er operiert mit einer Aneinanderreihung von *adynata* oder *impossibilia* ohne Logik. Er ist ein Karnevalsjux.

Um Paradox zu werden, muss die Umkehrung einer Logik folgen und auf einen Teil der Welt begrenzt sein. Ein Perser kommt nach Paris und beschreibt Frankreich so, wie ein Pariser Persien beschreiben würde. Die Wirkung ist paradox, weil sie den Leser zwingt, die Dinge anders als in der gewohnten Perspektive zu sehen.

Eine der Prüfungen, durch die sich ein Paradox von einem kanzerisierbaren Aphorismus unterscheiden lässt, ist der Versuch, es umzukehren.

Ein Autor, der sich stets mit Zynismus und Zwanglosigkeit zwischen Paradox und Aphorismus bewegt hat, ist Oscar Wilde. Angesichts der unzähligen Aphorismen, die er in seine Werke eingestreut hat, müss-

Pieter Brueghel d. Ä.
Kampf zwischen Karneval und Fasten, 1559
Wien, Kunsthistorisches Museum

Salvador Dalí
Unsichtbarer Afghane mit Erscheinung des Gesichts von García Lorca am Strand
in Form einer Fruchtschale mit drei Feigen, 1938
Privatsammlung

ten wir zugeben, dass wir es mit einem dandyhaft seichten, auf oberflächliche Reize erpichten Autor zu tun haben, der, solange er nur den braven Bürger erschreckt, nicht zwischen Aphorismus, kanzerisierbarem Aphorismus und Paradox unterscheidet. Ja, er traut sich sogar, uns Behauptungen als scharfsinnige Aphorismen vorzusetzen, die sich unter der witzigen Oberfläche als triviale Gemeinplätze entpuppen – jedenfalls als Gemeinplätze für die viktorianische Oberschicht.

Auch hier jedoch lässt uns ein Experiment dieser Art erkennen, ob und inwieweit ein Autor, der die aphoristische Provokation zum Salz seiner Romane, Komödien und Essays gemacht hat, tatsächlich ein Schöpfer fulminanter Paradoxe war oder bloß ein begabter Bonmot-Sammler.

Ich werde zunächst eine Reihe echter Paradoxe auflisten, die sich, wie mir scheint, nicht kanzerisieren lassen (oder höchstens mit dem Ergebnis einer sinnlosen oder eindeutig falschen Behauptung):

Das Leben ist einfach ein *mauvais quart d'heure* aus erlesenen Augenblicken.

Egoismus besteht nicht darin, zu leben, wie es uns passt, sondern zu verlangen, dass die anderen leben, wie es uns passt.

Ein feinfühliger Mensch ist einer, der, wenn er Schwielen hat, stets auf die Füße der anderen tritt.

All jene, die unfähig zum Lernen sind, haben sich aufs Lehren verlegt.

Ein Mann, über den viel geredet wird, ist *eo ipso* attraktiv. Irgendetwas muss schließlich an ihm dran sein.

Ich kann allem widerstehen, nur nicht der Versuchung.

Falschheit ist die Wahrheit der anderen.

Die einzige Pflicht, die wir der Geschichte gegenüber haben, ist, sie neu zu schreiben.

Eine Sache ist nicht notwendigerweise wahr, weil jemand für sie gestorben ist.

Die Verwandten sind ein Haufen langweiliger Leute, die

nicht den geringsten Sinn dafür haben, wie man lebt, und
nicht die blasseste Ahnung, wann man stirbt.

Jedes Mal, wenn die Leute mit mir einer Meinung sind, habe
ich das Gefühl, im Unrecht zu sein.

Aber es gibt auch unzählige Aphorismen von Wilde, die sich leicht kanzerisieren lassen:

Leben ist das Seltenste auf der Welt. Die meisten Leute
existieren bloß und sonst nichts.

*Existieren ist das Seltenste auf der Welt. Die meisten Leute leben
bloß und sonst nichts.*

Wer einen Unterschied zwischen Seele und Körper findet,
hat weder das eine noch das andere.

*Wer keinen Unterschied zwischen Seele und Körper findet, hat
weder das eine noch das andere.*

Leben ist zu wichtig, um ernst darüber zu sprechen.
Leben ist zu unwichtig, um darüber zu scherzen.

Es gibt auf der Welt zwei Kategorien von Menschen: diejenigen,
die an das Unglaubliche glauben, wie die anderen, und
diejenigen, die das Unwahrscheinliche tun, wie ich.

*Es gibt auf der Welt zwei Kategorien von Menschen: diejenigen,
die an das Unwahrscheinliche glauben, wie die anderen, und
diejenigen, die das Unglaubliche tun, wie ich.*

*Es gibt auf der Welt zwei Kategorien von Menschen: diejenigen,
die das Unwahrscheinliche tun, wie die anderen, und diejenigen,
die an das Unglaubliche glauben, wie ich.*

Es liegt etwas Verhängnisvolles in allen guten Vorsätzen: Sie
werden immer zu früh gefasst.

*Es liegt etwas Verhängnisvolles in allen guten Vorsätzen: Sie werden
immer zu spät gefasst.*

Es liegt etwas Offenkundiges in allen schlechten Vorsätzen:
Sie werden immer im richtigen Augenblick gefasst.

Unreif sein heißt vollkommen sein.
Reif sein heißt unvollkommen sein.
Vollkommen sein heißt unreif sein.
Unvollkommen sein heißt reif sein.

Die Unwissenheit gleicht einer delikaten exotischen Frucht:
Man braucht sie nur zu streifen, und schon wird sie welk.
Das Wissen gleicht einer delikaten exotischen Frucht: Man braucht
es nur zu streifen, und schon wird es welk.

Je mehr wir die Kunst studieren, desto weniger interessiert
uns die Natur.
Je mehr wir die Natur studieren, desto weniger interessiert uns
die Kunst.

Sonnenuntergänge sind aus der Mode. Sie gehören zu der
Zeit, als Turner der letzte Schrei war. Sie zu bewundern, ist
ein Kennzeichen für provinziellen Geschmack.
Sonnenuntergänge sind wieder in Mode, denn sie gehören zu
der Zeit, als Turner der letzte Schrei war. Sie zu bewundern,
heißt up to date sein.

Schönheit enthüllt alles, weil sie nichts ausdrückt.
Schönheit enthüllt nichts, weil sie alles ausdrückt.

Kein verheirateter Mann ist attraktiv, außer für seine eigene
Frau, und oft, wie man hört, nicht einmal für sie.
Jeder verheiratete Mann ist attraktiv, außer für seine eigene Frau,
und oft, wie man hört, sogar für sie.

Dandytum ist auf seine Weise ein Versuch, die absolute Modernität der Schönheit zu verfechten.

Dandytum ist auf seine Weise ein Versuch, die absolute Inaktualität der Schönheit zu verfechten.

Die Konversation müsste alles streifen, ohne sich je auf etwas zu konzentrieren.

Die Konversation dürfte nichts streifen, um sich auf alles zu konzentrieren.

Ich liebe es, über nichts zu sprechen. Es ist das einzige, worüber ich alles weiß.

Ich liebe es, über alles zu sprechen. Es ist das einzige, worüber ich nichts weiß.

Nur die großen Meister des Stils verstehen es, klar zu sein.

Nur die großen Meister des Stils verstehen es, dunkel zu sein.

Jeder kann teilhaben an der Geschichte. Nur ein großer Mann kann sie schreiben.

Jeder kann Geschichte schreiben. Nur ein großer Mann kann an ihr teilhaben.

Die Engländer haben mit den Amerikanern alles gemeinsam außer der Sprache.

Die Engländer haben mit den Amerikanern nichts gemeinsam außer der Sprache.

Nur die Modernen werden überholt.

Nur die Überholten werden modern.

Müssten wir hier unser Urteil über Wilde fällen, würde es ziemlich streng ausfallen. Als höchste Inkarnation des Dandytums, aber im Rückstand hinter Lord Brummell und sogar hinter seinem geliebten

Des Esseintes, kümmert er sich nicht um die Unterscheidung zwischen Paradoxen als Trägern zugespitzter Wahrheiten, Aphorismen als Trägern akzeptabler Wahrheiten und kanzerisierbaren Aphorismen als bloß geistreichen Spielereien ohne Wahrheitsanspruch. Und andererseits würde sein Verhalten durch seine Vorstellungen von der Kunst autorisiert, dürfte es doch ihnen zufolge bei einem Aphorismus niemals um Nützlichkeit, Wahrheit oder Moralität gehen, sondern stets nur um stilistische Schönheit und Eleganz.

Allerdings würde sein Bemühen um ästhetische Provokation und Stil nicht genügen, um Oscar Wilde freizusprechen, da es ihm nicht gelang, zwischen der echten Provokation durch das Paradox und der bloß oberflächlichen Provokation zu unterscheiden. Doch wäre es nach seinen Prinzipien gegangen, hätte er nicht ins Gefängnis gesteckt werden dürfen, weil er Lord Douglas liebte, sondern weil er ihm Briefe wie diesen geschrieben hatte: »Es ist ein Wunder, dass deine rosenroten Lippen nicht minder für die Musik des Gesanges als für die Tollheit der Küsse gemacht sind« – und nicht nur deshalb, sondern weil er während des Prozesses auch noch behauptet hatte, dieser Brief sei eine Stilübung und eine Art Sonett in Prosa gewesen.

Aber kann man zum Beispiel einen Aphorismus als schwach bezeichnen, den der Autor einer bewusst als seicht dargestellten Figur in den Mund legt? Ist es ein Aphorismus, wenn Lady Bracknell in *The Importance of Being Earnest* zu Algernon sagt: »Den Vater oder die Mutter zu verlieren kann als bedauerlicher Unglücksfall gelten. Beide zu verlieren, grenzt schon an Schlamperei«? Daher der begründete Verdacht, dass Wilde an keinen seiner Aphorismen glaubte und nicht einmal an die besten seiner Paradoxe, sondern einzig daran interessiert war, eine Gesellschaft vorzuführen, die solche Sprüche zu schätzen wusste.

Übrigens sagt er das selbst. Man lese nur diesen Dialog in *The Importance of Being Earnest*:

Algernon: Alle Frauen ähneln mit der Zeit ihren Müttern. Das ist ihre Tragik. Aber nie ein Mann. Das ist *seine* Tragik.
Jack: Findest du das geistreich?

Algernon: Es ist perfekt formuliert. Und so zutreffend, wie man es unter kultivierten Leuten von einem Aperçu erwarten darf.

Darum sollte man Oscar Wilde nicht als einen liederlichen Aphoristiker ansehen, sondern als einen Satiriker und Kritiker der herrschenden Bräuche. Dass er dann in und mit diesen Bräuchen sehr gut zu leben verstand, ist eine andere Sache und war sein Pech.

Lesen wir noch einmal *Das Bildnis des Dorian Gray* (1890). Bis auf wenige Ausnahmen werden die denkwürdigsten Aphorismen dem als seichten Salonlöwen porträtierten Lord Henry Wotton in den Mund gelegt. Wilde präsentiert sie uns keineswegs als Lebensregeln, die er selber für richtig hielte.

Lord Henry formuliert, wenn auch mit Esprit, eine unerträgliche Reihe von Gemeinplätzen der viktorianischen Gesellschaft (und gerade deshalb delektierten sich Wildes Leser an seinen falschen Paradoxen): Ein Bischof sagt als Achtzigjähriger noch genau dasselbe, was man ihn als Achtzehnjährigen gelehrt hat. Das Gewöhnlichste wird begehrenswert, sobald man es versteckt. Der einzige Reiz der Ehe liegt darin, dass sie ein Leben in Täuschung für beide Teile unentbehrlich macht. Heutzutage bringt es ein gebrochenes Herz zu vielen Auflagen. Die Jungen möchten treu sein und sind es nicht, die Alten würden gern untreu sein und können es nicht. Nur wer seine Rechnungen bezahlt, braucht Geld, und ich bezahle meine nie. Ich möchte in England nichts ändern, nur das Klima. Um die eigene Jugend wiederzufinden, muss man nur dieselben Verrücktheiten wieder begehen. Männer heiraten aus Müdigkeit und Frauen aus Neugier. Frauen haben einen wunderbaren Sinn für die Praxis: Wir vergessen oft, von Heirat zu sprechen, aber sie erinnern uns immer wieder daran. Wenn wir glücklich sind, sind wir immer gut, aber wenn wir gut sind, sind wir nicht immer glücklich. Die wahre Tragik der Armen ist, dass sie sich nichts außer der Selbstaufopferung gönnen (wer weiß, ob Lord Henry das *Kommunistische Manifest* gelesen hatte und wusste, dass die Proletarier nichts zu verlieren haben als ihre Ketten?). Es ist besser zu lieben, als geliebt zu werden, geliebt zu werden ist eine Belästigung. Mit jedem

Ivan Albright, *The Picture of Dorian Gray*, 1943–44
Chicago, Art Institute

Effekt, den wir erzielen, machen wir uns einen Feind, um beliebt zu sein, muss man mittelmäßig sein. Auf dem Land kann jeder gut sein, dort gibt es keine Versuchungen. Das Eheleben ist nur eine Gewohnheit. Das Verbrechen ist das Vorrecht der Unterklassen, für sie ist das Verbrechen das, was für uns die Kunst ist: eine Art und Weise, sich Gefühle außerhalb des Gewöhnlichen zu verschaffen. Mord ist immer ein Fehler, man sollte nie etwas tun, worüber man nicht nach dem Essen reden kann ...[3]

Neben diesen Plattitüden, die nur darum brillant erscheinen, weil sie in Salven abgeschossen werden – wie bei jener Technik der Aufzählung, in der die banalsten Wörter an Glanz gewinnen, weil sie ein inkongruentes Verhältnis mit ebenso banalen anderen Wörtern eingehen –, bezeugt Lord Henry ein besonderes Genie im Aufspüren von Gemeinplätzen, die sogar für die Spruchkärtchen in Pralinéschachteln zu fad wären, und macht sie durch Umkehrung würzig:

Natürlichkeit ist nichts als Pose, und zwar die ärgerlichste, die ich kenne.

Die einzige Art, eine Versuchung loszuwerden, ist, ihr nachzugeben.

Ich liebe die einfachen Freuden, sie sind die letzte Zuflucht der komplizierten Personen.

Was ich hören will, ist eine Neuigkeit, natürlich keine nützliche, sondern eine unnütze.

Diejenigen, die nur einmal im Leben lieben, sind die wirklich Oberflächlichen.

Die Tragödien der anderen haben immer etwas Erbärmliches.

Wenn ein Mann etwas besonders Dummes tut, handelt er stets aus den edelsten Motiven (aber dies lässt sich auch umkehren: Wenn ein Mann etwas besonders Edles tut, handelt er stets aus den dümmsten Motiven).

Ein Mann kann mit jeder Frau glücklich sein, solange er sie nicht liebt.

Besser schön sein als gut sein. Doch niemand anerkennt

bereitwilliger als ich, dass es besser ist, gut zu sein, als hässlich zu sein (dies rekurriert auf einen Gemeinplatz, der banaler nicht sein kann, von der Sorte, die unsere TV-Talkmaster lieben: »Lieber schön, reich und gesund als hässlich, arm und krank«). Nur die Oberflächlichen urteilen nicht nach dem Schein.

Es ist ungeheuerlich, wie die Leute heutzutage herumlaufen und hinter unserem Rücken Dinge sagen, die absolut wahr sind.

Der einzige Unterschied zwischen einer Laune und einer lebenslangen Leidenschaft ist, dass die Laune etwas länger andauert.

Man kann Lord Henry auch nicht die Erfindung einiger schöner Paradoxe absprechen, etwa:

Meine Freunde wähle ich wegen ihrer Schönheit aus, meine Bekannten wegen ihres guten Charakters und meine Feinde wegen ihrer Intelligenz.

Amerikanische Mädchen verbergen ihre Eltern so geschickt wie englische Frauen ihre Vergangenheit.

Die Philanthropen verlieren jeden Sinn für Humanität. Das ist ihr Erkennungszeichen.

Rohe Gewalt kann ich tolerieren, aber rohe Vernunft ist unerträglich.

Wagners Musik gefällt mir mehr als jede andere. Sie ist so laut, dass man die ganze Zeit reden kann, ohne dass jemand hört, was man sagt.

Eine *grande passion* ist das Privileg derer, die nichts zu tun haben.

Die Frauen wecken in uns den Wunsch, Meisterwerke zu schaffen, um uns dann ständig daran zu hindern, sie zu realisieren.

Wer nicht zögert, einen Spaten einen Spaten zu nennen, sollte gezwungen sein, ihn zu benutzen.

Häufiger sind die Paradoxe Lord Henrys jedoch kanzerisierbare Aphorismen:

Die Sünde ist der einzige Farbtupfer, der dem modernen
Leben geblieben ist.
Die Tugend ist der einzige Farbtupfer, der dem modernen Leben
geblieben ist.

Die Menschheit nimmt sich zu ernst. Das ist die Erbsünde
der Welt. Wäre der Höhlenbewohner fähig gewesen zu lachen,
hätte die Geschichte einen anderen Lauf genommen.
Die Menschheit nimmt sich zu wenig ernst. Das ist die Erbsünde
der Welt. Wäre der Höhlenbewohner fähig gewesen, sich das
Lachen zu verkneifen, hätte die Geschichte einen anderen Lauf
genommen.

Die Frauen verkörpern den Sieg der Materie über den Geist, so
wie die Männer den Sieg des Geistes über die Moral verkörpern.
Die Männer verkörpern den Sieg der Materie über den Geist, so
wie die Frauen den Sieg des Geistes über die Moral verkörpern.

Die Wahrheit ist, dass im *Dorian Gray* die Seichtheit Lord Wottons in
Szene gesetzt und zugleich denunziert wird. Über ihn wird gesagt:
»Hör ihm nicht zu, meine Liebe ... Er redet nie ernsthaft.« Über ihn sagt
der Autor: »Er spielte mit der Idee und versteifte sich immer mehr darauf; er warf sie in die Luft und verwandelte sie, ließ sie entkommen
und fing sie wieder ein, machte sie schillernd vor Fantasie und geflü-
gelt mit dem Paradox ... Er spürte, dass Dorian Grays Augen ihn fixier-
ten, und das Bewusstsein, dass unter seinen Zuhörern einer war, den
er faszinieren wollte, schien seinem Witz noch mehr Schärfe und seiner Fantasie noch mehr Farbe zu geben.«

Einige der besten Paradoxe von Wilde stehen in jenen »Sätzen und
Philosophien zum Gebrauch der Jungen«, die er ebendarum als Le-
bensmaximen in einem Oxforder Studentenmagazin veröffentlicht hat:

Gut erzogene Leute widersprechen den anderen. Die Weisen
widersprechen sich selbst.

Ehrgeiz ist die letzte Zuflucht der Gescheiterten.

Bei Prüfungen stellen die Dummen Fragen, auf welche die
Weisen nicht antworten können.

Nur den großen Meistern des Stils gelingt es, immer unbemerkt
durchzuschlüpfen.

Die erste Pflicht des Lebens ist es, so artifiziell wie möglich
zu sein. Welches die zweite ist, weiß ich nicht.

Nichts, was wirklich geschieht, hat die geringste Bedeutung.

Überdruss ist das höhere Alter der Ernsthaftigkeit.

Wenn man die Wahrheit sagt, ist man sicher, früher oder später
entdeckt zu werden.

Nur wer wenig Tiefe hat, erkennt sich selbst.

Doch in welchem Maße er diese Sätze als wahre Lehren ansah, sagt er
in den Antworten, die er im Prozess gab, als sie ihm vorgehalten wurden: »Ich denke selten, dass etwas von dem, was ich schreibe, wahr
ist.« Es ist richtig, von Wilde keine strenge Unterscheidung zwischen
Paradoxen (wahren), Aphorismen (trivialen) und kanzerisierbaren
(also falschen oder jedes Wahrheitswertes baren) Aphorismen zu verlangen. Was er zur Schau stellt, ist eine regelrechte Sentenzenwut, ein
furor sententialis (und somit eine wohltuende rhetorische Inkontinenz),
nicht eine philosophische Passion.

Wenn dem so ist, kann man ebenso gut eine neue Form von falschem Paradox und lügnerischem Aphorismus erfinden, die nur dazu
dient, die Existenz von Gemeinplätzen kenntlich zu machen, in denen
wir selbst uns tagtäglich verfangen.

Gerade ist ein köstliches Büchlein erschienen, das 500 auf den Kopf
gestellte Gemeinplätze versammelt, die auch schon im Internet verbreitet sind. Ich bitte um Entschuldigung, dass ich nur einige davon
zitiere, ausgehend vom Titel des Buches: *Scusa l'anticipo ma ho trovato
tutti verdi.*[4]

Manchmal übertrifft die Fantasie die Wirklichkeit.

Ich glaube nicht an Gott, aber an die Kirche.

Erst hat er sich das Leben genommen, dann hat er mit
derselben Waffe seine Frau und die Kinder umgebracht.

Danke, dass ihr mir in dieser Zeit fern geblieben seid.

Es bekümmert mich sehr, dass ich mein Studium nicht abgebrochen habe.

Es wird Zeit, dass der Weihnachtsmann kapiert, dass es die Kinder nicht gibt.

Ich bin wieder Kind geworden, aber ich bin nicht alt.

Man hat mir die Brieftasche geklaut, aber nicht wegen der Papiere, sondern wegen des Geldes.

Nicht schlafen, dann kannst du keine Cola trinken.

Es ist nicht die Feuchtigkeit, es ist die Wärme.

Kalium ist reich an Bananen.

Alberto Sordi kann als der Erbe von Verdone betrachtet werden.

Die antike Kunst verstehe ich nicht.

Zur Probeaufnahme hatte ich bloß eine Freundin begleitet, und dann ist sie tatsächlich genommen worden.

Da ist die Krise, da ist die Krise, und abends sind alle zu Hause.

Im Grunde hat Mussolini auch viele Schweinereien gemacht.

Venedig ist das Amsterdam des Südens.

Albinos haben die Musik im Blut.

Früher war hier alles Stadt.

Die Chinesen sehen alle verschieden aus.

Es scheint, dass er besser mit Kissen schläft.

Ich würde auch Linux benutzen, aber es ist mir zu leicht.

Hier noch eine Reihe berühmter Paradoxe von Karl Kraus. Ich versuche gar nicht, sie umzukehren, da das, wie sich bei kurzem Nachdenken zeigt, unmöglich ist. Sie sind allesamt Träger einer unkonventionellen, gegen die gängige Meinung gerichteten Wahrheit. Sie lassen sich nicht zum Ausdruck der gegenteiligen Wahrheit verbiegen.

Der Skandal fängt an, wenn die Polizei ihm ein Ende macht.

Zur Vollkommenheit fehlte ihr nur ein Mangel.

Banksy
Graffiti is a crime, 2013
New York

Das Virginitätsideal ist das Ideal jener, die entjungfern wollen.

Die Strafen dienen zur Abschreckung derer, die keine Sünden begehen wollen.

Es gibt einen dunklen Weltteil, der Entdecker aussendet.

Kinder spielen Soldaten. Das ist sinnvoll. Warum aber spielen Soldaten Kinder?

Natürlich ist auch Karl Kraus nicht gegen die Sünde des kanzerisierbaren Aphorismus gefeit. Hier einige seiner Sprüche, die leicht widerlegt und folglich umgedreht werden können:

Nichts ist unergründlicher als die Oberflächlichkeit des Weibes.

Nichts ist oberflächlicher als die Unergründlichkeit des Weibes.

Lieber ein hässlicher Fuß verziehen als ein hässlicher Strumpf!

Lieber ein hässlicher Strumpf verziehen als ein hässlicher Fuß!

Es gibt Frauen, die nicht schön sind, sondern nur so aussehen.

Es gibt Frauen, die schön sind, aber nicht so aussehen.

Der Übermensch ist ein verfrühtes Ideal, das den Menschen voraussetzt.

Der Mensch ist ein verfrühtes Ideal, das den Übermenschen voraussetzt.

Die einzigen Paradoxe, die sich fast niemals kanzerisieren lassen, sind die von Stanisław Jerzy Lec. Hier eine kurze Liste seiner *Unfrisierten Gedanken:*[5]

Könnte man den Tod doch abzahlen, indem man ihn in Raten schliefe!

Ich habe von der Wirklichkeit geträumt. Welche Erleichterung, zu erwachen!

Sesam öffne dich - ich möchte hinaus!

Wer weiß, was Kolumbus entdeckt hätte, wenn ihm Amerika nicht in die Quere gekommen wäre!

Wie schrecklich: ein mit Honig beschmierter Knebel.

Der Krebs errötet nach seinem Tod. Was für ein beispielhaftes Feingefühl bei einem Opfer!

Schont die Sockel, wenn ihr die Denkmäler stürzt. Sie könnten noch gebraucht werden.

Er hat die Wissenschaft besessen, aber nicht geschwängert.

Scheiterhaufen erleuchten die Finsternis nicht.

Man kann auf St. Helena sterben, ohne Napoleon gewesen zu sein.

Sie standen sich so nah, daß es zwischen ihnen keinen Platz mehr für Gefühle gab.

Er streute Asche auf sein Haupt – die seiner Opfer.

Ich habe von Freud geträumt. Was bedeutet das?

Umgang mit Zwergen krümmt das Rückgrat.

Sein Gewissen war rein. Er benutzte es nie.

Sogar in seinem Schweigen gab es Sprachfehler.

Ich gebe zu, ich habe eine Schwäche für Lec, und so möchte ich mit einem Paradox von ihm schließen, das mir, auch wenn ich es nicht immer befolgt habe, als Leitfaden für mein Leben bleibt, und ich hoffe, auch für das Ihre:

Überlege, bevor du denkst.

[Vortrag im Rahmen der Milanesiana 2010, *Paradoxe*]

Roland Topor
Offener Himmel, Lithografie, 1976

Falsches sagen, lügen, fälschen

Die Lüge ist eines der Themen, die in der Geschichte der Logik und der Sprachphilosophie, von der Ethik und der Politikwissenschaft zu schweigen, besonders stark diskutiert werden, und wenn Sie sich einen ersten Eindruck von dieser gewaltigen Diskussion verschaffen und dazu ein ebenso zugängliches wie grundlegendes Buch lesen möchten, empfehle ich Ihnen die *Breve storia della bugia* von Maria Bettettini[1] oder, falls Sie sich ein paar Hundert Seiten mehr zumuten möchten, die *Filosofia della bugia* von Andrea Tagliapietra (Mailand 2001). Wenn nun auch ich mich bereit erklärt habe, meine Nase in dieses Thema zu stecken (die Anspielung auf Pinocchio ist rein zufällig), so weil ich nicht nur Romane und Essays über Unwahrheiten und Fälschungen geschrieben habe, sondern immer noch häufig mit einer Stelle aus meinem *Trattato di semiotica generale* von 1975 zitiert werde, an der ich schrieb, wir müssten als Zeichen all das ansehen, was zum Lügen benutzt werden kann. Der Rauch einer vor mir befindlichen Flamme ist kein Zeichen, weil er mir nichts sagt, was ich nicht ohnehin schon weiß. Aber der Rauch auf einer Hügelkuppe ist nicht nur ein Zeichen für ein Feuer, das wir nicht sehen, und könnte von Indianern als ein Signal verwendet werden, sondern jemand könnte ihn auch chemisch erzeugen, um mir ein nicht existierendes Feuer vorzugaukeln oder mich davon zu überzeugen, dass sich auf jenem Hügel Indianer befänden (was gar nicht zutrifft).

Meine damalige Definition war allerdings noch zu eng. Ich hätte sagen sollen: Zeichen ist alles, was benutzt werden kann, *um Falsches zu sagen*, oder besser noch: *um etwas zu sagen, was in der wirklichen Welt nicht zutrifft*. Und so, wie Literatur erzählt, was in einer möglichen Welt zutrifft, die sich von unserer Welt unterscheidet, ist die Lüge nur eine

François Lemoyne
*Die Zeit rettet die Wahrheit vor der Falschheit
und dem Neid*, 1737
London, Wallace Collection

von vielen Arten, etwas zu sagen, was in der wirklichen Welt nicht zutrifft.

Lassen Sie mich das erklären. Als Ptolemäus behauptete, die Sonne kreise um die Erde, sagte er fraglos etwas, das nicht zutraf, und er sagte es, weil er sich *irrte*, aber er log nicht. Lügen ist, wenn man das Gegenteil von dem sagt, was man für zutreffend hält, während Ptolemäus vollkommen aufrichtig daran glaubte, dass die Sonne sich bewegt. Stellen wir uns nun aber vor, Ptolemäus hätte sich in eine geheime Sekte von Jüngern des Aristarch von Samos einschmuggeln wollen, die behaupteten, dass die Erde sich um die Sonne dreht, und um von jenen Verschwörern akzeptiert zu werden, habe er überall versichert: »Die Erde dreht sich bestimmt um die Sonne.« In diesem Fall hätte Ptolemäus etwas gesagt, das für uns der Wahrheit entspricht, und dennoch hätte er gelogen, da er das Gegenteil von dem gesagt hätte, was er glaubte. Während Unwahres zu sagen ein »alethisches« Problem ist, bei dem es um die Frage der Aletheia (griechisch »Wahrheit«) geht, ist Lügen ein ethisches oder moralisches Problem. Ein Lügner kann man unabhängig davon sein, ob man die Wahrheit sagt oder nicht. Jago, der die unschuldige Desdemona beschuldigt, ist fraglos ein Lügner, doch hätte Desdemona dem Leutnant Cassius wirklich ihre Gunst gewährt, ohne dass Jago es wusste, so wäre Jago, obwohl er Othello dann die Wahrheit gesagt hätte, trotzdem ein Lügner gewesen.

Wenn sich jemand, wie ich in meinem Roman *Der Friedhof in Prag*, übermäßig mit Lügen oder besser gesagt mit verschiedenen Fällen von Fälschung befasst, halten einige Dummbeutel ihm sogleich entgegen, wer die Welt voller Fälscher sehe und die ganze Geschichte als Reich der Lüge darstelle, der behaupte, dass es keinerlei Wahrheit gebe – und sei mithin ein Relativist. Dies ist eine kolossale Dummheit, die man nicht einmal denen durchgehen lassen kann, die sich weder im Gymnasium noch im Universitätsseminar jemals mit Philosophie befasst haben.

Um sagen zu können, dass etwas falsch oder unwahr oder Ergebnis einer Fälschung sei, muss man einen Begriff von dem haben, was korrekt oder wahr oder zutreffend ist. Natürlich gibt es verschiedene Ebenen von Wahrheit und Möglichkeiten zu verifizieren, ob etwas zutreffend ist. Wenn ich sage, »draußen regnet es«, dann kann die Wahrheit meiner Aussage aufgrund persönlicher Erfahrung verifiziert werden: Man macht einen Schritt vor die Tür und streckt die Hand aus. Wenn ich sage, Schwefelsäure sei H_2SO_4, glaubt man mir das aufgrund allgemeiner Kenntnisse aus den Lehrbüchern, aber wenn jemand es wirklich genau wissen will, kann er um Zugang zu einem Labor bitten, wo er mit eigenen Augen sieht, wie Schwefelsäure hergestellt wird (auch wenn ich das für eine nur mäßige Genugtuung halte). Die Auskunft »Napoleon ist am 5. Mai 1821 auf Sankt Helena gestorben« stellt uns vor eine historische Wahrheit, der wir Glauben schenken, weil sie so im Lexikon steht, und dort steht sie, weil es irgendwo, sagen wir bei der britischen Admiralität, ein Dokument gibt, das diesen Glauben untermauert. Doch kann es immer sein, dass Dokumente fehlerhaft sind (Hudson Lowe hatte ungenau im Kalender nachgeschlagen) oder auf einer Lüge basieren (Hudson Lowe hatte Napoleon absichtlich und in vollem Bewusstsein, dass er damit log, für tot erklärt, um zu verschleiern, dass er ihn nach Argentinien entwischen ließ); oder jemand in London hat Hudson Lowes Originalbericht später verfälscht und aus Gründen, denen wir nicht weiter nachforschen wollen, einen falschen Tag und Monat angegeben.

Mit alledem haben wir eine Rechtfertigung für den Titel meines Vortrags: Es macht einen Unterschied, ob wir etwas Falsches sagen, ob wir lügen oder etwas (ver)fälschen, auch wenn diese Begriffstriade ein noch viel weiteres Feld von Phänomenen abdeckt. Ist es zum Beispiel falsch oder wahr, dass der Heilige Geist aus Vater *und* Sohn (*filioque*) hervorgeht? Der Papst hält es für wahr, also lügt er nicht, wenn er es sagt, aber für den Patriarchen von Konstantinopel ist es falsch, weshalb er dem Papst mindestens vorwirft, sich zu irren, andernfalls wäre es nicht zum Großen Schisma von 1054 gekommen. In welchem Sinn ist es wahr, dass Maria in Lourdes erschienen ist, wenn wir dafür nur das Zeugnis der Bernadette Soubirous haben? Und falls ja, weshalb zieht dann dieselbe Kirche die Marienerscheinung in Medjugorje entgegen dem Zeugnis von sechs Personen in Zweifel? Tatsächlich werden, um Wahrheiten dieser Art zu verifizieren, ganz andere Kriterien herangezogen als bei der Schwefelsäure.

Ethik der Lüge

Da jedoch die Entscheidung, was falsch und was wahr ist, einem titanischen Unterfangen gleicht, beschränken wir uns auf die ethischen Probleme der Lüge. Das Lügen wird von einem der zehn Gebote untersagt, doch wie man weiß, gilt bei den meisten davon das Kriterium der Geringfügigkeit, das den Unterschied zwischen Todsünde und lässlicher Sünde ausmacht. Bei dem Gebot »Du sollst Vater und Mutter ehren« macht es zum Beispiel einen Unterschied, ob man zu seiner Mama sagt: »Jetzt hör doch endlich auf, mich zu nerven« oder ob man sie mit dem Hammer erschlägt, während das Gebot »Du sollst nicht Unkeuschheit treiben« (so lehrte man das zu meiner Zeit) keine Geringfügigkeit kennt, sodass man in die Hölle kommt, egal ob man die eigene Großmutter vergewaltigt oder als Heranwachsender beim Anblick eines Fotos von Monica Bellucci eine leichte Regung in der Leistengegend verspürt hat. Wie ist es bei dem Gebot »Du sollst nicht falsch Zeugnis ablegen«?

Es hat die politisch Laxen gegeben – von Platon, der einräumte, es sei legitim, den jungen Leuten erkennbar fantastische Mythen zu erzählen, um sie zur Tugend zu erziehen, bis hin zu Machiavelli, der befand:

Jeder sieht ein, wie lobenswert es für einen Herrscher ist, wenn er sein Wort hält [...]. Trotzdem sagt uns die Erfahrung unserer Tage, daß gerade jene Herrscher Bedeutendes geleistet haben, die nur wenig von Treue hielten und es verstanden, mit Verschlagenheit die Köpfe der Menschen zu verdrehen; und schließlich die Oberhand über jene gewannen, die ihr Verhalten auf Ehrlichkeit

Salvator Rosa
Allegorie der Lüge, 1651
Florenz, Galleria Palatina

gründeten. [...] Ein kluger Machthaber kann und darf daher sein Wort nicht halten, wenn ihm dies zum Schaden gereichen würde [...]. Wären die Menschen alle gut, so wäre dieser Vorschlag nicht gut; da sie aber schlecht sind und das gegebene Wort nicht halten würden, hast auch du keinen Anlaß, es ihnen gegenüber zu halten. [...] Man muß Verständnis dafür haben, daß ein Herrscher [...] die Seelenstärke braucht, sich nach den Winden des Glücks und dem Wechsel der Verhältnisse zu richten und, wie ich oben sagte, vom Guten so lange nicht abzugehen, als es möglich ist, aber im Notfall muß er auch verstehen, Böses zu tun.[2]

Francis Bacon (*Essays*, VI) erinnerte daran, dass »Heuchelei weiter nichts [ist] als die Lebensweisheit der Kleinmütigen, denn es erfordert einen tapferen Geist und Seelenstärke, zu wissen, wann die Wahrheit gesagt werden muß, und sie dann auch zu sagen; deshalb gehören der schwächlicheren Gattung von Staatsmännern die großen Heuchler an«.[3] Und Baltasar Gracián hielt die Fähigkeit zur Verstellung für eine große Gabe der Regierenden. Einen General, der seine Angriffspläne auf Nachfrage dem Feind preisgäbe, würde auch heute jedermann

Schlüsselmaschine Enigma,
Erfindung des deutschen Ingenieurs Arthur Scherbius, 1918

für verrückt erklären, und entsprechend haben die Armeen von Cäsar über Trithemius bis zum Enigma-Code verschiedenste Formen der Verschlüsselung genutzt, um mit ihrer Kommunikation zu täuschen.

Umso gefährlicher und daher alles andere als ratsam ist es, in der Diplomatie die Wahrheit zu sagen, und wir selbst machen in unseren Spielchen der Alltagsdiplomatie reichlich Gebrauch von diplomatischen Lügen, etwa wenn wir sagen, wir freuten uns, jemanden kennenzulernen, obwohl wir ihn lieber erst gar nicht getroffen hätten, oder wenn wir eine Einladung zum Abendessen unter Vortäuschung eines Unwohlseins ausschlagen, um nicht zugeben zu müssen, dass wir die Küche des Gastgebers schlicht und ergreifend scheußlich finden.

Die Rigoristen jedoch sind stets dafür eingetreten, dass man niemals lügen dürfe, auf gar keinen Fall, nicht einmal zur Rettung eines Menschenlebens. Augustinus hatte das extreme Beispiel angeführt, dass wir jemanden, dem ein grausamer Mörder nach dem Leben trachtet, in unserem Haus versteckt halten. Wenn uns dann der Mörder fragt, ob der von ihm Gesuchte sich im Haus befinde, würden uns zwar sowohl die Gutherzigkeit als auch der gesunde Menschenverstand nahelegen zu lügen, aber nicht einmal in diesem Fall dürfe eine sogenannte »fromme Lüge« erlaubt sein.

Immanuel Kant greift das Thema in einer Entgegnung auf Benjamin Constant wieder auf. Der hatte in seiner Schrift *Von den politischen Gegenwirkungen* die Auffassung vertreten, es sei eine Pflicht, die Wahrheit zu sagen, »kein Mensch aber hat Recht auf eine Wahrheit, die anderen schadet«; was wir wissen, sei wie ein Erbe, das wir nach unserem Willen an andere abtreten könnten oder auch nicht. Für Kant hingegen war Wahrhaftigkeit eine unbedingte Pflicht. »Die Lüge also, bloß als vorsätzlich unwahre Deklaration gegen einen andern Menschen definiert, [...] schadet jederzeit einem anderen, wenn gleich nicht einem andern Menschen, doch der Menschheit überhaupt, indem sie die Rechtsquelle unbrauchbar macht.«[4]

Im Hinblick auf den Mörder, der uns nach dem Opfer fragt, das wir versteckt halten, hat Kants Argument das Zeug zum höheren Blödsinn, den dieser große Mann gelegentlich gern von sich gab (etwa als er behauptete, die Musik sei eine niedere Kunst, weil auch diejenigen sie sich anhören müssten, die das gar nicht wollten, wohingegen man von einem Gemälde immerhin den Blick abwenden könne). Er argumentiert so: Wenn wir lügen und sagen, das Opfer sei nicht im Hause, und jener sucht woanders nach ihm, so könnte es passieren, dass das Opfer ohne unser Wissen ausgegangen ist und jener es in der Nähe antreffen und ermorden kann. Wenn wir hingegen zugeben, dass es sich bei uns im Hause befindet, und jener dort nach ihm zu suchen beginnt, könnten ja auch Nachbarn vorbeikommen und den Mörder fassen, bevor er das Verbrechen begeht. Dass freilich wir die Pflicht gehabt hätten, den Mörder zu fassen, kam Kant nicht in den Sinn. Der sanftmütige Herr Professor wartete auf die Nachbarn.

Weit ausgewogener urteilte Thomas von Aquin über das Problem der Lüge, wenn er in seiner *Summa theologiae* (II-II, 110) sowohl die zum Spaß vorgebrachte *Scherzlüge* als auch die zu einem bestimmten Nutzen vorgebrachte *Notlüge* (beispielsweise eine Lüge, die niemandem Schaden zufügt, aber jemandes Leben oder Unschuld zu retten vermag) als lässliche Sünden verzeiht. Als Todsünden verurteilt er dagegen die *schädlichen* Lügen, die »keinem nützen und manchem schaden« oder die »nur von der Begier zu täuschen und zu lügen ausgehen«.[5] Und man beachte, dass hier, wie übrigens bei fast allen Autoren, zur Definition von Lüge nicht nur die bewusste Aussage von etwas Falschem gehört, sondern auch die Absicht, jemandem damit zu schaden.

Was dagegen die in guter Absicht vorgebrachten Lügen betrifft, so werden die Jesuiten später von *peccatum philosophicum* oder *pecatillum* sprechen, also (wie Kant vorschlug) von Bagatellen.

Dabei handelt es sich hier keineswegs um Bagatellen. Noch heute fragen wir uns, ob es ein Akt der Barmherzigkeit oder ein Fall von Treuebruch ist, wenn wir einem uns nahestehenden Menschen die Schwere seiner Erkrankung verheimlichen. Und wenn verurteilungswürdig ist, was Thomas *iactantia* oder Prahlerei nannte (II-II, 112,1 co.), die in Selbstüberhebung besteht, was sollen wir dann davon halten, dass Kant auch die falsche Bescheidenheit verurteilte, deren man sich bedient, um den minder Begabten nicht zu kränken? Ist es dasselbe, wenn man mit Sokrates sagt: »Ich weiß nichts«, um den zu übertrumpfen, der weniger weiß als wir, und wenn man dem Fiskus zu verstehen gibt: »Ich habe nichts«?

Die barocke Täuschung

Am subtilsten über diese Probleme nachgedacht hat das Jahrhundert des Barock, das Jahrhundert des aufkommenden Absolutismus und der Staatsraison, das Jahrhundert des Kardinals Mazarin, der seine Zeit nicht nur damit verbrachte, die Lügen in den Gesichtszügen anderer zu erkennen, sondern auch verbarg, was er selbst in jenem Augenblick gerade las oder dachte, und der raffinierte Festmähler veranstaltete, bei denen das Fleisch nach Fisch und der Fisch nach Fleisch, das Obst nach Gemüse und umgekehrt aussehen sollten, weil der trügerische Anschein Bewunderung hervorrief. Im Theater war es das Jahrhundert der Lügner, eines Jago, Don Giovanni oder Tartuffe, aber es war auch das Jahrhundert, in dem Architekten wie Borromini mit trügerischen und täuschenden Perspektiven spielten, das Jahrhundert, in dem, da Auge und Blick zu Instrumenten der Erforschung des Weltalls wurden, der Schein mehr zählte als das Sein der Dinge, das Jahrhundert, in dem ein gewisser Giuseppe Battista eine Apologie der Lüge (*Apologia della menzogna*, 1673) verfasste und in dem immer mehr symbolische Darstellungen des Betrugs und der Täuschung auftauchten.

Torquato Accetto lobt in seiner *Ehrenwerten Verhehlung* (1641) nicht das Vortäuschen von etwas, das man nicht ist, sondern das Verhehlen, durch das man *gerade nicht zeigt, was man ist* – sondern sich in jener falschen Bescheidenheit übt, die Kant später verurteilten sollte. Für Accetto galt (in einem Jahrhundert der Intrigen, Betrügereien, Drohungen und Hinterhalte):

> Ein kluges Leben und ein reines Herz [können] sehr wohl Hand in Hand gehen [...] es [bringt] Vorteile mit sich [...], langsamen und bedächtigen Schrittes zu gehen, wenn der Weg voller Hindernisse ist [...] (wie es in dem göttlichen Wort heißt: »Seid klug wie die Schlangen und arglos wie die Tauben«) [...] Wer sich nicht zu verstellen weiß, der weiß auch nicht zu leben [...] denn das Verhehlen ist nichts anderes als ein Schleier aus ehrenwerter Finsternis und gewaltsamer Rücksicht, hinter dem nicht das Falsche entsteht, sondern der dem Wahren ein wenig Ruhe gönnt [...] Wer jeden Tag eine Maske tragen würde, wäre wegen der Neugier seiner Mitmenschen bekannter als jeder andere; von den Verheimlichungsgenies, die es schon gegeben hat und noch gibt, weiß man jedoch gar nichts. [...] Die Verhehlung ist die Fertigkeit, die Dinge nicht so zu zeigen, wie sie sind.[6]

Diese Sentenz ist so wahr, dass Accetto, der an einer anderen Stelle bekennt, sein Buch »beinahe ausgeblutet« herausgegeben zu haben, da »das Schreiben über die Verhehlung erheischte, daß ich mich selbst

Francesco Borromini
Architektonisches Trompe-l'œil (Säulengang), 1652/53
Rom, Galleria Spada

verhehlte«, seinem Vorsatz so gut nachgekommen ist, dass ihn niemand beachtete und man abwarten musste, bis Benedetto Croce den in verstaubten Regalen Vergessenen wiederentdeckte.

Descartes wiederum entging zwar nicht dem Ruhm, beschloss aber nach der Verurteilung Galileo Galileis, sein Buch *Le monde ou traité de la lumière*, an dem er seit 1630 gearbeitet hatte, nicht zu veröffentlichen, womit er seinem Motto *bene qui latuit, bene vixit*[7] alle Ehre erwies.

Es wäre einfach zu sagen, so wie Accetto die Verhehlung preist, so tue es Baltasar Gracián in seinem *Handorakel und Kunst der Weltklugheit* (1647) mit der Verstellung. Doch so einfach liegen die Dinge nicht, schon gar nicht bei einem Jesuiten der Barockzeit. Immer wieder betont Gracián, man dürfe Politik nicht mit Betrug verwechseln und nur die Wahrheit könne jemandem einen wahrhaft guten Ruf einbringen. Er bezichtigt Machiavelli, ein *valiente embustero*, also ein famoser Lügner zu sein. »Es hat den Anschein, als trüge er Einfalt auf den Lippen und Redlichkeit auf der Zunge, und doch strahlt er höllisches Feuer aus, das die Sitten versengt und die Gemeinwesen in Brand setzt.«[8] Auf den ersten Blick scheint er Vorsicht, Diskretion und Zurückhaltung zu predigen, um zu seiner Zeit überleben zu können: Man solle vorsichtig, »ohne zu lügen, nicht alle Wahrheiten sagen« und: »Nichts erfordert mehr Behutsamkeit als die Wahrheit: sie ist ein Aderlaß des Herzens. Es gehört gleich viel dazu, sie zu sagen und sie zu verschweigen zu verstehn.«[9]

Doch von der äußersten Diskretion zur behutsamen Verstellung ist es nur ein kleiner Schritt. Gracián weiß (was bereits Machiavelli empfahl), dass man eher den Fuchspelz als das Löwenfell tragen sollte und dass Lebensklugheit darin besteht, sich verstellen zu können, dass Schlauheit mehr zählt als Gewalt, dass »die Dinge [...] nicht für das gelten, was sie sind; sondern für das, was sie scheinen«. Er weiß, dass tüchtig zu sein und es zu zeigen bedeutet, doppelt tüchtig zu sein, dass etwas, das man nicht sehen kann, so gut wie nicht vorhanden ist und dass »mit offenen Karten spielen [...] weder nützlich noch angenehm ist«. Er weiß, dass »jede Vollkommenheit [...] in Barbarei ausartet, wenn sie nicht von der Kunst erhöht wird«, dass man nicht immer offen und ehrlich handeln soll, weil die anderen diese Planheit sonst bemerken und unseren Handlungen entweder zuvorkommen oder sie enttäuschen, dass man, um zu erreichen, was man will, den anderen recht geben soll und die eigenen Schwächen nicht zeigen, sondern die eigenen Fehler gekonnt dem anderen zuschieben, und »nie zu dem sich gesellen, durch den man in den Schatten gestellt wird«. Er weiß, dass »ein wohlriechender Teig [...] einen angenehmen Athem verursacht. Es ist eine große Lebensklugheit, wenn man es versteht, die Luft zu verkaufen. Das Meiste wird mit Worten bezahlt.«

Und schließlich: »Ein Krieg ist das Leben des Menschen gegen die Bosheit des Menschen. Die Klugheit führt ihn, indem sie sich der Kriegslisten, hinsichtlich ihres Vorhabens, bedient. Nie thut sie das, was sie vorgiebt, sondern zielt nur, um zu täuschen. Mit Geschicklichkeit macht sie Luftstreiche; dann aber führt sie in der Wirklichkeit etwas Unerwartetes aus, stets darauf bedacht ihr Spiel zu verbergen. Eine Absicht läßt sie erblicken [...], kehrt ihr aber gleich wieder den Rücken und siegt durch das, woran Keiner gedacht.«

Nun denn: Gracián ist nicht Accetto, und aus eben diesem Grunde sollten sich seine Maximen in den folgenden Jahrhunderten großen Erfolgs erfreuen.

Die erzählerische Fiktion

In manchen Phänomenologien der Lüge wird als zweitrangiges, aber zulässiges Beispiel die erzählerische Fiktion angeführt. Die erzählerische Fiktion ist jedoch keine Lüge. Wenn Manzoni schreibt, dass am Comer See ein Pfarrer von zwei Bravi bedroht wurde, hat er nicht die Absicht zu lügen: Er *fingiert*, das heißt *er tut so, als ob* das, was er erzählt, wirklich geschehen wäre, und lädt uns ein, an seiner Fiktion teilzuhaben und unsere Ungläubigkeit, wie Coleridge wollte, für eine Weile zu suspendieren, ganz so wie ein Kind, das einen Stock in der Hand hält und so tut, als halte es ein Gewehr, uns einlädt, an seinem Spiel teilzunehmen und so zu tun, als wären wir der Löwe, der tödlich getroffen zusammenbricht.

In der erzählerischen Fiktion erzählt man nicht etwas Falsches, damit jemand daran glaubt oder um jemandem zu schaden. Man errichtet eine *mögliche Welt* und bittet den Leser oder Zuschauer, sich wie ein Mitspieler in sie einzuleben, als handle es sich um eine wirkliche Welt, und die darin geltenden Regeln als glaubwürdig zu akzeptieren (sprechende Tiere, Zauberei, Handlungen, die das Menschenmögliche übersteigen).

Natürlich verlangt die erzählerische Fiktion, dass bestimmte Fiktionssignale ausgesandt werden. Bisweilen gehen diese Signale vom »Paratext« aus, also vom Titel oder den Angaben auf dem Umschlag, wo »Roman« steht, bis hin zur Zusammenfassung im Klappentext. Im Text selbst ist das offensichtlichste Fiktionssignal ein Anfang wie »Es war einmal ...«, doch es gibt auch Fiktionssignale wie den Einstieg *in medias res*, den Beginn mit einem Dialog oder das umstandslose Beharren auf einer individuellen statt allgemeinen Geschichte usw. Es gibt jedoch keine unanfechtbaren Fiktionalitätssignale.

Oft beginnt die erzählerische Fiktion auch mit einem falschen Wahrheitssignal. Hier ein gutes Beispiel dafür:

Der Verfasser dieser Reisen, Lemuel Gulliver, ist mein alter und sehr vertrauter Freund; wir sind von mütterlicher Seite sogar ein wenig verwandt. Es mag etwa drei Jahre her sein, daß Herr Gulliver, des Zusammenlaufens von Neugierigen vor seinem Hause zu Redriff müde, ein kleines Landgut und ein bequemes Haus bei Newark in der Grafschaft Nottingham, seiner Heimat, kaufte und jetzt hier lebt, zwar sehr zurückgezogen, aber von allen seinen Nachbarn geachtet. [...] Ehe er Redriff verließ, vertraute er mir die folgenden Blätter an [...] Der Stil darin ist klar und einfach; [...] durch das ganze Werk weht ein Geist der Wahrheit; und der Verfasser selbst war für seine Wahrheitsliebe so bekannt, daß es unter seinen Nachbarn zu einer sprichwörtlichen Redensart wurde zu sagen: »Das ist so wahr, als hätte Herr Gulliver es gesagt.«[10]

Gulliver beschlagnahmt die Flotte der Blefuskudianer,
Illustration aus dem 19. Jahrhundert zu
Gullivers Reisen von Jonathan Swift

Auf der Titelseite der Erstausgabe von *Gullivers Reisen* (1726) steht nicht der Name Swift als Autor eines fiktionalen Textes, sondern der Name Gulliver als angeblich echter Autobiograf. Ein wunderlicher, aber nicht seltener Fall: Während aufgrund der Fiktionalitätssignale alles, was in der Erzählung vorkommt, in die Rubrik des *So tun, als ob* gehört, würde der Titel des Buches, der Fiktionalität ja ausschließt und bestreitet, hier tatsächlich einen Fall von Lüge darstellen. Wir könnten vermuten, dass das Publikum damals bereit war, die Fiktionalität des Genres »utopische Reiseerzählung« anzuerkennen, und dass seit den *Wahren Geschichten* von Lukian (2. Jahrhundert) übertriebene Wahrheitsbeteuerungen wie Fiktionssignale klangen, aber nicht selten vermischen sich in einem Roman Erfundenes und Bezugnahmen auf die reale Welt so stark, dass viele Leser die Orientierung verlieren.

So kommt es dann, dass sie die Romane so ernst nehmen, als hätten sie es mit wirklich geschehenen Dingen zu tun, und dass sie die Meinungen der Personen dem Autor zuschreiben. Und als Romanautor kann ich versichern, dass man beim Überschreiten der Schwelle von, sagen wir, zehntausend verkauften Exemplaren von einer mit der Erzählfiktion mehr oder minder vertrauten Leserschaft zu einem

TRAVELS

INTO SEVERAL

Remote NATIONS

OF THE

WORLD.

In FOUR PARTS.

By LEMUEL GULLIVER,
First a SURGEON, and then a CAP-
TAIN of feveral SHIPS.

VOL. I.

LONDON:

Printed for BENJ. MOTTE, at the
Middle Temple-Gate in Fleet-ftreet.
MDCCXXVI.

Compofitum jus, fafque animi fanctofque receffus
Mentis, & incoctum generofo pectus honefto.

Frontispiz von *Gullivers Reisen*, 1726

wildwüchsigen Publikum übergeht, das den Roman wie eine Abfolge wahrer Aussagen liest und genauso darauf reagiert wie die Zuschauer im sizilianischen Puppentheater, die am Ende den Verräter Ganelon lynchen wollten.

Unaufrichtigkeit

Bislang ist uns die Lüge jedoch wie ein dyadisches Verhältnis zwischen Betrüger und Betrogenem erschienen. Es gibt allerdings auch eine Lüge, die auf einem monodischen, und eine andere, die auf einem triadischen Verhältnis beruht.

Ein monodisches Verhältnis haben wir bei der Unaufrichtigkeit, mit der sich jemand, der die Wahrheit kennt, selbst belügt – und am Ende gewöhnlich daran glaubt. Bei der Unaufrichtigkeit sind der Belogene und der Lügner ein und dieselbe Person, was bedeutet, dass ich als Betrüger die Wahrheit, die ich vor mir selbst als Betrogenem verberge, kennen müsste.

Die vielleicht schönsten Seiten über diese Unaufrichtigkeit hat Jean-Paul Sartre in *Das Sein und das Nichts* (1943) geschrieben, mit der Geschichte einer Frau, die zu einer Verabredung mit einem Mann geht, der sie, wie sie weiß, begehrt, weshalb sie eigentlich auch wissen müsste, dass ihr Schicksal, sobald sie seine Wohnung betritt, vorgezeichnet ist. Doch sie leugnet das vor sich selbst, nimmt die Beteuerungen des Gastgebers, dass er sie bewundere, wörtlich und versteht diese Bewunderung in einem rein geistigen, nicht fleischlichen Sinne. Sie weigert sich, das Begehren des Gastgebers als solches zu erkennen, beziehungsweise sie erkennt es nur in dem Maß, wie es in Bewunderung übergeht. Aber dann ergreift der Gastgeber ihre Hand. Wenn sie ihm diese nun überlässt, heißt das, sie willigt ein, dass ihr Verhältnis eine neue Färbung bekommt. Wenn sie sie zurückzieht, zerstört sie »diese unklare und unstabile Harmonie [...], die den Reiz der Stunde ausmacht«.

> Es kommt darauf an, den Augenblick der Entscheidung soweit
> wie möglich hinauszuschieben. Man weiß, was nun geschieht:
> die junge Frau gibt ihre Hand preis, aber *sie merkt nicht*, daß sie
> sie preisgibt. Sie merkt es nicht, weil es sich zufällig so fügt, daß
> sie in diesem Augenblick ganz Geist ist [...] Und inzwischen ist die
> Scheidung von Körper und Seele vollbracht; die Hand ruht inert
> zwischen den warmen Händen ihres Partners: weder zustimmend
> noch widerstrebend – ein Ding.[11]

Vielleicht ist die Stelle ein wenig machohaft, aber wenn man Sartres physisches Aussehen bedenkt, ist sie eher anrührend. Wer weiß, wie die Frau war ...

Ironie

Ein triadisches Verhältnis hat man dagegen, wenn auch nicht zwangsläufig, bei der Ironie. Beim Reden mit Ironie sagt man das Gegenteil der Wahrheit (»Du bist aber intelligent«, »Aber Brutus ist ein Ehrenmann«), und Ironie funktioniert nur, wenn der Gesprächspartner die Wahrheit kennt. Um ihm behilflich zu sein, sendet man Ironiesignale aus (siehe Weinrich, *Linguistik der Lüge*[12]), zwinkert zum Beispiel mit den Augen, räuspert sich, gibt der Stimme einen bestimmten Ton und verwendet beim Schreiben Anführungszeichen, Kursivschrift oder sogar (wie verwerflich!) Auslassungspünktchen. An diesem Punkt wird die Ironie zur Fiktion. Doch wenn der Gesprächspartner dumm ist, genügt kein Ironiesignal, und dann kann man sich auch gleich über ihn lustig machen. Hier kommt bei der Ironie nun ein Dreierverhältnis ins Spiel. Das Opfer versteht die Ironie des Lügners nicht (es glaubt also eine Lüge), und nur ein dritter Zeuge des Schlagabtauschs versteht, was der Ironiker sagen wollte, sodass Ironiker und Zeuge sich gemeinsam über das Opfer lustig machen.

Fälschung

Gibt es ein weiteres Beispiel für die triadisch strukturierte Lüge? Ja, im Prinzip ist die Kopie oder Fälschung eines.

Die Herstellung eines Pseudo-Duplikats eignet sich daher zur *falschen Identifizierung*, die stattfindet, wenn ein Autor A (der rechtmäßige Autor) unter bestimmten geschichtlichen Umständen t_1 ein bestimmtes Originalobjekt O hervorbringt, während der Kopist K unter bestimmten historischen Umständen t_2 ein kopiertes Objekt KO hervorbringt. KO ist nicht zwingend eine Fälschung, denn K könnte KO als Übung oder zum Spaß erschaffen haben. Möglicherweise war die Konstantinische Schenkung ursprünglich eine bloße rhetorische Übung und wurde erst in den folgenden Jahrhunderten (aus Gutgläubigkeit oder wider besseres Wissen) als echt bezeichnet. Uns interessiert hier jedoch die Absicht dessen, der die falsche Identifizierung vornimmt (des Identifikators I), der also behauptet, KO sei ununterscheidbar identisch mit O. Erst dann wird KO zu einer Fälschung, und das erklärt, weshalb bei der falschen Identifizierung ein Dreierverhältnis ins Spiel kommt (bei dem K und I natürlich dieselbe Person sein können, in welchem Fall es sich um eine offenkundige Lüge handelt, während I, sofern er nicht K ist, sein Identitätsurteil guten Glaubens fällen könnte, sodass er zwar Falsches behaupten, aber nicht lügen würde).

Soll eine Kopie oder Fälschung von Erfolg gekrönt sein, so braucht man einen Begriff von Identität zwischen zwei Objekten oder Individuen. Um uns nicht in dem Leibniz'schen Begriff von der Identität des Ununterscheidbaren zu verlieren, begnügen wir uns mit dem des Aristoteles (*Metaphysik* V, 9, 1018a): Zwei Dinge, die man für unterschiedlich hielt, werden als ein und dasselbe anerkannt, wenn sie gleichzeitig denselben Raum besetzen können.

Im Falle von Kopien oder Fälschungen besteht die Schwierigkeit darin, dass normalerweise etwas Anwesendes gezeigt wird, als wäre es das Original, während sich das vermeintliche Original (wenn es denn existiert) irgendwo anders befindet. Man kann also nicht beweisen, dass es zwei verschiedene Objekte gibt, die zur gleichen Zeit zwei verschiedene Räume besetzen.

Eine Nachbildung oder Fälschung ist offensichtlich gelungen, wenn die Kopie dem Original oder der Vorstellung, die sich die Allgemeinheit vom Original gemacht hat, irgendwie ähnlich ist, andernfalls würde bei jener *Vision des Ezechiel* von Raffael, über die so viel diskutiert worden ist, niemand die Kopie für ähnlich halten, und das Problem wäre erledigt. Dennoch bleibt, außer für Fachleute, die Wirkung der beiden Werke schlechterdings verblüffend: Welches der beiden Bilder ist eine Fälschung?[13]

In unserer Alltagserfahrung ist der verbreitetste Fall von Irrtum aufgrund von Ähnlichkeit der, in dem wir uns schwertun, zwei Gegenstände derselben Art voneinander zu unterscheiden, zum Beispiel

Paoletta Saraval
Dame mit Kanalratte, 2016
Privatsammlung

Raffael
Vision des Ezechiel, um 1518
Florenz, Galleria Palatina

Raffael (?)
Vision des Ezechiel, um 1518
Privatsammlung

wenn wir auf einem Fest unser Glas irgendwo in der Nähe eines anderen Glases abgestellt haben und nicht mehr wissen, welches nun unseres ist. Aber in diesem Fall haben wir es mit einer Verwechslung von Dubletten zu tun.

Eine *Dublette* ist etwas physisch Vorhandenes, das alle Eigenschaften von etwas anderem physisch Vorhandenen besitzt, insofern beide alle Merkmale aufweisen, die durch einen abstrakten *Typus* vorgegeben sind. In diesem Sinne sind zwei Stühle desselben Modells oder zwei Bögen Druckerpapier im Format DIN A4 jeweils Dubletten des anderen. Dubletten eignen sich nicht für den Fälschungsbetrug, weil sie, auch wenn nicht ununterscheidbar, austauschbar sind. Zwar könnte sich bei einer Analyse unterm Mikroskop ergeben, dass zwei DIN-A4-Bögen Papier erhebliche Unterschiede aufweisen, aber normalerweise sehen wir sie zur Erfüllung unserer Zwecke dennoch als gleichwertig an.

Dagegen liegen Fälle von *Pseudo*-Dubletten dann vor, wenn sich nur eins der vorhandenen Objekte desselben Typus für einen oder mehrere Benutzer mit einem besonderen Wert auflädt. Beim Sammeln etwa schreibt man einem Objekt besonderen Wert zu, wenn von einer bestimmten Briefmarke nur noch ein oder sehr wenige Exemplare erhalten sind oder wenn ein Exemplar eines alten Buches eine Autorensignatur enthält. An diesem Punkt wird es interessant, eine Dublette zu fälschen, ebenso bei einer seltenen Briefmarke. Beim alltäglichen Tauschgeschäft müssten zwei Banknoten vom gleichen Wert eigentlich als Dubletten und folglich als austauschbar gelten. Aber in rechtlicher Hinsicht sind sie verschieden, weil sie verschiedene Seriennummern tragen – auch wenn dieser Unterschied nur dann bedeutsam wird, wenn eine bestimmte Banknote bei einer Erpressung zur Zahlung von Lösegeld benutzt worden ist oder aus einem Banküberfall stammt.

Trotzdem kann man hier interessante Fragen wie etwa die folgende stellen: Darf eine Banknote als echt gelten, die (in betrügerischer Absicht) auf echtem Filigranpapier, versehen mit den Kennzeichen der Prägeanstalt, vom Direktor der Prägeanstalt selbst gedruckt wurde, der ihr dieselbe Seriennummer wie einer wenige Minuten vorher legal gedruckten Banknote gibt? Sollte es je möglich sein, die Reihenfolge des Drucks genau zu ermitteln, wäre nur die erste der beiden Banknoten echt – wie bei der Geburt zweier echter Zwillinge, bei der dann jedoch insinuiert wurde, der zuerst gezeugte Zwilling sei als zweiter zur Welt gekommen. Oder man müsste beschließen, eine der beiden Banknoten nach dem Zufallsprinzip zu vernichten und die andere als Original zu betrachten, was vielleicht das Modell ist, das bei dem Mann mit der Eisernen Maske Anwendung fand.

Ging es in dem untersuchten Fall um eine *starke falsche Identifizierung*, so liegt eine *schwache falsche Identifizierung* oder *Vortäuschung von Austauschbarkeit* vor, wenn man zwar genau weiß, dass KO nicht mit O gleichgesetzt werden kann, aber behauptet, die beiden Objekte seien hinsichtlich ihres Wertes und ihrer Funktion gleichwertig, und in Ermangelung eines genauen Begriffs von auktorialer Originalität

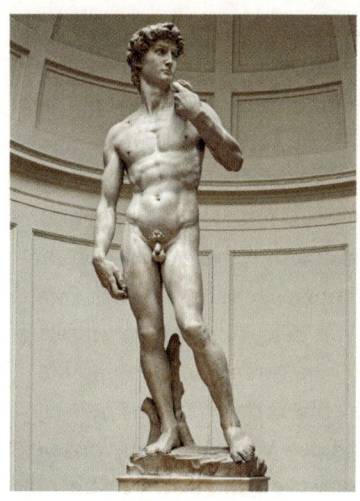

Michelangelo
David, 1501–1504
Florenz, Galleria dell'Accademia

Kopie des *David* von Michelangelo
im Forest Lawn Memorial Park in
Glendale, California, undatiert

das eine als Äquivalent des anderen benutzt. So machten es die römischen Patrizier, die sich ästhetisch mit Kopien griechischer Statuen
zufriedengaben und sie dann vielleicht mit »Phidias« oder »Praxiteles«
signieren ließen. Dasselbe gilt für die Touristen, die in Florenz vor dem
Palazzo Vecchio eine Kopie des *David* von Michelangelo bewundern,
ohne sich groß darum zu kümmern, dass das Original in der Galleria
dell'Accademia steht. Beim kalifornischen Publikum wird die Reproduktion des *David* auf dem Friedhof von Forest Lawn ebenfalls wie
ein Original bewundert, sofern die Besucher überhaupt eine klare Vorstellung davon haben, was ein Original ist. Im ebenfalls kalifornischen
Buena Park habe ich ein Wachsfigurenkabinett besucht, in dem das
Publikum die dortige Version des *David* wahrscheinlich direkt für das
Original hielt und entsprechend genoss.

Manchmal verwandelt K das ursprünglich echte Objekt in eine
Kopie oder Fälschung desselben. So werden zum Beispiel an Bildern

oder Statuen unsachgemäße Restaurierungen vorgenommen, die das Werk verändern – Körperteile werden zensiert, ein Flügelaltar wird in seine Einzelteile zerlegt. Streng genommen sind jene antiken Kunstwerke, die wir für Originale halten, schon durch die Einwirkung der Zeit oder der Menschen verändert worden und haben Amputationen, Restaurierungen, Entstellungen oder Verlust ihrer Farben erlitten. Man denke nur an das klassizistische Ideal eines »weißen« Griechentums, während die originalen Tempel und Statuen doch alle vielfarbig waren.

Da aber jedes beliebige Material seit dem Moment seiner Fertigstellung physikalischen und chemischen Veränderungen unterliegt, müsste jedes Objekt als eine permanente Verfälschung seiner selbst angesehen werden. Um dieser paranoiden Vorstellung zu entgehen, hat unsere Kultur flexible Kriterien entwickelt, mit denen sie über die physische Unversehrtheit eines Objekts entscheidet. So wird gewöhnlich aus einer ästhetischen Sicht behauptet, ein Kunstwerk lebe von seiner organischen Unversehrtheit, die verloren gehe, wenn ihm einer seiner Teile genommen werde. Aus archäologischer Sicht betrachtet man jedoch das Kunstwerk, selbst wenn es einige seiner Teile eingebüßt hat, immer noch als authentisch original. So kommt es, dass der Parthenon in Athen seine Farben und einen Großteil seiner originalen architektonischen Merkmale samt einem Teil seiner Steine eingebüßt hat. Aber die noch vorhandenen sind ¯ – vermutlich – dieselben, welche die ursprünglichen Baumeister verwendet haben. Der Parthenon in Nashville, Tennessee, ist nach dem griechischen Vorbild, wie es zu seiner Glanzzeit ausgesehen haben dürfte, errichtet worden. Er ist formal so vollkommen, dass der griechische Parthenon eigentlich als eine Nachbildung oder Kopie desjenigen von Nashville gelten müsste. Trotzdem wird der halbe Tempel, der noch auf der Akropolis steht, sowohl für »echter« als auch für »schöner« als sein amerikanisches Faksimile gehalten, auch weil er sich in der ihm angestammten Umgebung befindet. Tatsächlich hat der Parthenon von Nashville den Makel, dass er in einer Ebene steht und nicht auf dem Gipfel einer Akropolis.

Rekonstruktion des Parthenon im Centennial Park von Nashville, Tennessee, 1921–31

Was geschieht, wenn das echte Objekt entweder nicht mehr existiert oder nie existiert hat oder jedenfalls nie von jemandem gesehen worden ist? Dies ist der Fall bei den *Apokryphen* oder *Pseudepigraphen*. Bei ihnen behauptet man, ein kopiertes Objekt stimme mit einem echten Objekt überein, das es faktisch niemals gegeben hat. So geschah es bei dem großen Fälscher Han van Meegeren, dessen *Mahl in Emmaus*, das Vermeer zugeschrieben, jedoch 1937 von ihm selbst gemalt worden war, für umgerechnet zweieinhalb Millionen Dollar auf dem Kunstmarkt verkauft werden konnte. Als van Meegeren dann nach dem Krieg beschuldigt wurde, er habe flämische und niederländische Kunstwerke an Göring verkauft, und er gestand, dass es sich um eigenhändige Fälschungen handelte, wollte ihm niemand glauben, und um von jeder Anklage freigesprochen zu werden, musste er im Gefängnis eine weitere Fälschung anfertigen, um sein Können unter Beweis zu stellen.

Es bleibt offen, ob diese Fälschungen immer in böser Absicht entstanden sind. Theoretisch könnte ein Marmorblock, der jahrhunderte-

Han Anthonius van Meegeren
Detail aus dem *Letzten Abendmahl*
(oder *Mahl in Emmaus*) 1940–41
Privatsammlung
(Es handelt sich um eines der vielen
Bilder, die der Künstler im Stil von
Jan Vermeer gemalt hat.)

lang der Wirkung des Wassers ausgesetzt war, als ein Werk von Brân-
cuşi gelten, ohne dass irgendwer die Absicht hätte, jemand anderen
damit zu betrügen. Vielleicht war dies anfänglich bei den falschen Mo-
diglianis der Fall, wenn es stimmt, dass sie von ihrem Schöpfer nur aus
Spaß angefertigt und dann weggeworfen worden waren. Ein klarer Fall
von Pseudepigrafen sind jedoch die gefälschten Hitler-Tagebücher, bei
denen die Fälschung den Anspruch erhob, das echte Objekt zu sein,
das es niemals gegeben hat.

Es gibt Fälle, bei denen der Fälscher zwar genau weiß, dass es das
Originalobjekt gar nicht gibt, aber guten Glaubens annimmt, seine
Fälschung könne alle Funktionen übernehmen, die das Originalobjekt
gehabt hätte, weshalb er es an seiner Stelle präsentiert. Dies ist der
typische Fall einer *diplomatischen Fälschung*. Die mittelalterlichen
Mönche, die falsche Dokumente anfertigten, um die Besitztümer ihrer Klöster zurückzudatieren oder zu erweitern, waren aufgrund der
Tradition überzeugt, die Privilegien wirklich erhalten zu haben, und
waren nur bemüht, sie öffentlich zu bescheinigen. Paradoxerweise gehören zu dieser Art Fälschung sogar – jedenfalls für einen von unüber-
windlichen Vorurteilen beherrschten Kopf – die *Protokolle der Weisen*

von Zion, insofern ihren Verfassern bewusst war, dass es sich um eine Fälschung handelte, sie aber glaubten, diese Fälschung sei sakrosankt, da in ihr ausformuliert war, was sie für die wirklichen Pläne der Juden hielten. Man halte sich nur vor Augen, was 1924 die bekannte Antisemitin Nesta Webster dazu schrieb:

> Die einzige Meinung, für die ich mich engagieren kann, ist, dass die *Protokolle*, seien sie echt oder nicht, das Programm einer Weltrevolution darstellen und dass sie, bedenkt man ihre prophetische Natur und ihre außergewöhnliche Ähnlichkeit mit den Programmen anderer Geheimgesellschaften der Vergangenheit, entweder das Werk irgendeiner solchen Gesellschaft sind oder von jemandem stammen, der die Traditionen der Geheimgesellschaften bestens kannte und fähig war, ihre Ideen und ihren Stil zu reproduzieren.[14]

Fälschung *ex nihilo*

Man weiß, dass es eine Gesamtheit verschiedener Objekte gibt, alle hervorgebracht von einem Autor A, dessen Ruhm sich über Jahrhunderte hinweg verbreitet hat (zum Beispiel die Gesamtheit der bekannten Werke von Picasso). Aus der Gesamtheit A kann man einen abstrakten Typus ableiten, der nicht allen Merkmalen der einzelnen Teile dieser Gesamtheit Rechnung trägt, sondern eher so etwas wie eine Erzeugungsregel darstellt (etwa den Stil oder die Art des verwendeten Materials). Man produziert eine Fälschung und erklärt, sie stamme vom Autor A. Diesen Fall haben wir bei dem falschen Picasso, der 2010 von einer Kunsthändlerin in Los Angeles für zwei Millionen Dollar verkauft wurde, nachdem sie ihn für Tausend Dollar dem Fälscher abgekauft hatte. Genau besehen war, ehrlich gesagt, sogar das noch zu viel, und die Opfer des Betrugs brauchen einem nicht leidzutun. Gibt man indessen offen zu, dass ein Objekt ein anderes nachahmt, so handelt es sich um ein Werk *à la manière de* (im Sinne einer Hommage oder Parodie).

Der einzige Fall einer falschen Zuschreibung, bei der man mit Sicherheit wüsste, dass zwei Objekte nicht identisch sind, wäre, wenn jemand zum Beispiel vor dem im Louvre ausgestellten Original der *Mona Lisa* eine Reproduktion davon zeigte und behauptete, die beiden Objekte seien ununterscheidbar derselbe Gegenstand. Es wäre dies ein sehr unwahrscheinlicher Fall, aber dennoch bliebe auch hier noch ein Zweifel bestehen, ob die mutmaßliche Fälschung nicht womöglich die echte *Mona Lisa* ist, während die im Louvre eine vor wer weiß wie langer Zeit – etwa als das Bild nach dem berühmten Kunstraub des Jahres 1911 wiedergefunden wurde – heimtückisch (oder irrtümlich) an die Wand gehängte Fälschung ist.

Um zu beweisen, dass eine Fälschung eine Fälschung ist, muss man für das mutmaßliche Original eine Echtheitsprüfung durchführen.

Echtheitsprüfungen

Die moderne Wissenschaft kennt natürlich viele Kriterien, um die Echtheit eines Originals festzustellen. Trotzdem scheint jede dieser Prüfungen besser dazu geeignet zu sein, festzustellen, dass etwas gefälscht ist, als herauszufinden, ob es echt ist. Ein Dokument ist falsch, wenn sein materieller Träger, wie beispielsweise das Pergament, nicht aus seiner angeblichen Entstehungszeit stammt, und wir sind heute in der Lage, ein Fundstück ziemlich genau zu datieren. Wenn der Nachweis, dass der Stoff des Turiner Leichentuchs aus dem Mittelalter stammt, eindeutig widerlegt, dass darin der Leichnam Jesu eingewickelt gewesen sein soll, dann beweist die Entdeckung, dass jener Stoff aus dem 1. Jahrhundert unserer Zeitrechnung stammt, ihrerseits noch keineswegs, dass er zur Umhüllung des Leichnams von Jesu benutzt wurde. Die modernen Philologen haben nachgewiesen, dass die hermetische Schrift *Asclepius* nicht, wie bislang angenommen, von Gaius Marius Victorinus übersetzt worden ist, weil der in all seinen Texten das Wort *etenim* durchgängig an den Satzanfang stellte, während im

Asclepius dieses Wort in einundzwanzig von fünfundzwanzig Fällen an zweiter Stelle im Satz auftaucht. Die Tatsache, dass in einem anderen Text *etenim* immer am Satzanfang steht, beweist jedoch keineswegs, dass er von Gaius Marius Victorinus stammt.

Manchmal entscheidet man sich zu prüfen, ob die begrifflichen Kategorien, die Argumentationsweisen, die Bildschemata usw. mit dem kulturellen Umfeld eines mutmaßlichen Autors zusammenpassen. Doch während es legitim ist, einen Text, der zum Beispiel Platon zugeschrieben wurde, als falsch zu entlarven, wenn er Bezug auf das Johannes-Evangelium nimmt, so gibt es umgekehrt keine Möglichkeit nachzuweisen, dass ein Text vor Christi Geburt geschrieben wurde, nur weil er *nicht* auf die Evangelien Bezug nimmt.

Ein Dokument ist eine Fälschung, wenn äußere Fakten, von denen es spricht, zum Zeitpunkt seiner Abfassung nicht bekannt sein konnten. Lorenzo Valla bestreitet die Echtheit der Konstantinischen Schenkung, weil darin zum Beispiel von Konstantinopel als einem Patriarchat die Rede ist, obwohl Konstantinopel zur mutmaßlichen Zeit der Abfassung noch nicht unter diesem Namen existierte und noch kein Patriarchat war. Jüngere Forschungen zu einem angeblichen Briefwechsel zwischen Churchill und Mussolini haben ergeben, dass die Korrespondenz trotz der Echtheit des benutzten Papiers als gefälscht gelten muss, da zum Beispiel ein Brief im Absender einen Ort nennt, an dem Churchill damals schon seit Jahren nicht mehr wohnte; ein anderer spricht von Ereignissen, die erst nach dem Datum des Briefes stattfanden.

Doch wenn in der Konstantinischen Schenkung nicht von Konstantinopel die Rede gewesen wäre, hätte das dann ihre Echtheit bewiesen? Ein Text, der den Dreißigjährigen Krieg erwähnt, kann bestimmt nicht von Platon stammen, aber ist ein Text, der den Dreißigjährigen Krieg erwähnt, genau deshalb von Descartes?

Der gängige Fälschungsbegriff setzt ein »echtes« Original voraus, mit dem die Fälschung verglichen werden müsste. Wie wir jedoch gesehen haben, sind unsere Kriterien, um über Echtheit entscheiden zu können, schwach. Zudem scheinen alle oben erwähnten Kriterien nur gegenüber einer »unvollkommenen« Fälschung etwas zu taugen. Gibt es eine »perfekte Fälschung«, die allen philologischen Kriterien standhält? Wenn es heute einem Fälscher vom Genie eines van Meegeren gelänge, sich eine auf etwa 1500 datierbare Pappelholztafel zu beschaffen, wenn er Öle und Farben gleich den von Leonardo verwendeten hätte und die *Mona Lisa* im Louvre durch eine in Stil und Ausführung absolut perfekte Kopie ersetzen würde, die auch auf alle gebotenen chemischen Kontrollen positiv reagierte – wären wir dann in der Lage, die Fälschung aufzudecken? Und wer sagt uns, dass nicht genau dies schon geschehen ist?

Eine optimistische Perspektive

Trotzdem, auch wenn uns kein einziges der genannten Kriterien hundertprozentig zufriedenstellt, verlassen wir uns regelmäßig auf Annahmen, die uns aufgrund einer ausgewogenen Beurteilung der verschiedenen Prüfmethoden vernünftig erscheinen. Es ist wie in einem Prozess, in dem ein einzelner Zeuge unzuverlässig erscheinen mag, aber drei miteinander übereinstimmende Zeugen ernst genommen werden; ein einzelnes Indiz mag unsicher scheinen, aber drei Indizien bilden schon ein System. In all diesen Fällen verlässt man sich auf Kriterien einer ökonomischen Interpretation. Die Echtheitsurteile sind das Ergebnis überzeugender Argumentationen, gegründet auf wahrscheinliche, wenn auch nicht durchweg unwiderlegbare Beweise, und wir akzeptieren diese Beweise, weil es vernünftiger und ökonomischer ist, sie zu akzeptieren, als unsere Zeit damit zu verbringen, sie zu bezweifeln.

Wir bezweifeln die sozial akzeptierte Echtheit eines Objektes oder Dokumentes nur, wenn die Überzeugung, zu der wir gelangt sind, durch einen Gegenbeweis erschüttert wird. Andernfalls müsste man die *Mona Lisa* bei jedem Besuch im Louvre untersuchen, weil wir keinen Beweis dafür haben, dass die *Mona Lisa*, die wir heute sehen, dieselbe ist, die wir gestern gesehen haben, und nicht etwa über Nacht ausgetauscht worden ist.

Eine solche Überprüfung wäre allerdings für jedes Identitätsurteil erforderlich. Denn tatsächlich gibt es ja keinerlei Garantie dafür, dass mein Freund Hinz, den ich heute treffe, derselbe ist wie der, den ich gestern getroffen habe, da Hinz weit mehr als ein Gemälde oder eine Statue körperlichen (biologischen) Veränderungen unterliegt. Außerdem könnte der, den ich für Hinz halte, ja auch Kunz sein, der sich schelmisch als Hinz verkleidet hat (man denke an die Plastikmasken von Diabolik). Mein Freund Hinz ist nicht schwerer zu fälschen als die *Mona Lisa*. Im Gegenteil, es ist leichter, erfolgreich eine Person zu verkleiden, als erfolgreich ein Bild zu kopieren – nur ökonomisch ist das Fälschen einer Banknote oder einer Statue gewöhnlich einträglicher.

Um jedoch jeden Tag nicht nur Herrn Hinz, sondern auch unsere Eltern, Ehepartner und Kinder wiederzuerkennen (wie auch zu entscheiden, dass der Mailänder Dom, den ich heute sehe, derselbe ist wie der, den ich kürzlich gesehen habe), verlassen wir uns auf bestimmte instinktive Verfahren, die vor allem auf gesellschaftlicher Übereinkunft basieren. Sie haben sich als zuverlässig erwiesen, weil es unserer Spezies durch ihren Gebrauch gelungen ist, seit Jahrmillionen zu überleben, und dieser Beweis, der sich auf Anpassung an unsere Umwelt gründet, genügt uns.

Andererseits gelingt es uns nicht nur, uns mit einer gewissen Sicherheit in der Welt zu bewegen und etwas als echt zu bestimmen, auch wenn wir uns oft irren, sondern fast immer werden diejenigen, die lügen oder fälschen, auch entdeckt. Es kann sein, dass es in unseren Museen viele unerkannte Fälschungen gibt oder dass uns Julius Cäsar über den Verlauf der Schlacht von Alesia belogen hat, und noch heute wissen wir nicht, ob Nero wirklich verrückt war und Rom in Brand gesteckt hat oder ob er nicht vielleicht ein Opfer übelwollender Historiker ist. Doch ganz sicher wissen wir – und zwar kraft der philologischen Wissenschaft –, dass Konstantin keine Schenkung vorgenommen hat. Und wenn ein Politiker eine Steuererleichterung angekündigt

Alberto Savinio
Selbstporträt, 1936
Turin, Galleria civica d'arte moderna e contemporanea

hat, die dann nie gekommen ist, sagt uns die Macht des Faktischen ebenso sicher, dass dieser Politiker gelogen hat. Hannah Arendt räumte zwar ein:

> Geheimhaltung nämlich und Täuschung – was die Diplomaten Diskretion oder auch die *arcana imperii*, die Staatsgeheimnisse, nennen –, gezielte Irreführungen und blanke Lügen als legitime Mittel zur Erreichung politischer Zwecke kennen wir seit den Anfängen der überlieferten Geschichte. Wahrhaftigkeit zählte niemals zu den politischen Tugenden, und die Lüge galt immer als ein erlaubtes Mittel in der Politik.[15]

Aber schließlich beurteilte sie die Lüge als unhaltbar, nämlich als sie angesichts der berüchtigten *Pentagon Papers*, die dokumentierten, wie die amerikanische Regierung über diverse Punkte ihrer Kriegsführung in Vietnam gelogen hatte, unmissverständlich betonte, dass diese Papiere dem Vergleich mit den Fakten nicht standhielten, um sodann diese Form der systematischen Lüge als eine Missachtung der Fakten zu bezeichnen, die in so verallgemeinerter Form eine Pathologie des Politischen erzeugt. Ebenfalls durch den Vergleich mit den nackten Tatsachen musste man zugeben, dass die Behauptungen der CIA, Saddam Hussein sei im Begriff, Atomwaffen zu bauen, Lügen waren.

Gegenüber der Entlarvung durch Fakten gibt es noch diejenige durch Widersprüche, in die sich der zwanghafte Lügner verstrickt, und aus diesem Grund sagt man, Lügen hätten kurze Beine.

Im Blick auf seine Zeit (nicht auf unsere) hatte Jonathan Swift (oder jemand an seiner Stelle, denn die Zuschreibung ist ungewiss) ein Pamphlet über *Lügen in der Politik* verfasst, in dem er schrieb:

> Es gibt einen wesentlichen Punkt, worin sich ein politischer Lügner von anderen Mitgliedern seiner Zunft unterscheidet: Er muß nämlich ein kurzes Gedächtnis haben. Das ist nötig wegen der verschiedenen Anlässe, an denen er sich von einer Stunde zur andern befindet und wo er immer mit sich selbst in Widerspruch gerät und hier eine Meinung, dort das Gegenteil davon mit einem Schwur bekräftigt, je nachdem, wie er die Leute, mit denen er

zu tun hat, gesinnt und gestimmt findet. [...] Die Überlegenheit seines Genies gründet in nichts anderem als einem unerschöpflichen Fundus politischer Lügen, die er jede Minute, da er redet, großzügig ausstreut und generös vergißt, weshalb er sich in der nächsten halben Stunde selbst widerspricht. Er hat sich noch nie überlegt, ob eine Behauptung wahr oder unwahr sei, er besinnt sich nur, ob es im jetzigen Moment oder in der gegenwärtigen Gesellschaft dienlich sei, die Behauptung zu bestätigen oder zu bestreiten, so daß man, wenn man ihm beizukommen glaubt, indem man wie bei Träumen alles, was er sagt, im umgekehrten Sinn auffaßt, verblüfft wird und sich getäuscht findet, ob man ihm nun glaubt oder nicht. [...] Und übrigens, was nimmt einem den Schreck, der einen wohl packen mag, wenn man die Flüche hört, die er einer Behauptung voraus- oder nachschickt? Immerhin, man kann ihn schwerlich des Meineides zeihen, wenn er Gott und Christus zum Zeugen anruft, weil er in aller Öffentlichkeit oft recht deutlich gesagt hat, er glaube weder an den einen noch an den anderen.[16]

So ist es, diesmal sprach – durch Swifts Mund – die Wahrheit.

[Vortrag im Rahmen der Milanesiana 2011, *Lügen und Wahrheit*]

Über einige Formen
der Unvollkommenheit in der Kunst

Über die Unvollkommenheit ist schon viel gesagt worden, aber der Begriff läuft Gefahr, unvollkommen zu bleiben. So gibt es zum Beispiel ein interessantes Bändchen von Algirdas-Julien Greimas, das die Unvollkommenheit im Titel trägt, aber kein Wort über sie verliert (*De l'imperfection*, 1987), während Rita Levi-Montalcini in ihrem ebenfalls der Unvollkommenheit gewidmeten Buch *Elogio dell'imperfezione* (Mailand 1988) eher jene Grenzen unseres Gehirns feiert, die es so wunderbar kreativ machen. Die Küchenschabe in ihrer Vollkommenheit ist die exakte Kopie ihrer Vorfahren, die vor Hunderten von Millionen Jahren lebten. Die Mechanismen ihres Gehirns haben sich nicht weiterentwickelt: Sie sind schon seit jeher perfekt, während die des Menschen unvollkommen sind. Das menschliche Gehirn ist unvollkommen und vermag sich deshalb weiterzuentwickeln.

Wenn wir es ins Theologische wenden, so ist der Mensch verglichen mit Gott gewiss unvollkommen, doch wenn wir Levi-Montalcini folgen, haben Gott oder die Natur es vielleicht so gewollt, um ihm seine fortwährende Kreativität zu sichern.

Halten wir den Ball also lieber flach. Gewöhnlich wird Unvollkommenheit im Verhältnis zu einem Genre, einem Kanon oder einem Gesetz definiert.

Thomas von Aquin nannte als Kriterien der Schönheit die *proportio* und die *claritas* (die uns beide eindeutig zu sein scheinen), aber auch die *integritas*. Mit *integritas* meinte er Unversehrtheit, denn *quae diminuta sunt eo ipso turpia sunt* (verstümmelte Dinge sind von sich aus hässlich). Womit er schlicht und ergreifend sagen wollte, dass Zwergwüchsige unvollkommen sind, da ihnen die richtige Größe fehlt, und Versehrte, weil bei ihnen etwas defekt ist. Desgleichen hielt im 13. Jahrhundert Wilhelm von Auvergne in seinem *Tractatus de bono et malo* jemanden mit drei Augen oder jemanden mit nur einem Auge für abscheulich, Ersteren, weil er etwas an sich hat, was sich nicht gehört, und Letzteren, weil ihm etwas fehlt, was sich gehört ... Unvollkommen ist also etwas, das an der Norm gemessen zu viel oder zu wenig hat.

Das Problem der Vollkommenheit im Sinne von Unversehrtheit hat das christliche Denken umgetrieben, als es definieren sollte, wie die Körper der Verstorbenen am Tag des Jüngsten Gerichts auferstehen würden: natürlich unversehrt, wie sie zu Lebzeiten waren – aber zu welchem Zeitpunkt ihres Lebens? So unversehrt, wie sie mit zwanzig waren, oder so wie mit sechzig? Nehmen wir an, so unversehrt wie im Augenblick ihres Todes. Doch wenn ihnen im Augenblick ihres Todes ein Arm gefehlt hatte oder sie kahlköpfig waren, würden sie dann in einem solchen Zustand auferstehen?

In der *quaestio* 80 des *Supplementum* fragt sich Thomas, ob auch die Gedärme mit auferstehen werden, die ja ebenfalls Glieder des menschlichen Körpers sind, aber gewiss nicht voller Unreinem auferstehen könnten und ebenso wenig leer, da die Natur das Leere scheue. Und ob der Arm, der einem Räuber zu Recht abgeschlagen worden ist, wenn dieser dann später Buße tut und sich reumütig zeigt, wiederhergestellt werden kann, obwohl er zur Rettung des Reumütigen ja nichts beigetragen hat? Doch der Arm könnte auch nicht weggelassen werden, denn durch sein Fehlen würde ein Mensch bestraft, der bereits erlöst ist. Thomas antwortet auf diese Fragen: So wie ein Kunstwerk nicht vollkommen wäre, wenn ihm etwas fehlte, was die Kunst erfordert, so muss der Mensch in aller Vollkommenheit auferstehen, also müssen alle aktuell existierenden Glieder seines Körpers bei der Auferstehung wiederhergestellt werden.

Daher werden die Gedärme nicht voller scheußlichem Unrat, sondern voll edler Körpersäfte auferstehen. Und was den Räuber angeht, so hat er, auch wenn das abgeschlagene Glied an der späteren Errin-

Luca Signorelli
Auferstehung des Fleisches
Detail der Fresken aus der Kapelle San Brizio, 1499–1502
Dom von Orvieto

gung des Heils nicht mitgewirkt hat, es gleichwohl verdient, mit allen zu ihm gehörigen Körperteilen belohnt zu werden.

Werden aber auch Haare und Finger- und Fußnägel auferstehen? Es heißt, sie würden durch überflüssige Nahrung erzeugt, wie der Schweiß, der Urin und die anderen Exkremente, die gewiss nicht zusammen mit dem Körper auferstehen werden. Doch der Herr hat gesagt: »Kein Haar von Eurem Haupt soll verloren gehen.« Haare und Nägel wurden dem Menschen als Schmuck gegeben. Wenn also der Körper, zumal derjenige der Erwählten, in seiner ganzen Schönheit auferstehen soll, dann muss er das mitsamt Haaren und Nägeln tun.

Nicht mit auferstehen werden hingegen die Geschlechtsteile, da die Seligen im Paradies »weder heiraten noch sich heiraten lassen«, auch nicht das Sperma, das nicht wie die Haare zur Vollendung des Einzelnen dient, sondern bloß zur Vollendung der Art. So als könnte man sich im Himmel zwar die Haare frisieren lassen, nicht aber lieben.

Die zweite Frage, die schon Augustinus erörterte (*De civitate Dei* XXII, 20), ist, was mit einem Toten geschehen würde, den ein Menschenfresser verspeist hätte. Für Augustinus hat sich das Fleisch, das den Kannibalen nährte, danach zwar aufgelöst, aber da der allmächtige Gott zurückholen kann, was verschwunden ist, wird es der aufgefressenen Person wiedergegeben werden: Der Kannibale hatte es sich gleichsam nur ausgeliehen und muss es seinem Besitzer zurückgeben. Wenn nicht einmal ein Haar vom Haupt verloren gehen darf, wäre es absurd, wenn kiloweise Fleisch verloren ginge.

Mehr oder minder im selben Sinn, wenn auch umfassender und vertiefter, hat Thomas von Aquin diese Frage beantwortet. Kurzum, die Vorstellung von Vollkommenheit als Unversehrtheit wurde noch von Leopardi gepredigt, der im *Zibaldone* schrieb: »Die Vollendung eines Geschöpfs besteht in nichts anderem als in der völligen Übereinstimmung mit seinem ursprünglichen Wesen.«[1]

Sehr gut. Aber unvollkommen war die Briefmarke Gronchi Rosa, auf der Peru in falschen Grenzen dargestellt war, weshalb sie aus dem Verkehr gezogen wurde, und gerade aufgrund ihrer Unvollkommenheit wurde sie zu einem raren, gesuchten und höchst kostspieligen Sammlerstück.

Unvollkommen ist die Venus von Milo, der die Arme fehlen, aber Massen strömen in den Louvre, um sie sich anzusehen.

Eine pelzbesetzte Tasse wäre unvollkommen, wenn sie im Kaufhaus feilgeboten würde, da sie ihren Zweck als Tasse nicht erfüllt, aber als ein Werk von Meret Oppenheim ist sie fraglos perfekt.

Manchmal sind wir fasziniert von Geschöpfen, die einen Silberblick oder Leberflecke haben, von Nasen, die in einem Gesicht von Canova entstellend wären, von asymmetrischen Gesichtern. Montaigne (*Essais* III, 11) feierte den Reiz der Hinkenden:

> Nach einem in Italien allgemein verbreiteten Sprichwort kennt keiner die ganze Süße der Liebe, der noch nie mit einer Hinkenden geschlafen hat. [...] Ich hätte gesagt, daß es die ungleichmäßige Bewegung einer Hinkenden sei, die dem Liebeswerk einen neuartigen Lustgewinn verschaffe und von denen, die es mit ihr versuchten, als wollüstiger Reiz empfunden werde. Kürzlich erfuhr ich jedoch, daß die antike Philosophie die Frage bereits entschieden hat: Sie erklärt, die Beine und Schenkel der Hinkenden erhielten wegen der Erlahmung nicht mehr die ihnen zugeteilte Nahrung, woraus sich ergebe, daß die darüberliegenden Geschlechtsteile um so besser genährt seien, um so voller entwickelt und kräftiger; oder auch, die mit dem Gebrechen Behafteten hätten, da es ihre Bewegungen mindere, einen geringeren Kräfteverschleiß und können sich darum um so unverbrauchter den Liebesspielen widmen [...] So habe ich mir aufgrund der Wertschätzung jenes seit alten Zeiten verbreiteten Sprichworts einmal weisgemacht, von einer Frau deswegen mehr Lust empfangen zu haben, weil sie krumm war: Dies rechnete ich tatsächlich zu ihren Reizen![2]

Giovan Battista Marino fand im 14. Gedicht seiner Sammlung *La lira* (1614) die Blässe einer kranken Frau unwiderstehlich:

Meret Oppenheim
Frühstück im Pelz, 1936
New York, Museum of Modern Art

Oh, meine fahle Sonne,
in deiner süßen Blässe
der Morgenröte Farben schwinden.
Mein fahler Tod,
vor deinen süßen, blassen Veilchen
verliert, besiegt, die Rose
den liebevollen Purpur.
Das Schicksal möge mir gewähren,
dass süß mit dir auch ich erbleiche,
oh, meine fahle Liebe.*

In Junichiro Tanizakis Roman *Der Schlüssel* (1956) finden wir ein Loblied auf die Beine der Japanerin, die uns Westlern im Vergleich zu den geraden und schlanken Beinen der westlichen Frauen unvollkommen erscheinen:

Ich habe zum ersten Mal seit unserer Hochzeit den nackten Körper, den ganzen Körper meiner Frau gesehen. Besonders die unteren Partien habe ich bis ins Verborgenste, bis ins kleinste Detail durchforscht. Sie ist 1907 geboren, müsste jetzt also fünfundvierzig sein; ihre Proportionen sind denen der Europäerinnen noch nicht so ähnlich wie heute bei unseren jungen Leuten. Als sie jung war, hat sie begeistert Tennis gespielt und ist auch viel geschwommen, und für eine Japanerin in ihrem Alter hat sie selten wohlgeformte Gliedmaßen. Aber ihre Brust ist flach, der Busen und die Hüften sind nicht genügend entwickelt. Ihre Beine sind wohl lang, doch sind die Unterschenkel, so leid es mir tut, nicht ganz ebenmäßig gewachsen. Sie hat einen unverkennbaren Ansatz zu O-Beinen. Ein schmerzlicher Mangel ist auch, dass ihre Fesseln nicht schlank

---

* Im Original: *Pallidetto mio sole, / ai tuoi dolci pallori / perde l'alba vermiglia i suoi colori. / Pallidetta mia morte, / a le tue dolci e pallide vïole / la porpora amorosa / perde, vinta, la rosa. / Oh, piaccia la mia sorte / che dolce teco impallidisca anch'io, / pallidetto amor mio!* (A. d. Ü.).

Keith Haring
Ohne Titel, 1982
Privatsammlung

genug sind. Wenn ich meinen Geschmack allerdings genau prüfe, schätze ich die europäischen Beine gar nicht so sehr, sondern habe eine angeborene Schwäche für die typisch japanischen, die immer leicht gebogen sind und mich an meine Mutter oder meine Tanten erinnern. Die stockgeraden Beine der Europäerinnen sind mir zu uninteressant.[3]

Sobald es nämlich um Menschen oder gar Tiere geht, sind wir, obwohl wir sie uns möglichst vollkommen wünschen, in vielen Fällen bereit, Zugeständnisse zu machen – denn wir unterscheiden die Schönheit als Regelmäßigkeit vom Zauber, der eine undefinierbare und oft geschmacksabhängige Eigenschaft ist.

Über Zauber streitet man nicht, und vielleicht müssen wir das Kriterium der Unvollkommenheit in der Kunst noch etwas präziser fassen. Zunächst einmal können wir auf die Kunst, jedenfalls auf die unserer Zeit, keine Idee einer Norm mehr anwenden, sonst wäre ein von Picasso gemaltes Gesicht unvollkommen. Vielmehr setzt sich das Kunstwerk selbst seine Norm. Was wir in einem Kunstwerk suchen (jedenfalls heutzutage), ist nicht die Übereinstimmung mit einem Geschmackskanon, sondern eine innere Norm, bei der die Ökonomie und

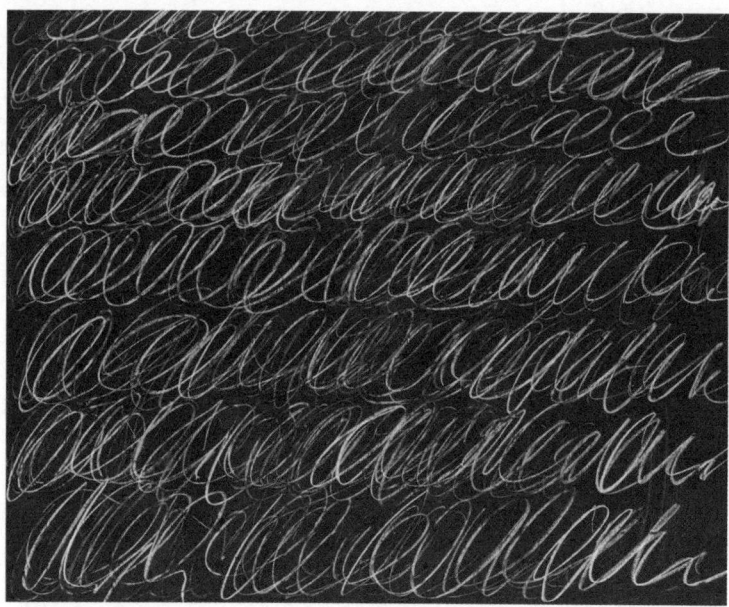

Cy Twombly
Ohne Titel, 1969
Privatsammlung

die formale Kohärenz das Gesetz für seine Teile vorgeben – weshalb wir
die Darstellung eines Menschen, den ein vierjähriges Kind malt (das ja
die menschliche Figur so malen wollte, wie wir sie vor uns sehen), als
zwar berührend, aber unvollkommen bezeichnen würden, die Strich-
männchen von Keith Haring oder die Kringel von Cy Twombly, die
nach den vom Künstler gewählten stilistischen Kriterien perfekt aus-
geführt sind, jedoch als vollkommen.

Sowohl ein Bild von Raffael als auch eines von Twombly könnte der
folgenden Definition von künstlerischer Form entsprechen, die Luigi
Pareyson in seiner *Estetica* (1954) gab:

In einem Kunstwerk unterhalten die Teile eine doppelte Art von
Beziehung zueinander: die eines jeden mit den anderen und die

eines jeden mit dem Ganzen. Alle Teile sind in einer unauflöslichen Einheit so miteinander verbunden, dass jeder Teil nötig und unverzichtbar ist und eine präzise und unersetzliche Stellung hat, sodass ein fehlender Teil die Einheit auflösen und eine Abweichung zur Unordnung führen würde [...] Wenn die Veränderung der Teile die Auflösung der Einheit und den Zerfall des Ganzen bedeutet, so deshalb, weil das Ganze als solches den Zusammenhang der Teile untereinander anführt und sie so zusammenwirken lässt, dass sie ein Ganzes bilden. In diesem Sinne spiegeln die Beziehungen der Teile untereinander lediglich die Beziehung eines jeden zum Ganzen wider: Das Zusammenspiel der Teile formt die Gesamtheit, weil das Ganze ihre Einheit begründet.

Demnach gäbe es zwei Formen von Unvollkommenheit, die man einem Kunstwerk vorwerfen kann: wenn ihm Teile fehlen, die das Ganze benötigt, oder wenn es zu viele Teile aufweist. Zu wenige hat ohne Zweifel die seit Jahrhunderten verstümmelte Venus von Milo. Etliche Dummköpfe haben versucht, sie wieder *vollkommen* zu machen und mit Armen auszustatten, wie es sich gehört. In einem kalifornischen Wachsfigurenkabinett habe ich eine mit der Beischrift: »So, wie sie war, als ein unbekannter Bildhauer sie entwarf« gesehen.

Doch weshalb verurteilen wir den Versuch, die Venus von Milo zu vervollkommnen, als dumm? Weil es uns fasziniert, uns, wenn wir sie betrachten, ständig das verlorene Ganze vorzustellen. Allerdings kommt zu diesem Gefühl noch ein im 18. Jahrhundert aufgekommener Geschmack hinzu, den man unter dem Begriff der *Ruinenästhetik* zusammenfasst.

Schon seit der Zeit Petrarcas und später im gesamten 16. und 17. Jahrhundert sah man in den Ruinen das Bild einer untergegangenen Kultur und ließ sich dadurch zu einer moralischen Reflexion über die Zerbrechlichkeit des menschlichen Schicksals anregen. Noch Chateaubriand dachte in seinem Reisebericht *Itinéraire de Paris à Jérusalem* (1811) über die Pyramiden nach und nahm sie als Zeugnis einer Kampfansage an die Zeit:

Statue der Aphrodite, genannt
Venus von Milo
2. Jahrhundert v. Chr.
Paris, Louvre

Weshalb in der Cheops-Pyramide nur eine Anhäufung von Steinen
mit einem Skelett darin sehen? Nicht aus dem Bewusstsein seiner
Vergänglichkeit hat der Mensch dieses Grabmal errichtet, sondern
aus seinem Drang nach Unsterblichkeit: Dieses Grab markiert nicht
den Endpunkt einer kurzen Lebensfrist, sondern die Schwelle, an
der ein ewiges Leben beginnt. Es bildet eine Art ewige Pforte,
erbaut an den Grenzen zur Ewigkeit.[4]

Doch schon Diderot hatte in seinem *Salon* von 1767 geschrieben:
Die Wirkung dieser Kompositionen, wie gut oder schlecht sie auch
sein mögen, ist es, uns in eine süße Melancholie zu versetzen. Wir
heften unseren Blick auf die Reste eines Triumphbogens, einer
Arkade, einer Pyramide, eines Tempels oder Palastes und besinnen
uns auf uns selbst [...] Auf einmal herrschen rings um uns Einsamkeit und Schweigen. Wir sind einsam und verlassen, eine ganze
Nation ist nicht mehr [...] Die Vorstellungen, welche die Ruinen in
mir wecken, sind groß. Alles wird zunichte, alles geht zugrunde,
alles vergeht. Nur die Welt bleibt. Nur die Zeit währt [...] Ich
wandle zwischen zwei Ewigkeiten.[5]

Nach und nach macht die moralistische Reflexion jedoch einer Be-

Giovan Battista Piranesi
Sixtus-Ruine oder große Halle der Caracallathermen, 1765
Rom, Sammlung Umberto Eco

trachtung der Ruinen Platz, in der diese als solche faszinierend erscheinen, man denke nur an die Radierungen von Piranesi. An diese Betrachtung schließt auch der Geschmack am Unregelmäßigen an. Die Ästhetik der Ruinen stellt den Begriff der formalen Vollendung und Vollkommenheit des Kunstwerks auf den Kopf. So schreibt wiederum Diderot: »Warum fasziniert uns eine schöne Skizze mehr als ein vollendetes Gemälde? Weil sie mehr Leben hat, und weniger Formen. Wenn die Formen ins Spiel kommen, wird das Leben weniger.«[6]

In der Ruinenästhetik kann man das Werk trotz (oder vielleicht gerade wegen) seines Verfalls genießen. Daher der Zauber ihrer Hinfälligkeit und der romantische Reiz des Todes, den die Ruinen hervorrufen.

So viel zu den Kunstwerken, denen etwas fehlt. Was aber ist mit denen, die zu viel von etwas haben?

Damit kommen wir zum Problem des Füllsels.

Füllsel heißt im Italienischen *zeppa*, was laut Wörterbuch das keilförmige Holzstück ist, mit dem man einen Spalt schließt, oder die Unterlage, die einem wackelnden Möbel Standfestigkeit verleiht. In der Literaturkritik meint man damit Wörter oder Sätze, die man, auch aus metrischen Gründen, in einen Vers oder Absatz einfügt, um ihn zu komplettieren.

Bestrebt, im Kunstwerk die Momente der Poesie von den Struktur- oder Stützelementen zu unterscheiden, schrieb Benedetto Croce in *Die Dichtung* (1936):

Der Dichter leidet (wie der moralische Mensch bei seiner Tat, die niemals frei von irgendeiner Unreinheit ist) an den Mängeln, die er in seinem Werk erblickt und allesamt, bis auf den letzten Rest, beseitigen möchte [...] Die Poesie aber sucht die Menschen heim wie ein Blitzstrahl, die Arbeit des Menschen beginnt erst danach, in ihrem Gefolge und in ihrem Bann, er empfängt von ihr, soviel er vermag, und bittet sie vergeblich zu verweilen, jeden Zug ihres Antlitzes betrachten zu lassen, denn schon ist sie verschwunden [...] So begnügte sich Vergil dem Bericht seines Biographen zufolge resignierend damit, einige unvollkommene, nur

vorläufig gestaltete Verse zu schreiben, um nicht das Ganze um eines Teiles oder Teilchens willen zu verlieren, das Wichtigste dem Unwichtigsten zuliebe, und um nicht den richtigen Augenblick ungenutzt zu lassen [...]; er tröstete sich selbst damit und scherzte mit seinen Freunden darüber, daß diese Verse »Gerüststangen« (»tibicines«) seien, die den Bau stützen sollten, bis er an ihre Stelle solide Säulen setzen könnte. Gewiß, der Dichter leidet unter diesen Unvollkommenheiten und gäbe alles darum, wenn er sie beseitigen könnte, aber wie aus einer heiligen Scheu vor dem Mysterium, das sich in ihm abspielte, zögert er sehr oft, Hand daran zu legen, aus Furcht, Schaden anzurichten, denn der kalte Verstand ist nicht mehr die lebenswarme Phantasie, und die Feile ist ein gefährliches Werkzeug; sie kann, wie Quintilian sagte, nicht nur »polire« sondern auch »exterere«, also das Beste entfernen [...]
In der Dichtung gibt es nicht nur Unvollkommenheiten, die sich per definitionem korrigieren lassen und wirklich größtenteils im Verlauf der Arbeit und während der Wiederkehr des schöpferischen Augenblicks korrigiert werden, sondern auch undichterische, die sich nicht beseitigen lassen. Sie wecken weder beim Autor noch beim Leser Mißfallen und Mißbilligung, sondern werden mit einer gewissen Gleichgültigkeit betrachtet. Es handelt sich dabei um die konventionellen oder strukturellen Elemente, die es in jeder Dichtung gibt; bald sind sie kaum sichtbar, bald treten sie ganz deutlich hervor, besonders in umfänglichen und komplexen Werken. Ein ganz bekanntes Beispiel für diese konventionellen und strukturellen Elemente sind jene Füllwörter und Bindeglieder, welche die Franzosen »chevilles«, die Italiener »zeppe« heißen [...], die zwischen den dichterischen Teilen stehen [...] Worauf beruhen sie in Wirklichkeit? Auf der Notwendigkeit, die rhythmische Einheit des Ausdrucks zu erhalten und dabei auch zuweilen den Zusammenhang zwischen Bild und Klang aufzuopfern [...] Wer sich die vier wundervollen Verse in Erinnerung ruft, mit denen Ariost den Schrecken und die Verwirrung Fiordiligis zum

Ausdruck bringt, als die beiden Barone, Brandimartes Genossen in dem lange währenden Kampf, vor sie traten:

Tosto che entràro, ed ella loro il viso
Vide di gaudio in tal vittoria privo,
senz'altro annunzio sa, senz'altro avviso,
che Brandimarte suo non è più vivo!

[In der Übertragung von Hermann Kurz, durchgesehen von Paul Heyse: »Kaum sieht sie, als sie eingetreten waren, / Nach solchem Sieg ihr Auge freudenleer; / So braucht sie schon nichts weiter zu erfahren, / Und weiß, es lebt ihr Brandimart nicht mehr.«]

Wer sich an diese Verse erinnert, wird merken, daß im dritten Vers »annunzio« und »avviso« zwei Vokabeln sind, die dasselbe sagen, beide aber das Wesentliche nicht völlig treffen, und daß »avviso« um des Reimes willen gewählt wurde. Der beschleunigte Rhythmus aber, bewirkt durch die Aufeinanderfolge beider Wörter, die durch die Zäsur getrennt und miteinander verbunden sind, gleicht dem heftigen Herzklopfen Fiordiligis und macht das Bild schöner und dichterischer, der Reim am Ende des Verses leitet wieder über zu dem Entsetzen, das sie ergreift, als sie die beiden ohne einen Freudenschimmer auf dem »Antlitz« (»viso«) herannahen sieht.[7]

Man beachte, wenn dem so ist, dass »annunzio« und »avviso« keineswegs Füllsel sind, sondern die poetisch genau richtigen Wörter, durch die Croce sich zu dem Urteil hinreißen lässt, diese vier Verse seien wundervoll. Doch die Hartnäckigkeit, mit der er Struktur und Poesie partout auseinanderhalten will, lässt ihn fortfahren:

Die berechtigte Anerkennung dieser »strukturellen Teile« darf aber nicht dazu führen, daß man sie als Dichtung gelten läßt, ein Irrtum, dem viele unachtsame Interpreten erliegen, sei es, weil sie sich von einer Art von abergläubischer Ehrfurcht vor dem berühmten Dichter leiten lassen (man tut ihm übrigens keine Ehre an, wenn man seine Dichtung und seine handwerklichen Arbeiten gleich hoch veranschlagt), sei es, weil es ihnen so oft an ästhetischer Einfühlungsgabe mangelt.[8]

In Luigi Pareysons *Estetica* hingegen trägt der Unterabschnitt 3.10 des dritten Kapitels (»Die Teile und das Ganze«) den Titel »Wesentlichkeiten eines jeden Teiles: Struktur, Füllwörter, Unvollkommenheiten«. Wir wissen, was eines der zentralen Anliegen Pareysons in seiner Polemik gegen Croces Idealismus und dessen schädlichste Auswirkungen auf die militante Kritik war: die Verteidigung des Ganzheitscharakters der künstlerischen Form und folglich die Weigerung, in einem Werk einzelne Momente der Poesie wie Blumen aus dem Gestrüpp der einfachen, wie auch immer funktionalen Struktur herauszupicken. Dabei sollten wir nicht vergessen, dass »Struktur« in jenen Zeiten und in Italien für einen mechanischen Kunstgriff stand, der nichts mit dem Moment der lyrischen Intuition zu tun hatte und sich höchstens hegelianisch als negative Notwendigkeit abhob – ein begriffliches Relikt, das allenfalls dazu dienen konnte, die Momente der Poesie als einzelne Edelsteine erglänzen zu lassen.

Indem Pareyson ein Kapitel seiner *Estetica* dem Füllwort widmete, wollte er dagegen betonen, dass Struktur und Füllsel wesentlich für das Werk sind, das als ein organisches Ganzes gesehen werden muss, in dem alles eine Funktion hat; im vollendeten Werk (ja schon vom ersten Augenblick an, in dem der Gestaltungsprozess beginnt) hält alles zusammen, *tout se tient*, im Hinblick auf den organischen Plan, der das Werk regiert, auf jene bildende Form, die ihm dunkel vorausgeht, seine Entstehung leitet und als Ergebnis und Enthüllung der geformten Form erscheint.

Pareyson dachte vielleicht an die typische Idee der neuplatonischen Tradition, wonach die Vollkommenheit des Ganzen sich auch auf Unvollkommenheiten stützt, die durch die Ganzheit der Form gewissermaßen erlöst werden. Man vergleiche dazu diesen Abschnitt von Johannes Scotus Eriugena (9. Jahrhundert) aus *De divisione naturae* (V, 35:953D-954A):

Was in einem Teil des Ganzen für sich genommen als missgestaltet erscheint, wird aufs Ganze gesehen nicht nur schön, weil es wohlgeordnet ist, sondern ist auch Ursache der Schönheit des Ganzen; ebenso erhellt sich Weisheit aus der Beziehung zur Unbedarftheit, Gelehrsamkeit aus dem Vergleich mit der Unwissenheit, welche Mangel und Entbehrung von Wissen ist, das Leben aus dem Tod, der des Lebens entbehrt, das Licht aus der Gegenüberstellung mit der Finsternis, und aus dem Mangel an Lobpreis werden die würdigen Dinge offenbar; kurzum, nicht nur beziehen alle Tugenden ihren Lobpreis aus den ihnen entgegengesetzten Lastern, sondern ohne diesen Vergleich verdienten sie kein Lob [...] Wie wahrer Verstand ohne zu zögern erkennt, sind alle Dinge, die denen, die nicht den Zusammenhang des Ganzen zu sehen vermögen, in einem Teil des Universums als schlecht, hässlich, schmählich, erbärmlich und mithin als Makel erscheinen, im Zusammenhang des Ganzen, wie es bei der Schönheit eines Bildes der Fall ist, weder Makel noch erbärmlich noch schmählich noch hässlich noch schlecht. In Wahrheit ist alles, was nach den Plänen der göttlichen Vorsehung geordnet ist, gut und schön und richtig. Was nämlich gibt es Besseres, als wenn aus dem Vergleich der Gegensätze das unaussprechliche Lob sowohl des Universums als auch des Schöpfers gezogen wird?

So gilt für Pareyson, wenn »das Ganze durch seine verbundenen Teile eine Gesamtheit bildet, kann es darin kein zu vernachlässigendes Detail oder unwichtiges Teilchen geben«. Und die Füllsel werden als für die Entwicklung des Ganzen erforderliche Stützelemente, Gerüste, Befestigungen angesehen, »bei denen der Künstler mit geringerer Sorgfalt, mit Ungeduld oder gar Gleichgültigkeit vorgeht, als ob er rasch über sie hinweggehen wollte wie über Brücken, die nötig sind, weil wir nun einmal vorankommen müssen, und die er getrost, ohne Beeinträchtigung des Ganzen, der Konvention überlassen kann«. Dennoch gehören auch sie zur inneren Ökonomie der Form, weil das Ganze sie verlangt, und sei es in untergeordneter Stellung.

Sagen wir's ohne Metaphern: Für Pareyson ist das Füllsel ein listiger Kunstgriff, der es ermöglicht, dass sich Teile miteinander verbinden, also ein wesentliches Gelenkstück. Wenn eine Tür sich leicht oder majestätisch öffnen soll, muss sie eine Türangel haben, so mechanisch deren Funktion auch sein mag. Der schlechte, an Ästhetizismus krankende Architekt regt sich darüber auf, dass eine Tür auf einer Türangel sitzen muss, und gestaltet diese neu, damit sie bei der Erfüllung ihrer Funktion »schön« aussieht; oft erreicht er damit nur, dass die Tür knarzt oder sich festfrisst und sich nicht oder nur schwer öffnen lässt. Der gute Architekt hingegen wünscht sich, dass die Tür aufgeht, um den Blick auf andere Räume freizugeben, und es macht ihm nichts aus, dass er, nachdem er das ganze Gebäude neu gestaltet hat, bei der Türangel auf die ewige Weisheit des Eisenwarenhändlers zurückgreifen muss.

Das Füllsel kann ein mittelmäßiger Anfang sein, aber nützlich, um einen großartigen Zweck zu erfüllen. Es war an einem Abend, genauer gesagt um drei Uhr nachts, auf dem »Hügel des *Unendlichen*« in Recanati, wo die ersten Worte eines der schönsten Gedichte aller Zeiten in Stein gemeißelt sind, als mir aufging, dass »*Sempre caro mi fu quest'ermo colle*«* ein ziemlich banaler Vers ist, der von jedem minder bedeutenden Dichter der Romantik, vielleicht auch anderer Epochen und Strömungen, hätte geschrieben werden können. Was soll ein Hügel in »poetischer« Sprache schon sein, wenn nicht »verlassen«? Und doch nähme das Gedicht ohne diesen erwartbaren Anfang nicht an Fahrt auf, und vielleicht musste er so banal sein, damit am Ende das panische Gefühl jenes poetisch denkwürdigen Schiffbruches spürbar werden konnte.

Ich würde es wagen zu sagen, und sei es aus Lust an einer kühnen

---

* Hanno Helbling übersetzt: »Lieb war mir stets hier der verlaßne Hügel«. Giacomo Leopardi, *Gesänge, Dialoge und andere Lehrstücke*, Zibaldone, Artemis und Winkler, Düsseldorf 1998, S. 93 (A. d. Ü.).

Alessandro Magnasco
Die Synagoge, 1725–35
Chicago, The Art Institute

These, dass ein Vers wie »*Nel mezzo del cammin di nostra vita*«* die leiernde Würde eines Füllsels hat. Wenn nicht *Die Göttliche Komödie* danach käme, hätten wir ihm nicht viel Bedeutung beigemessen, vielleicht hätten wir ihn bloß als Redensart registriert.

Ich sehe keineswegs jeden Anfang als Füllsel. Es gibt Anfänge wie die der *Polonaisen* Chopins, die sich beileibe nicht als Füllsel qualifizieren lassen. Auch »*Quel ramo del lago di Como*«** ist kein Füllsel, genauso wenig wie »*April is the cruellest month*«.*** Aber denken wir an den Schluss von *Romeo und Julia*, und dann sagen Sie mir doch bitte, ob die Tragödie nicht besser ohne den hier kursiv gesetzten Satz enden würde:

Nur düstern Frieden bringt uns dieser Morgen;
Die Sonne scheint, verhüllt vor Weh, zu weilen.
Kommt, offenbart mir ferner, was verborgen,
Ich will dann strafen oder Gnad erteilen,
Denn nie verdarben Liebende noch so
*Wie diese: Julia und ihr Romeo.*****

Wenn Shakespeare sich aber entschieden hat, diese moralisierende Banalität ans Ende zu setzen, dann weil er den Zuschauern nach dem

---

* Hermann Gmelin übersetzt den ersten Vers des ersten Gesangs der *Divina Commedia* mit »Grad in der Mitte unsrer Lebensreise«; Dante Alighieri, *Die Göttliche Komödie*, Reclam, Stuttgart 1980 (A. d. Ü.).

** »Jener Arm des Comer Sees [...]«, so lautet der Anfang der *Promessi sposi* von Manzoni in Burkhart Kroebers Neuübersetzung *Die Brautleute*, Hanser, München 2000, S. 13 (A. d. Ü.).

*** Erster Satz von *The Waste Land* von T. S. Eliot, in der Übers. von Ernst Robert Curtius: »April ist der grausamste Monat [...]«. *Das wüste Land*, Bibliothek Suhrkamp, Frankfurt/M. 1991⁵, S. 41 (A. d. Ü.).

**** So lautet der Schluss in der Übers. von August Wilhelm Schlegel. Im Original: »A glooming peace this morning with it brings; / The sun, for sorrow, will not show his head: / Go hence, to have more talk of these sad things; / Some shall be pardon'd, and some punished: / For never was a story of more woe / Than this of Juliet and her Romeo« (A. d. Ü.).

Gemetzel, das sie sich hatten mitansehen müssen, Zeit zum Luftholen geben wollte, bevor er sie befriedigt entlassen konnte. Und so war es gut, dass es das Füllsel gab.

»Als Erster schlief Leo ein«: Das ist kein schlechter Anfang. Aber dann: »Die unvorhergesehene, wenngleich unerfahrene Zügellosigkeit Carlas hatte ihn ermattet.«[9] Was kann ein Erwachsener, der dem Liebesansturm einer Heranwachsenden ausgesetzt ist, schon anderes sein als »ermattet«? Und diese »unvorhergesehene, wenngleich unerfahrene Zügellosigkeit«, klingt sie nicht wie entlehnt aus einem Gerichtsurteil? Dennoch könnte das 10. Kapitel von Alberto Moravias *Indifferenti* (1929), in dem die traurige Wahrheit des *omne animal triste post coitum* aufscheint, ohne diesen etwas schwerfälligen, doch notwendigen Einstieg nicht beginnen.

Was soll man jedoch über jene Werke sagen, die von der anspruchsvollen Kritik in die Abteilung Trivialliteratur verbannt werden? Die nur Lesefutter sein wollen, keinen gesteigerten Wert auf Stil legen und bisweilen aus nichts anderem als Füllseln bestehen?

Nehmen wir als Beispiel Dumas' Roman *Der Graf von Monte Christo* (1844).

Der *Monte Christo* ist einer der fesselndsten Romane, die je geschrieben worden sind, und andererseits einer der *am schlechtest geschriebenen* Romane aller Zeiten und Literaturen. Er überbordet nach allen Seiten. Schamlos im Wiederholen desselben Adjektivs schon in der nächsten Zeile, maßlos im Anhäufen immer desselben Adjektivs, immer bereit zu sentenziösen Abschweifungen, die er nicht wieder beenden kann, weil die Syntax nicht hält, sodass er sie mit hechelnder Zunge über zwanzig Zeilen weiterverfolgen muss, ist er mechanisch und plump auch im Darstellen der Gefühle: Seine Personen erzittern oder erbleichen oder wischen sich große Schweißtropfen von der Stirn oder stammeln mit einer Stimme, die nichts Menschliches mehr hat, sie springen erregt vom Stuhl auf und fallen auf ihn zurück, wobei uns der Autor jedes Mal prompt versichert, dass der Stuhl, auf den sie zurückgefallen sind, ebenderselbe ist, auf welchem sie eine Sekunde zuvor noch gesessen hatten.

Warum Dumas so schrieb, ist bekannt. Nicht, weil er nicht schreiben konnte. Die *Drei Musketiere* sind trockener, zügiger, manchmal vielleicht auf Kosten der Psychologie, aber flott geschrieben, dass es eine Freude ist. Den *Monte Christo* schrieb er so weitschweifig, weil er Geld brauchte; er wurde nach Zeilen bezahlt und musste den Text in die Länge ziehen. Zu schweigen von der Anforderung, die jeder Fortsetzungsroman erfüllen muss, um die zerstreuten Leser von einer Folge zur anderen wiederzugewinnen, nämlich das schon Bekannte mit obsessiver Beharrlichkeit zu wiederholen, sodass eine Person auf Seite hundert etwas erzählt, auf Seite hundertfünf dann eine andere Person trifft und ihr Punkt für Punkt dieselbe Geschichte noch mal erzählt; man beachte nur einmal in den ersten drei Kapiteln, wie oft Edmond Dantès bei jeder Gelegenheit Hinz und Kunz berichtet, dass er zu heiraten gedenke und glücklich sei – vierzehn Jahre Château d'If sind noch wenig für einen solchen Nervtöter!

Vor einigen Jahren hatte ich auf Einladung von Einaudi akzeptiert, den *Monte Christo* neu zu übersetzen. Die Idee faszinierte mich: einen Roman zu nehmen, dessen Struktur ich bewunderte und dessen Stil mir die Haare zu Berge stehen ließ, und zu versuchen, ihn in einen knapperen, strafferen Stil zu fassen, aber ohne »umzuschreiben«, also den Text leichter zu machen, wo er unnötig redundant war – und nebenbei dem Leser (wie dem Verleger) einige Hundert Seiten zu ersparen.

Wurde Dumas nicht nach Zeilen bezahlt? Wenn man ihm also für jedes eingesparte Wort einen Bonus bezahlt hätte, wäre er nicht der Erste gewesen, der Kürzungen und Straffungen autorisiert hätte?

Hier ein Beispiel. Im Original heißt es: »Danglars arracha machinalement, et l'une après l'autre, les fleurs d'un magnifique oranger; quand il eut fini avec l'oranger, il s'adressa à un cactus, mais alors le cactus, d'un caractère moins facile que l'oranger, le piqua outrageusement.«*

---

* Deutsch etwa: »Danglars riss mechanisch, eine nach der anderen, die Blüten eines prächtigen Orangenstrauchs ab; als er mit dem Orangenstrauch fertig war, wandte er sich einem Kaktus zu, da der Kaktus jedoch von weniger umgänglichem Charakter ist als der Orangenstrauch, stach er ihn heftig.«

Die italienische Übersetzung könnte ohne irgendwelche Verluste, nicht einmal unter Aufgabe des versteckten Sarkasmus, der die Stelle durchzieht, sehr gut lauten: »Strappò macchinalmente, uno dopo l'altro, i fiori di un magnifico arancio; quando ebbe finito si rivolse a un cactus, il quale, di carattere più difficile, lo punse oltraggiosamente.«*

Das sind 29 italienische Wörter gegenüber den 42 französischen, ein gutes Viertel weniger.

Oder, ein anderes Beispiel, man stößt auf ein »comme pour le prier de le tirer de l'embarras où il se trouvait«. Es ist klar, dass die Verlegenheit, aus der einer gezogen sein möchte, diejenige ist, in der er sich befindet, es genügt also zu schreiben: »come per pregarlo di trarlo d'imbarazzo«**. Sechs italienische Wörter gegenüber dreizehn französischen.

Ich hab's probiert, etwa hundert Seiten lang. Dann habe ich aufgegeben, weil ich mich gefragt habe, ob nicht auch der Schwulst, die Schludrigkeit und die Redundanzen zu der Erzählmaschinerie gehören. Hätten wir den *Grafen von Monte Christo* so geliebt, wie wir es getan haben, wenn wir ihn nicht das erste Mal in den alten Übersetzungen aus dem vorigen Jahrhundert gelesen hätten?

Kehren wir zu unserer Eingangsbehauptung zurück: *Monte Christo* ist einer der fesselndsten Romane, die je geschrieben worden sind. Mit einem einzigen Streich (oder besser mit einer Salve von Streichen, einer regelrechten Kanonade) gelingt es Dumas, ausgehend von der faden Geschichte Peuchets, drei archetypische Situationen aufeinanderzutürmen, die selbst einem Henker das Herz im Leibe umdrehen.

---

* Wiederum Deutsch etwa: »Er riss mechanisch nacheinander die Blüten eines Orangenstrauchs ab; als er damit fertig war, nahm er sich einen Kaktus vor, der ihn jedoch, von Natur aus widerspenstiger, heftig stach.« Die deutschen Sätze bilden die von Eco für das Original und die italienische Übers. dargelegten Zahlenverhältnisse ab: Der lange, wörtlich übersetzte Satz zählt genau 42, der kurze, straffend übertragene 29 Wörter (A. d. Ü.).

** Deutsch: »wie um ihn zu bitten, ihn aus der Verlegenheit zu ziehen« – hier fällt die Bilanz im Deutschen nicht ganz so günstig aus wie im Italienischen (A. d. Ü.).

Erstens die verratene Unschuld. Zweitens der plötzliche, durch einen Glücksfall bescherte Erwerb eines Riesenvermögens, das dem verfolgten Opfer unbegrenzte Möglichkeiten verleiht. Drittens die Strategie eines Rachefeldzugs, in dem Personen, die der Roman als über die Maßen verabscheuenswürdig dargestellt hat, ihr verdientes Ende finden.

Auf diesem Gerüst entfaltet sich eine Darstellung der französischen Gesellschaft der Hundert Tage und der anschließenden Monarchie des Bürgerkönigs Louis Philippe, mit ihren Dandys, ihren Bankiers, ihren korrupten Magistraten, ihren Ehebrüchen, Heiratsverträgen, Parlamentssitzungen, internationalen Beziehungen, Staatsverschwörungen, optischen Telegrafen, Kreditbriefen, schamlosen Zins- und Börsenspekulationen, Diskontsätzen, Valuta und Wechselkursen, Banketten, Bällen, Begräbnissen. Und über alldem thront der höchste Topos des *roman-feuilleton*, der Übermensch. Aber im Unterschied zu all den anderen Handwerkern, die sich an diesem Archetyp des populären Romans versucht haben, entwirft Dumas zum ersten Mal so etwas wie eine Psychologie des Übermenschen, indem er ihn seelisch gespalten zeigt, hin- und hergerissen zwischen dem Schwindelgefühl seiner Allmacht (die er seinem Geld und seinem Wissen verdankt) und dem Erschrecken vor seiner privilegierten Rolle, geplagt vom Zweifel und getröstet vom Bewusstsein, dass seine Allmacht aus seinem Leiden erwächst. Womit – als neuer Archetyp, der auf den anderen aufbaut – der Graf von Monte Christo (Macht der Namen) auch ein Christus ist, ein gebührend teuflischer, niedergefahren zur Hölle des Château d'If, als Sühneopfer für die menschliche Bosheit, und auferstanden, zu richten die Lebenden und die Toten, im Glanz des nach Jahrhunderten wiedergefundenen Schatzes, ohne je zu vergessen, dass er Menschensohn ist. Man kann blasiert sein, kritisch versiert, sich gut auskennen in den Tricks und Fallen der Intertextualität – man wird trotzdem unweigerlich gepackt von dem Spiel, wie in der Verdi'schen Oper. Melodram und Kitsch grenzen, sind sie hinreichend zügellos, ans Erhabene, während die Zügellosigkeit in Genie umschlägt.

Redundanz, gewiss, auf Schritt und Tritt. Aber könnten wir die Enthüllungen, die Offenbarungen in Serie, durch die sich Edmond Dantès seinen Feinden zu erkennen gibt, genießen (und wir zittern jedes Mal neu, auch wenn wir alles schon wissen), wenn nicht die Redundanz, und zwar gerade als literarischer Kunstgriff, und das krampfhafte Hinauszögern vor der überraschenden Wendung greifen würden?

Wenn der *Graf von Monte Christo* gestrafft worden wäre, wenn die Verurteilung, die Gefangenschaft, die Flucht, die Entdeckung des Schatzes, das Wiederauftauchen in Paris, der Rachefeldzug – wenn all das auf zwei- bis dreihundert Seiten erzählt worden wäre, hätte das Werk dann noch seine Wirkung, würde es ihm gelingen, uns auch da mitzureißen, wo wir aus Ungeduld ganze Seiten mit langen Beschreibungen überspringen (man überspringt sie, aber man weiß, dass sie da sind, man beschleunigt subjektiv, aber im Wissen, dass die Erzählzeit objektiv langgezogen ist)? So zeigt sich, dass die grauenhaften stilistischen Ausschweifungen zwar gewiss »Füllsel« sind, aber diese Füllsel haben einen strukturellen Wert, ähnlich den Graphitstäben in Kernreaktoren: Sie bremsen den Rhythmus, um unsere Erwartungen noch sehnlicher, unsere Prognosen noch gewagter zu machen. Der Roman von Dumas ist eine Maschine zur Erzeugung von Agonie, und in der Agonie zählt nicht die Qualität des Röchelns, sondern seine Länge.

Unter dem Gesichtspunkt des literarischen Stils und, wenn man so will, unter dem der Ästhetik ist der *Monte Christo* mehr als tadelnswert. Nur will der *Monte Christo* gar keine Kunst sein, er verfolgt eine mythopoietische Absicht, er will einen Mythos erschaffen. Ödipus oder Medea waren schreckliche Mythengestalten, bevor Sophokles oder Euripides sie in Kunst verwandelten, aber auch wenn Sophokles niemals etwas geschrieben hätte, hätte Freud vom Ödipuskomplex sprechen können, sofern der Mythos aus einer anderen Quelle zu ihm gelangt wäre, womöglich erzählt von Dumas oder einem noch schlechteren Schriftsteller. So bringt die Mythopoiesie Kult und Verehrung hervor, gerade weil sie sich Dinge erlaubt, die von der Ästhetik als Unvollkommenheiten verurteilt würden.

Tatsächlich sind viele Werke, die wir als Kult feiern, gerade deshalb so geworden, weil sie im Grunde instabil und zusammengestoppelt sind.

Um ein Kunstwerk in einen Kultgegenstand zu verwandeln, muss man es auseinandernehmen, zergliedern, zerpflücken können, damit man sich nur an einzelne Teile davon erinnert, ohne auf ihren ursprünglichen Zusammenhang mit dem Ganzen zu achten. Wenn es ein Buch ist, kann man es physisch auseinandernehmen und auf eine Reihe von Auszügen reduzieren. So kann es geschehen, dass ein Buch zu einem Kultphänomen wird, auch wenn es ein Meisterwerk ist, gerade auch ein komplexes. Denken wir nur an Dantes *Göttliche Komödie*, die unzählige *trivia games* oder danteske Kryptografien inspiriert hat, für deren Adepten nur zählt, dass sie sich an bestimmte denkwürdige Verse erinnern, ohne sich um die Frage der Dichtung als Ganze zu kümmern.

Mit anderen Worten, auch ein Meisterwerk kann zusammengestoppelt wirken, wenn es obsessiv das kollektive Gedächtnis bewohnt. Doch in anderen Fällen wird etwas zum Kultobjekt, weil es von Grund auf instabil und radikal zusammengestoppelt ist. Das passiert leichter bei einem Film als bei einem Buch.

Um Kult zu werden, muss ein Film schon von sich aus instabil, hinkend und zusammenhanglos sein. Ein fertiger Film, den wir nicht nach Belieben ab einer beliebigen Stelle nachlesen können, wie das bei einem Buch möglich ist, bleibt uns als etwas Ganzes in Erinnerung, in Form einer Idee oder eines vorrangigen Gefühls. Doch nur ein zusammengestoppelter Film überlebt in einer losen Reihe von Bildern und visuellen Highlights. Er sollte dann nicht eine zentrale, sondern viele Ideen bezeugen. Er sollte keine schlüssige »Kompositionsmethode« aufweisen, sondern aus und kraft seiner wunderbaren Instabilität leben.

Und tatsächlich scheint uns der emphatische Western *Rio Bravo* ein Kultfilm zu sein, nicht aber der perfekte Western *Stagecoach* (in Deutschland *Ringo*).

»Was that cannon fire or is it my heart pounding?«* Jedes Mal, wenn *Casablanca* gezeigt wird, reagiert das Publikum an dieser Stelle mit einer Begeisterung, die gewöhnlich Fußballspielen vorbehalten ist. Manchmal genügt schon ein Wort: Jedes Mal, wenn Bogey »Kid« sagt, brechen die Fans in Jubel aus. Oft zitieren die Zuschauer die kanonischen Sprüche, noch ehe die Schauspieler sie aussprechen.

Nach den traditionellen Regeln der Ästhetik ist *Casablanca* kein Kunstwerk oder dürfte nicht als solches gelten, wenn die Filme von Dreyer, Eisenstein oder Antonioni welche sind. Unter dem Aspekt der formalen Kohärenz stellt *Casablanca* ein recht bescheidenes Kunsterzeugnis dar. Es ist eine Anhäufung sensationeller Szenen, die auf wenig plausible Weise aneinandergereiht werden, die Personen sind psychologisch wenig einleuchtend, und die Schauspieler sprechen zu schnell. Trotzdem ist *Casablanca* ein großes Beispiel des filmischen Schaffens und ein echter Kultfilm geworden.

»Can I tell you a story, Rick?«, fragt Ilsa. Dann setzt sie hinzu: »I don't know the finish yet.« Darauf Rick: »Go on and tell it. Maybe one will come to you as you go along.«**

Ricks Bemerkung ist eine Art Kurzfassung von *Casablanca*. Wie Ingrid Bergman sagt, entstand die Geschichte erst beim Drehen. Bis zum letzten Moment wusste nicht einmal Michael Curtiz, ob Ilsa mit Rick oder mit Victor abfliegen würde, und das geheimnisvolle Lächeln Ingrid Bergmans verdankte sich dem Umstand, dass sie bei den Dreharbeiten noch nicht wusste, welchen der beiden Männer sie wirklich liebte.

Das erklärt, weshalb in der Geschichte nicht sie über ihr Schicksal entscheidet, sondern das Schicksal durch die Hand einer Horde verzweifelter Drehbuchschreiber über sie.

---

* In der deutschen Synchronfassung: »War das Artilleriefeuer, oder klopft mein Herz so laut?« (A. d. Ü.).

** In der deutschen Synchronfassung: Ilsa: »Darf ich dir eine Geschichte erzählen?« Rick: »Hat sie auch einen Mordsschluss?« Ilsa: »Ich kenne den Schluss noch nicht.« Rick: »Also gut, fang an. Vielleicht fällt dir beim Erzählen einer ein.« (A. d. Ü.).

Ingrid Bergman und Humphrey Bogart in *Casablanca*,
1942, Regie: Michael Curtiz

Wenn man nicht weiß, wie man mit einer Geschichte umgehen soll,
greift man zu stereotypen Situationen, von denen man weiß, dass sie
jedenfalls anderswo gut funktioniert haben. Nehmen wir ein unwichtiges, aber bezeichnendes Beispiel. Jedes Mal, wenn Victor László etwas zu trinken bestellt (und das ist viermal der Fall), wählt er etwas anderes: 1.) Cointreau, 2.) einen Cocktail, 3.) Cognac, 4.) Whiskey (einmal
trinkt er Champagner, hat ihn aber nicht bestellt). Wie kommt es, dass
ein asketisch veranlagter Mann bei seinen Trinkgewohnheiten solch
eine Inkonsequenz an den Tag legt? Dafür gibt es keine psychologische
Rechtfertigung. Ich nehme an, Curtiz hat jedes Mal unbewusst einfach
ähnliche Situationen aus anderen Filmen zitiert und eine halbwegs
vollständige Bandbreite abzuliefern versucht.

Daher ist man geneigt, *Casablanca* so zu lesen, wie T. S. Eliot *Ham-*

let gelesen hat, dessen Faszinosum er nicht auf seine Gelungenheit zurückführte, im Gegenteil, er zählte das Stück eher zu den weniger gelungenen Werken Shakespeares, sondern gerade auf seine Mängel. *Hamlet* sei das Ergebnis einer etwas verunglückten Mischung aus mehreren früheren Fassungen, sodass die verwirrende Zwiespältigkeit des Protagonisten sich aus der Herausforderung für den Autor erkläre, verschiedene Topoi miteinander zu verbinden. Fraglos ist *Hamlet* ein befremdliches Werk, in dem uns sogar die Psychologie der Hauptfigur unbegreiflich erscheint. Eliot meint, das Geheimnis des *Hamlet* lasse sich aufdecken, wenn wir, statt die gesamte Dramenhandlung als Ergebnis von Shakespeares Plan zu betrachten, in der Tragödie eine Art missratenes Flickwerk aus früheren tragischen Stoffen sähen.

Es gebe Spuren eines Werks von Thomas Kyd, das wir indirekt aus anderen Quellen kennen, in dem Rache das einzige Thema gewesen sei; und das Hinauszögern der Rache sei dort nur durch die Schwierigkeit verursacht worden, einen von Wachen umgebenen Monarchen zu töten. Außerdem sei Hamlets Wahnsinn nur vorgetäuscht gewesen und habe dem Zweck gedient, nicht in Verdacht zu geraten. In Shakespeares letzter Fassung des Dramas finde das Hinauszögern der Rache keine andere Erklärung als die anhaltenden Zweifel des Protagonisten, und dessen »Wahnsinn« besänftige den Argwohn des Königs nicht, sondern wecke ihn überhaupt erst. Zudem handle Shakespeares *Hamlet* von den Auswirkungen der Schuld einer Mutter auf den Sohn, aber Shakespeare sei nicht in der Lage gewesen, dieses Motiv mit dem alten Dramenstoff zu verschmelzen – und die Abwandlung sei nicht umfassend genug, um überzeugen zu können. So bleibe die Tragödie in mehrfacher Hinsicht rätselhaft und beunruhigend wie keine andere. Shakespeare habe überflüssige und unstimmige Szenen stehen lassen, die er auch bei flüchtiger Durchsicht hätte bemerken müssen. Außerdem gebe es unerklärliche Szenen, die vielleicht auf eine Überarbeitung des originalen Dramas von Kyd durch Chapman zurückgehen könnten. Insgesamt sei *Hamlet* ein Konglomerat verschiedenster, nicht miteinander verschmolzener Motive und bilde die Bemühungen mehrerer

Antonio Gaudí
Sagrada Familia, Barcelona

Autoren ab, von denen jeder in das Werk seiner Vorgänger eingegriffen habe.

Somit sei dieses Drama, weit davon entfernt, Shakespeares Meisterwerk zu sein, ein künstlerischer Misserfolg. »Sowohl in handwerklicher als auch in gedanklicher Hinsicht ist *Hamlet* inkonsistent. Und wahrscheinlich haben es mehr Leute für ein Kunstwerk gehalten, weil sie es interessant fanden, als es interessant gefunden, weil es ein Kunstwerk war. Es ist die ›Mona Lisa‹ der Literatur.«[10]

Mit *Casablanca* ist, in kleinerem Maßstab, das Gleiche geschehen: Unter dem Zwang, aus dem Stand eine Handlung zu erfinden, haben die Autoren kurzerhand alles hineingetan. Und um alles hineinzutun, haben sie aus dem Repertoire des bereits Erprobten geschöpft. Wenn man aus dem Repertoire des bereits Erprobten eine beschränkte Auswahl trifft, ist das Ergebnis einfacher Kitsch. Wenn man jedoch mit vollen Händen hineingreift und wirklich *alles* nimmt, gelangt man zu einer Architektur wie der von Gaudís Sagrada Familia. Man gerät ins Taumeln, man streift die Genialität.

Casablanca ist ein Kultfilm, weil alle Archetypen darin vorkommen, weil jeder Schauspieler eine Rolle spielt, die er bei anderer Gelegenheit schon gespielt hat, und die Menschen kein »reales«, sondern in früheren Filmen stereotyp vorgezeichnetes Leben verkörpern. Peter Lorre bringt die Erinnerungen an Fritz Lang mit ein; Conrad Veidt gibt seinem deutschen Offizier eine feine Duftnote aus dem *Cabinet des Doktor Caligari*. *Casablanca* treibt den Eindruck des *Déjà-vu* so weit, dass der Zuschauer auch Elemente in den Film einbaut, die erst in späteren Filmen vorkommen. Erst in *Haben und Nichthaben* übernimmt Bogart die Rolle des Hemingway'schen Helden, doch bereits hier zieht er die entsprechenden Konnotationen auf sich, schon allein dadurch, dass sein Rick, wie man erfährt, in Spanien gegen die Faschisten gekämpft hat.

In *Casablanca* entfalten sich die Potenzen des Narrativen im Rohzustand, ohne den disziplinierenden Eingriff der Kunst. Und so können wir es akzeptieren, dass die Personen von einem Moment zum anderen die Stimmung, die Moral und die Psychologie wechseln, dass die Verschwörer hüsteln, um sich zu unterbrechen, wenn ein Lauscher naht, und dass die leichten Mädchen weinen, wenn sie die Marseillaise hören ...

Wenn alle Archetypen schamlos über uns hereinbrechen, erreicht man homerische Tiefen. Zwei Klischees sind lächerlich, hundert Klischees sind ergreifend. Denn irgendwie geht einem plötzlich auf, dass die Klischees miteinander sprechen und ein Fest des Wiedersehens feiern. Wie höchster Schmerz an Wollust grenzt und tiefste Perversion an mystische Energie, gewährt äußerste Banalität einen Blick aufs Erhabene.

Auf dieser Spur finden viele Fälle von Faszination eine Rechtfertigung, die sich die strengsten Ästhetiken nicht erklären können. Man nehme das Loblied, das Proust in *Freuden und Tage* (1896) auf die schlechte Musik anstimmt – gemeint sind nicht etwa misslungene Symphonien, sondern die Liedchen und kleinen Melodien, die einen zum Weinen oder zum Tanzen bringen:

Hasset die schlechte Musik, verachtet sie nicht. Da man sie häufiger spielt oder singt und viel leidenschaftlicher als die gute, hat sie nach und nach den Traum und die Tränen der Menschen in sich aufgenommen. Deshalb gebührt ihr eure Ehrfurcht. So unbedeutend ihre Stellung in der Geschichte der Kunst ist, so unermeßlich ist sie in der sentimentalen Geschichte der Gesellschaft. Die Achtung (ich sage nicht, die Liebe) für die schlechte Musik ist nicht nur eine Form dessen, was man die Barmherzigkeit des guten Geschmacks oder dessen Skeptizismus nennen könnte, sie drückt auch das Bewußtsein aus von der Bedeutung der sozialen Rolle der Musik. Wie viele in den Augen eines Künstlers wertlose Melodien hat die Menge der jungen, romantischen und verliebten Leute sich nicht zu Vertrauten erwählt. Wie viele »Goldringelein« und »Ah, bleib vom Schlummer lange gewiegt« in Notenheften, deren Blätter Abend für Abend von zu Recht berühmten Händen zitternd gewendet werden; und die schönsten Augen der Welt benetzen sie mit Tränen, um deren melancholischen und lustvollen Tribut sie der reinste Meister beneiden würde – geistvolle und begeisternde Vertraute, die den Kummer veredeln und den Traum überhöhen und im Austausch mit dem glühenden Geheimnis, das man ihnen anvertraut, die berauschende Illusion der Schönheit geben. Wie das Volk, das Bürgertum, die Armee und der Adel die gleichen Briefträger haben, Träger der Trauer, die sie trifft, oder des Glücks, das sie erfüllt, so haben sie auch die gleichen unsichtbaren Liebesboten, die gleichen vielgeliebten Beichtväter. Es sind die Komponisten von schlechter Musik. Irgend so eine ärgerliche alte Leier, der sich jedes wohlgeborene und wohlerzogene Ohr augenblicklich verschließt, hat den Schatz von Tausenden von Seelen empfangen, bewahrt das Geheimnis von Tausenden von Leben; sie war deren lebendige Begeisterung, deren Trost, auf dem Notenpult des Klaviers, immer bereit, aufgeschlagen zu werden, deren träumerische Anmut und deren Ideal. Irgend so eine Arpeggienpassage oder irgend so ein wiederkehrendes Motiv haben in der Seele von mehr als einem Verliebten oder Träumer die Harmonien

Marc Quinn
Kiss, Detail, 2001
Mailand, Sammlung Iannaccone

des Paradieses oder die eigene Stimme der Geliebten zum Klingen gebracht. Ein Heft mit schlechten Romanzen, das von zu häufigem Gebrauch abgenützt ist, sollte uns bewegen wie ein Friedhof oder wie ein Dorf. Was macht es aus, wenn die Häuser keinen Stil haben und die Gräber unter den geschmacklosen Inschriften und Ornamenten verschwinden. Aus diesem Staub kann vor den Augen einer einfühlsamen und achtungsvollen Phantasie, wenn sie für einen Augenblick ihre ästhetische Geringschätzung zum Schweigen bringt, sich der Schwarm der Seelen erheben, im Schnabel den noch grünen Zweig des Traums, der sie die andere Welt erahnen und sie in dieser genießen und weinen ließ.[11]

Mit dieser Textpassage von Proust möchte ich mein unvollkommenes Loblied auf die Unvollkommenheit gern beschließen. Weshalb heißt in der Grammatik das Tempus Imperfekt so, wie es heißt? Vielleicht ist es kein Zufall, wenn wir unter den Tempusformen des Verbs, die uns eigentlich darüber Auskunft geben sollten, ob etwas gerade geschieht, schon geschehen ist (vor Kurzem oder vor längerer Zeit) oder noch geschehen wird (und sogar mit dem Imperativ wenden wir uns der Zukunft zu), eine haben, die diese Funktion einer Zeitbestimmung entweder nicht erfüllen kann oder nicht erfüllen will, uns also im Unklaren darüber lässt, wie ein Geschehen zeitlich einzuordnen ist, sodass sogar die Kinder, wenn sie beim Spielen in die Rolle eines anderen schlüpfen, wobei sie wissen, dass sie dieser andere nie gewesen sind und nie sein werden, sich im Imperfekt ausdrücken (»*allora, io ero il capo degli indiani e tu eri Buffalo Bill ...*«)*.

Proust schrieb: »Ich gestehe, daß mancher Gebrauch des Imperfekts Indikativ – dieser grausamen Zeit, die uns das Leben wie etwas Ephemeres und Passives zugleich darbietet, das in dem Augenblick, in dem

---

* Im Deutschen verhält es sich anders. Bei Rollenspielen wird nicht das Imperfekt, sondern das Präsens verwendet: »Also ich bin der Indianerhäuptling und du bist der Buffalo Bill ...« (A. d. Ü.).

es unsere Handlungen nachzeichnet, sie mit Illusion schlägt, sie in der Vergangenheit vernichtet, ohne uns, wie das Perfekt, den Trost der Aktivität zu lassen – für mich eine unerschöpfliche Quelle geheimnisvoller Traurigkeiten geblieben ist.«[12]

So wird das Imperfekte oder Unvollkommene manchmal wesentlich für die Kunst.

[Vortrag im Rahmen der Milanesiana 2012, *Unvollkommenheit*]

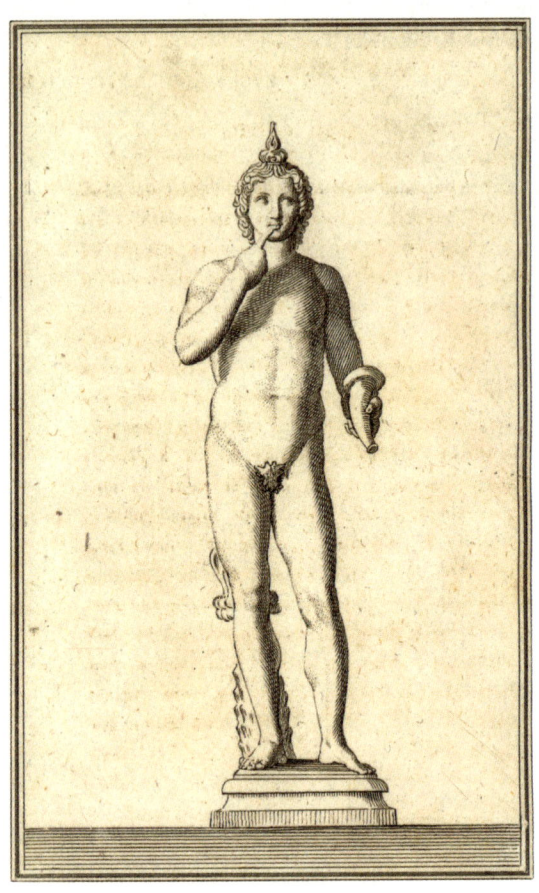

Statue des Harpokrates,
griechischer Gott des Schweigens
Radierung, 1820, Rom

Einige Enthüllungen
über das Geheimnis

Als Einstieg müsste ich hier verkünden, dass ich eigentlich etwas Hochwichtiges zu sagen hätte, aber da es sich um ein Geheimnis handle, müsse ich leider den Mund halten. Das würde mir großes Prestige einbringen, und Sie wären überzeugt, dass der sechste Imam Dja'far al-Sadiq recht hatte, als er sagte: »Unsere Sache ist ein Geheimnis in einem Geheimnis, das Geheimnis von etwas, das verhüllt bleibt, ein Geheimnis, das nur ein anderes Geheimnis erklären kann, ein Geheimnis über ein Geheimnis, das sich mit einem Geheimnis begnügt.«

In allen Mythologien gibt es einen Gott des Geheimnisses, und die Figur des Harpokrates erscheint unter verschiedenen Namen von der altägyptischen Kunst über die griechisch-römische Welt bis zur Renaissance. Doch aus Lust, gegen das von Harpokrates verhängte Schweigegebot zu verstoßen, werde ich Ihnen einige Enthüllungen über das Geheimnis präsentieren.

Das Geheimnis ist ein Sachverhalt, der nicht enthüllt wird oder enthüllt werden darf oder dürfte, da er sonst dem, der ihn enthüllt, und manchmal sogar dem, der ihn erfährt, Schaden zufügen würde.

In diesem Sinne spricht man von Staatsgeheimnissen, Amtsgeheimnissen, Bankgeheimnis, Militärgeheimnis und Industriegeheimnis, darunter zum Beispiel das in Atlanta verwahrte Geheimrezept für Coca-Cola. Solche Geheimnisse (die wirklich etwas betreffen, das geheim gehalten wird) werden oft verletzt, weil Ermittlungsbehörden es anordnen oder Staatsarchive geöffnet werden oder aus Unvorsichtigkeit, durch Verrat und besonders durch Spionage.

Ibn Chaldun
Muqaddima, Tafel der Könige
und der Herrscher,
Add. 9574 f. 29 *v*
London, British Library

Um Spionage abzuwehren und die geheimen Informationen zu schüt-
zen, hat man im Lauf der Jahrhunderte Geheimschriften beziehungsweise Regelsysteme entwickelt, die es ermöglichen, eine gegebene
Botschaft, die in einer natürlichen Sprache verfasst wurde, durch eine
Reihe von Ersetzungen so umzuschreiben, dass ein Empfänger, der die
Ersetzungsregeln kennt, die ursprüngliche Botschaft wiederherstellen
kann. Berichte über Geheimschriften gibt es im Alten Indien und bereits in der Bibel; Julius Cäsar spricht davon, und die arabische Kultur
kennt eine Chiffrierwissenschaft, angefangen bei einem Traktat aus
dem Jahr 855 von Abu Bakr Ahmad ibn Ali ibn Wahshiyya mit dem
Titel *Buch der unbezähmbaren Begierde des Frommen, die Rätsel der alten
Schriften zu lösen*, bis zu Ibn Chalduns *Muqaddima* (14. Jahrhundert),
worin ein Code der Sekretäre erwähnt wird, die sich der Namen von
Düften, Blumen, Vögeln oder Früchten bedienten, um die Buchstaben
zu bezeichnen.

In der frühen Neuzeit, mit der Herausbildung der europäischen
Staaten, der immer komplexeren Organisation der Armeen und der
weiträumigen Militäroperationen (wir sind in der Zeit des Dreißigjährigen Krieges) entwickelt sich die Chiffriertechnik weiter. Eines der
ersten neuzeitlichen Systeme ist das der Drehscheiben des Abtes Tri-

themius, bei denen ein Buchstabe auf der ersten Scheibe durch einen von der zweiten Scheibe ersetzt wird, und das letzte berühmte Beispiel ist der von Alan Turing dechiffrierte Enigma-Code der deutschen Wehrmacht. Da es zu den Grundregeln der Kryptografie gehört, dass alle auch noch so perfekten Codes früher oder später geknackt werden können, haben chiffrierte Geheimnisse eine kurze Lebensdauer und wir brauchen uns nicht weiter um sie zu kümmern.

Ebenso außer Acht lassen könnten wir das sogenannte offene Geheimnis, das immer sofort bekannt wird, da es einem Redseligen anvertraut worden ist – gäbe es nicht die Geheimdienste, die manchmal arglistig falsche Enthüllungen über falsche Geheimnisse durchsickern lassen, um den Gegner auf eine falsche Fährte zu locken, sodass viele enthüllte Pseudo-Geheimnisse dazu dienen, ein anderes Geheimnis zu vertuschen, das bestrebt ist, eines zu bleiben.

Im barocken 17. Jahrhundert, der Welt des Absolutismus, wird sich die Idee durchsetzen, dass man zum Überleben heucheln können muss, entweder indem man sich als das Gegenteil dessen ausgibt, der man ist (Baltasar Gracián), oder indem man nicht durchsickern lässt, wer man ist (Torquato Accetto). Und wie ein Politiker alles ihn Betreffende geheim halten soll, erfahren wir aus dieser Passage des *Breviarium Politicorum* (1684) von Kardinal Mazarin:

Solltest du an einem Ort schreiben müssen, der von vielen aufgesucht wird, stelle ein schon beschriebenes Blatt auf ein Pult, so als müsstest du es abschreiben. Das Blatt muss offen und gut sichtbar aufgestellt sein; das Papier, auf dem du wirklich schreibst, soll ebenfalls auf dem Tisch ausgebreitet sein, aber so geschützt, dass man es nicht einsehen kann, außer der abgeschriebenen Zeile, die jeder sich Nähernde lesen mag. Das von dir Geschriebene aber sollst du mit einem Buch oder einem anderen Stück Papier oder einem anderen Blatt wie dem ersten, doch dichter beim Geschriebenen aufgestellt, verdecken. Falls dir jemand beim Lesen zuschaut, wende schnell mehrere Seiten um, damit er deine Absicht nicht durchschaut; es wäre sogar gut, du

Louis Grosclaude
Die drei Schwatzbasen, 19. Jahrhundert
Luxemburg, Jean-Pierre Pescatore Museum

hättest mehrere Bücher geöffnet vor dir liegen, so könntest du dem Betreffenden mit großer Geschicklichkeit das eine statt des anderen hinreichen. Solltest du zufällig gerade Briefe schreiben oder in irgendeinem Buch lesen und sollte sich jemand nähern, der, wenn du damit fortfahren würdest, Verdacht schöpfen und sich durch das Buch und die Briefe veranlasst sehen könnte, dir Fragen zu stellen, so befrage, noch ehe er den Mund aufmachen kann, besser du ihn.[1]

Verschwiegenheit

Mazarin beschreibt im Grunde eine beinahe paranoide Form von *Verschwiegenheit*, doch zur Verschwiegenheit gehört auch das persönliche Geheimnis, das sich bisweilen mit dem Tod seines Inhabers in Luft auflöst. Solche Geheimnisse können mit nicht eingestehbaren Taten zu tun haben, doch auch mit anderen, denn jemand kann aus gutem Grund wünschen, seine eigenen Krankheiten, seine sexuelle Orientierung oder seine Herkunft geheim zu halten. Die Gesellschaft erkennt das Recht auf Verschwiegenheit an, und ein Soziologe wie Georg Simmel würdigte dieses Recht in seiner Studie über das Geheimnis als wichtigen Bestandteil des Gesellschaftsvertrags.

Interessant ist allenfalls festzustellen, wie dieses Recht auf Verschwiegenheit in unserer massenmedialen Gesellschaft, in der der Verzicht auf Privatheit eine exhibitionistische Form annimmt, immer mehr an Wert verliert. Es verschwindet jenes großenteils segensreiche Sicherheitsventil, das der Klatsch war. Der klassische Klatsch, der Tratsch im Dorf, in der Pförtnerloge oder in der Kneipe war ein Element des sozialen Zusammenhalts, weil die Tratschenden nicht selten, statt sich am Unglück der Betratschten zu weiden, Mitleid mit ihnen empfanden und zeigten.

Allerdings funktionierte das nur, wenn die Opfer nicht anwesend waren oder nicht wussten, dass über sie geklatscht wurde (oder das

Gesicht wahren konnten, indem sie so taten, als ob sie von nichts wüssten). Daher waren, damit der Wert des Klatsches als soziales Ventil gewahrt blieb, alle gehalten, Henker wie Opfer, sich möglichst in Zurückhaltung zu üben. Die erste Veränderung kam mit den spezialisierten Publikationen, die dem Klatsch über bestimmte Personen gewidmet waren, die sich aufgrund ihrer Prominenz (Schauspieler und Schauspielerinnen, Sänger und Sängerinnen, Monarchen im Exil, Playboys) freiwillig der Beobachtung durch Fotografen und Reporter aussetzten. So wurde der Klatsch aus dem Geflüster, das er gewesen war, zu einem Gebrüll, er verlieh seinen Opfern Ruhm und wurde zur Quelle für Neid bei den Nicht-Berühmten. Deshalb entwickelte das Fernsehen Sendeformate, in denen jeder x-Beliebige als Opfer berühmt werden konnte, indem er Klatsch über sich selber verbreitete. Und so erschienen Personen auf dem Bildschirm, die mit ihrem Ehepartner über die wechselseitige Untreue diskutierten, verzweifelte Appelle an die Geliebte oder den Geliebten richteten, der oder die sie verlassen hatte, oder Scheidungsfälle nachstellten, bei denen die sexuellen Unzulänglichkeiten beider Seiten gnadenlos aufgedeckt wurden.

Im Vorgriff auf die gesellschaftliche Entwicklung war es richtig, dass ein zur Diskretion neigender Piemontese wie Cesare Pavese, als er sich zum Suizid entschloss, die denkwürdige Botschaft hinterließ: »Und klatscht nicht zu viel.« Aber niemand hat auf ihn gehört, und inzwischen wissen wir alles über seine unglücklichen Liebschaften.

In letzter Zeit hat die Preisgabe der Diskretion jedoch andere Formen angenommen. Einerseits sind wir uns bewusst, wobei es uns alles in allem anscheinend nichts ausmacht, dass man durch Überprüfung unserer Kreditkarten, unserer Telefonverbindungen und unserer Krankenakten alles über uns und jede unserer noch so kleinen Bewegungen erfahren kann, andererseits hat uns der Fall WikiLeaks davon überzeugt, dass es eine demokratische Operation sei, die *arcana imperii* zu veröffentlichen, obwohl man doch jedem Staat und jeder Regierung zubilligen sollte, sich Zonen der Verschwiegenheit zu reservieren, denn die umgehende Veröffentlichung mancher Informationen, Kontakte und Projekte birgt die Gefahr ihres Scheiterns, nicht selten zum Schaden der Allgemeinheit. Dasselbe gilt, wenn man die Beratungen zur Regierungsbildung sofort per *Streaming* öffentlich machen will und jeder daran Beteiligte, da er sich beobachtet fühlt und sein Gesicht nicht verlieren will, gar nicht anders kann, als seine offiziellen Positionen gebetsmühlenartig zu wiederholen, ohne dann in der Verhandlung – die das Herz der politischen Interaktion ist – noch irgendwelche Zugeständnisse zu machen.

Geheimnis der Mysterien

Obwohl das Zeitalter der Verschwiegenheit vorbei ist, überlebt die Idee des Geheimnisses der Mysterien – oder des hermetischen und okkultistischen Geheimnisses – seit Jahrtausenden. Die Lehre des Pythagoras hatte sich als Wissen um geheime Wahrheiten präsentiert, als Frucht einer von den Ägyptern empfangenen Offenbarung. Im zweiten nachchristlichen Jahrhundert, in einer Krisenzeit des klassischen Rationalismus, entwickelte die heidnische Welt eine immer stärkere Tendenz, die Wahrheit mit dem Geheimnis oder dem in dunklen Worten Gesprochenen gleichzusetzen. Damit ein Wissen wirklich geheim war, musste es exotisch und sehr alt sein. Besonders der Orient war alt und sprach unbekannte Sprachen; das Unbekannte wiederum ist geheim und muss folglich ein Stückchen von jenem Geheimnis enthalten, das nur die Gottheit kennt.

Die typische Haltung des klassischen griechischen Intellektuellen, der die Barbaren – *oi barbaroi* – mit Stammelnden gleichsetzte, das heißt mit Menschen, die kein einziges Wort richtig aussprechen konnten, wurde durch diese Vorstellung auf den Kopf gestellt. Denn nun war es gerade das vermeintliche Gestammel des Fremden, das zu einer heiligen Sprache wurde.

Damit beginnt sich die Überzeugung herauszubilden, Wahrheit sei ein Geheimnis im Besitz der Hüter einer längst verlorenen Tradition.

Und typischerweise sollten dann alle magischen Texte der Renaissance betonen, dass der Zugang zur Offenbarung durch das Buchstabieren von Sprachen erfolge, die selbst für ihre Sprecher unverständlich gewesen und nach dem Muster eines Hebräischen aus zweiter Hand erfunden oder geformt worden seien.

Die Rosenkreuzer

Exemplarisch für den Erfolg einer Lehre, die sich als Geheimlehre präsentiert, mag die Geschichte der Rosenkreuzer stehen. Zu Beginn des 17. Jahrhunderts, gerade als in Europa nationale Konflikte und religiöser Hass aufflammten, griff die Vorstellung von einem Goldenen Zeitalter um sich. Ein Klima der Erwartung durchdrang in verschiedenen Ausprägungen sowohl die katholischen als auch die protestantischen Gebiete. Es entwickelten sich Projekte idealer Republiken, und es gab Bestrebungen nach einer universalen oder Welt-Monarchie, nach einer allgemeinen Erneuerung der Sitten und des religiösen Empfindens. 1614 erschien in Deutschland ein anonymes Manifest mit dem Titel *Fama Fraternitatis*, gefolgt im Jahr darauf von einer zweiten Schrift mit dem Titel *Confessio fraternitatis Roseae crucis. Ad eruditos Europae.* In diesen Manifesten enthüllte die mysteriöse Bruderschaft der Rosenkreuzer ihre Existenz, informierte über ihren mythischen Gründer Christian Rosenkreutz und äußerte den Wunsch, dass in Europa eine Geheimgesellschaft entstehen möge, die Gold, Silber und Edelsteine im Überfluss besitzt und an die Könige verteilt, damit diese ihren Pflichten und legitimen Zielen nachkommen können. Die Manifeste beharren auf dem geheimen Charakter der Bruderschaft und auf dem Umstand, dass ihre Mitglieder nichts über sich und ihr Wesen verraten dürfen (»es soll auch wohl unser Gebäw [Gebäude], da es auch hundert tausendt Menschen hetten von nahem gesehen, der gottlosen Welt in Ewigkeit ohnberühret, ohnzerstöret, unbesichtigt und wohl gar verborgen bleiben«). Dennoch appelliert man an alle Gelehrten Europas, sie möchten sich mit den Adepten der Gesellschaft in Verbindung setzen: »dann ob wol weder wir noch unsere Versamblung dieser zeit benennet, solle uns doch gewißlichen eines jeden (was Sprach das auch ist) Judicium zukommen: Es soll auch keinem, der seinen Nahmen wird angeben, fählen, daß er nicht mit unser einem entweder Mündlich, oder da er es je bedenckens hette, Schrifftlich solle zu Sprach kommen.«[2]

Fast augenblicklich beginnt man überall in Europa, schriftliche Appelle an die Rosenkreuzer zu verfassen, angefangen bei einem einflussreichen Okkultisten wie Robert Fludd. Niemand behauptet, sie zu kennen, niemand bekennt, selbst einer zu sein, aber alle versuchen irgendwie zu verstehen zu geben, dass sie sich in absolutem Einklang mit dem Programm befinden. Michael Maier, der Leibarzt Kaiser Rudolfs II., versichert in *Themis aurea* (1618), die Bruderschaft existiere wirklich, auch wenn er als Person zu bedeutungslos sei, um jemals in sie aufgenommen zu werden. Alle erkennen an, dass die Gruppe geheim ist, und aus diesem Grund gilt, dass wer immer behauptet, Rosenkreuzer zu sein (und also gegen die den Adepten auferlegte Schweigepflicht verstößt), mit Sicherheit keiner ist: »Das normale Verhalten eines rosenkreuzerischen Schriftstellers ist es zu sagen, daß er selbst kein Rosenkreuzer sei und niemals einen solchen gesehen habe«, hält Frances Yates fest (1972).[3] Und dasselbe gilt auch noch heute, glaubt man zumindest René Guénon, einem Autor, der die Idee der Rosenkreuzer sehr ernst nimmt: »Es ist wahrscheinlich, dass die Mehrheit der vorgeblichen [echten und alten] Rosenkreuzer, die gemeinhin als solche bezeichnet werden, in Wahrheit bloß [späte und falsche] Rosenkreuzer waren. [...] Man kann sogar sicher sein, dass sie in keiner Weise echt waren, aus dem einfachen Grunde, dass sie zu solchen Assoziationen gehörten, was auf den ersten Blick paradox erscheinen mag, aber dennoch leicht zu verstehen ist.«[4]

Infolgedessen gibt es nicht nur keine historischen Beweise für die Existenz der Rosenkreuzer, sondern handfeste historische Beweise höchstens für die Existenz späterer Vereinigungen, die sich in wech-

Bankett der Rosenkreuzer, Druck von Leo Taxil
Geheimnisse des französischen Freimaurertums, 1887
Privatsammlung

Emblem der Rosenkreuzer
Stich von Robert Fludd in *Summum Bonum*, 1629

Der Baum der Erkenntniß Gutes und Böses.

Baum der Erkenntnis
des Guten und Bösen,
aus *Geheimzeichen der Rosenkreuzer*, 1785
Paris, Bibliothèque Nationale
de France

selseitiger Polemik als einzige und echte Erben der ursprünglichen Rosenkreuzer verstehen, wie zum Beispiel AMORC, der *Antiquus Mysticus Ordo Rosae Crucis*, dessen reich mit ägyptischer Ikonografie geschmückten Tempel man noch im kalifornischen San José besichtigen kann. Doch eine rosenkreuzerische Organisation, die sich auf eine tausendjährige Tradition beruft, wird hierauf als Erste erwidern, dass die Dokumente dieser Tradition eben nicht zugänglich sind: »Sie werden natürlich verstehen«, heißt es noch heute in einem *Manuel Rosicrucien* (1984), »dass die Große Bruderschaft und die Große Weiße Loge keine sichtbaren Organisationen sind.« Und in den offiziellen Verlautbarungen des *Antiquus Mysticus Ordo Rosae Crucis* steht, dass die originalen Dokumente, die den Orden legitimieren, zwar vorhanden seien, aber aus verständlichen Gründen geheim und in unzugänglichen Archiven eingeschlossen bleiben müssten.

1623 tauchten in Paris anonyme Plakate auf, die verkündeten, dass die Rosenkreuzer ihren Sitz in die Stadt verlegt hätten, und diese Mitteilung entfesselte wütende Polemiken, einschließlich des Gerüchts, die Rosenkreuzer seien Teufelsanbeter. Sogar Descartes, der während einer Deutschlandreise angeblich (und offensichtlich erfolglos) versucht hatte, sich mit ihnen in Verbindung zu setzen, wurde bei seiner Rückkehr nach Paris verdächtigt, ein Mitglied der Bruderschaft zu sein, und rettete sich mit einem Meisterstreich: Da die Rosenkreuzer allgemein als unsichtbar galten, ließ er sich, wie Adrien Baillet in seiner *Vie de Monsieur Descartes* (1691) erzählt, bei möglichst vielen öffentlichen Gelegenheiten sehen und entkräftete so das Gerede.

Die rettende Idee des armen Descartes sagt uns dasselbe, was Georg Simmel in seinem Essay über das Geheimnis wiederholen sollte, nämlich dass Unsichtbarkeit das typische Merkmal jeder Geheimgesellschaft ist – und genau genommen musste es immer unsichtbare geheime Vereinigungen wie die der Carbonari geben, damit, wie es bei den mysteriösen Illuminaten Bayerns der Fall war (und wie es noch heute für einige Terroristengruppen gilt), jede kleine Adeptengruppe nur ihren Gruppenleiter kennt, aber nicht die Mitglieder der höheren Ränge.

Versammlung der Carbonari
Radierung, 1864

Dass viele der Carbonari später unter der Guillotine oder vor einem Erschießungskommando endeten, lag weniger daran, dass ihr Geheimnis durchgesickert wäre, als an der Tatsache, dass bei einer Geheimgesellschaft, die den Zweck hat, einen Aufstand anzuzetteln, nach dem Ausbruch dieses Aufstands das Geheimnis keines mehr ist. Es gibt Geheimnisse wie das einer Gruppe, die eine Aktion zur Übernahme eines Aktienpakets plant, die keine Geheimnisse mehr sind, sobald der Übernahmeversuch gelungen oder krachend gescheitert ist. Die Geheimnisse von Gruppen, die einen bestimmten Zweck verfolgen, müssen kurzlebig sein, andernfalls sind die Gruppenmitglieder Luschen, die nichts zuwege bringen.

Bei den Rosenkreuzern lag der Fall jedoch anders, denn sie nahmen sich nicht vor, etwas sofort in die Tat umzusetzen. Er lag so anders, dass ein gewisser Heinrich Neuhaus, um zu erklären, weshalb ihre Unsichtbarkeit nicht gegen ihre Existenz sprach, 1623 ein *Advertissement pieux et très utile des Frères de la Rosée Croix* veröffentlichte, in dem er sich fragte, ob es die Rosenkreuzer gebe, wer sie seien, woher sie ihren Namen genommen und zu welchem Zweck sie ihre Existenz öffentlich bekannt gemacht hätten; und er schloss mit dem außerordentlichen Argument: »Gerade dass sie ihre Namen wechseln und verbergen, dass sie ihr Alter verschleiern, dass sie nach eigenem Bekunden daherkommen, ohne sich kenntlich zu machen, erlaubt keinem Logiker zu verneinen, dass sie notwendig in natura existieren müssen.«[5]

Der Grund für die große Popularität der Rosenkreuzer war, dass sie zwar ein Geheimnis verkündeten, aber von allem Möglichen sprachen, nur nicht von der Natur dieses Geheimnisses.

Im Anschluss an die Tradition der Rosenkreuzer entstand dann im 18. Jahrhundert die symbolische Freimaurerei, die sich mit *Andersons Konstitutionen* zu legitimieren versuchte, indem sie ihren Ursprung auf die Erbauer des Salomonischen Tempels zurückführte. Mit der einige Jahre später erfolgten Gründung der sogenannten »schottischen« Freimaurerei bereicherte sich dieser Ursprungsmythos um die Beziehung zwischen den Erbauern des Tempels und den Tempelrittern,

Joseph Constantine Stadler
Einzug in der Freimaurerhalle in der Queen Street, anlässlich eines Jahresfestmahls
der vom Orden unterstützten Mädchen
Radierung aus Rudolph Ackermann, *Microcosm of London*
Lithografie, 1808, Privatsammlung

deren geheime Traditionen angeblich durch Vermittlung der Rosenkreuzer in die Freimaurerei eingebracht worden waren. Um solche Thesen zu stützen, suchten oder schufen sich viele Freimaurerorganisationen – fast immer in Konflikt mit der Großloge von London – Symbole und Rituale, die ihren Bezug zur Tradition der Templer und der Rosenkreuzer verdeutlichen sollten. So kam es zu einer Zunahme der Initiationsstufen (die den Stufen der Erkenntnis des Geheimnisses entsprachen und ursprünglich drei waren) bis auf die Zahl 33, alle benannt mit fantastischen Namen, hier zum Beispiel die oberen Ränge des von Cagliostro begründeten *Alten und Primitiven Ritus von Memphis-Misraïm:*

Cagliostro am Hof von Versailles, Radierung, 1750
Privatsammlung

Ritter der Weltkugeln, Prinz des Tierkreises, Erhabener Herme-
tischer Philosoph, Oberkommandeur der Gestirne, Erhabener
Priester der Isis, Prinz des Heiligen Hügels, Philosoph von Samo-
thrakien, Titan des Kaukasus, Knabe der Goldenen Lyra, Ritter
des Wahren Phönix, Ritter der Sphinx, Erhabener Weiser des Laby-
rinthes, Erster Brahmane, Mystischer Wächter des Heiligtums, Architekt des Mysteriösen Turmes, Erhabener Prinz des Heiligen Vor-
hangs, Deuter der Hieroglyphen, Orphischer Doktor, Wächter der
Drei Feuer, Hüter des Unnennbaren Namens, Erhabener Ödipus
der Großen Geheimnisse, Geliebter Hirte der Oase der Mysterien,
Doktor des Heiligen Feuers, Ritter des Leuchtenden Dreiecks.
Die Ränge repräsentieren die jeweiligen Phasen der Initiation ins Ge-

heimnis der Freimaurer. Eine der schönsten Definitionen dieses Geheimnisses stammt übrigens von Giacomo Casanova:

Wer sich nur unter die Freimaurer aufnehmen läßt, um das Geheimnis der Loge zu ergründen, der hat sehr zu befürchten, dass er unter der Kelle alt werden wird, ohne jemals in das Geheimnis dieser Bruderschaft einzudringen. Das Geheimnis der Freimaurerei ist durch seine eigene Natur unverletzlich. Wer das Geheimnis der Freimaurerei errät – denn man erfährt es nur, wenn man es selbst errät –, […] hütet er es streng und vertraut es selbst seinem besten Freund in der Freimaurerei nicht an, denn er weiß, daß es keinen Zweck haben würde, es ihm ins Ohr zu flüstern, weil jener doch nicht das Talent haben würde, Vorteil daraus zu ziehen, wenn er es von einem anderen zugeflüstert bekäme. Er schweigt, und das Geheimnis bleibt stets Geheimnis.

Alles, was in der Loge geschieht, muß geheim sein. Diejenigen aber, die mit einer unehrenhaften Indiskretion sich kein Gewissen daraus gemacht haben, die Vorgänge in den Logen zu enthüllen – die haben das Wesentlichste nicht enthüllt: Sie kannten es nicht; denn wenn sie es gekannt hätten, so würden sie sicherlich das Zeremoniell nicht verraten haben.[6]

Das Geheimnis der Initiation lässt sich also nicht enthüllen und daher auch nicht verraten.

Mit dem Geheimnis der Freimaurerei hat sich Giuliano Di Bernardo beschäftigt, ein ehemaliger Großmeister der Gran Loggia Regolare d'Italia, der als Fachmann für Logik wenig zu okkultistischen Interpretationen der Logensymbolik neigte. In seiner *Filosofia della massoneria* (1987) schreibt er:

Aber es gibt andere, welche in den Symbolen ganz im Gegenteil verborgene, esoterische Wahrheiten suchen, alte Weisheiten, alchemistische Geheimnisse, den Stein der Weisen; dafür aber sind die Symbole zu arm und erwecken kaum den Anschein, daß sie tiefe Inhalte des esoterischen Lebens in Menschen ausdrücken. Alle diese Interpretationen der freimaurerischen Symbolik sind

Auguste Leroux
Casanova in Venedig
in *Casanovas Memoiren* 1725–98, Bd. 5, S. 30
Privatsammlung

völlig falsch und begreifen ihr wahres Wesen nicht. Dieses läßt sich wie folgt umschreiben: In der Freimaurerei drücken die Symbole nur ein einziges Geheimnis aus, das Geheimnis der Initiation [...] Wer dies nicht versteht, der wird sich immer in der gleichen Lage befinden wie ein Außenstehender, der einen Freimaurertempel betritt und da die Gegenstände betrachtet, die er zwar kennt, wie Zirkel, Winkelmaß, Hammer, Buch, deren symbolische Bedeutung ihm aber entgeht. Um zu verstehen, was er »liest«, benötigt er das maurerische Licht, und dieses kann er nur durch die Initiation erlangen. Dann und nur dann wird er das maurerische Geheimnis verstehen. [...] Wenn das Geheimnis verletzt und seiner Symbolik entkleidet wird, so wird sogleich auch das Fundament der Freimaurerei zerstört. Eine Freimaurerei ohne das Fundament der Initiation unterscheidet sich in nichts von irgendeiner sonstigen Vereinigung mit philanthropischen Zielen.[7]

Es klingt, als wäre (ich interpretiere) eine Freimaurerloge ohne Geheimnis nur ein Rotary Club. Natürlich, aus naheliegenden Gründen, verrät Di Bernardos Buch nicht, was das Geheimnis der Freimaurerei ist.

Als Konsequenz aus der Verborgenheit des Geheimnisses und der Unsichtbarkeit der Geheimgesellschaft entstand dann im späten 18. Jahrhundert der Mythos von den »Unbekannten Oberen«, die die Geschicke der Welt lenkten. 1789 warnte ein gewisser Marquis de Luchet (in seinem *Essai sur la secte des illuminés*), es habe sich »inmitten der dichtesten Finsternis eine Gesellschaft von neuen Wesen gebildet, die sich kennen, ohne sich je gesehen zu haben [...] Diese Gesellschaft übernimmt vom Jesuitenregime den blinden Gehorsam, von der Freimaurerei die Prüfungen und die äußeren Zeremonien, von den Templern die Evokationen der Untergründe und die unglaubliche Kühnheit.«

In den Jahren 1797/98, als Antwort auf die Französische Revolution, schrieb der Abbé Barruel seine *Mémoires pour servir à l'histoire du jacobinisme*, ein dem Anschein nach historisches Werk, in dem erzählt wurde, wie sich die Templer, nachdem ihr Orden von Philipp dem Schönen zerschlagen worden war, in eine Geheimgesellschaft zum Sturz der Monarchie und des Papsttums verwandelt hatten. Im 18. Jahrhundert bemächtigen sie sich dann der Freimaurerei und gründen eine Art Akademie, deren teuflische Mitglieder Voltaire, Turgot, Condorcet, Diderot und d'Alembert sind – und aus diesem Zirkel gehen die Jakobiner hervor. Doch die Jakobiner werden ihrerseits von einer noch geheimeren Gesellschaft kontrolliert, nämlich den Bayerischen Illuminaten, die Tag und Nacht nur auf Königsmord sinnen. Die Französische Revolution war das Endergebnis dieses Komplotts.

Das Buch von Barruel enthielt noch keinerlei Anspielung auf die Juden. Aber 1806 bekam Barruel einen Brief von einem gewissen Hauptmann Simonini, der ihm eindringlich schilderte, wie die Freimaurerei von Juden gegründet und sämtliche existierenden Geheimgesellschaften von Juden infiltriert worden seien. Dies war – aber das ist eine andere Geschichte, mit der wir uns hier nicht beschäftigen können – die Geburt jenes Mythos von der jüdischen Weltverschwörung, der schließlich zu den berüchtigten *Protokollen der Weisen von Zion* geführt hat und von dem man auch auf vielen heutigen Internetseiten schändlicherweise noch reichlich Spuren findet.

Die Idee, dass geheime Gruppen im Verborgenen den Gang des Weltgeschehens bestimmen, findet auch heute immer noch Anhänger, und man braucht nur ins Internet zu gehen, um allerlei Diskussionen über die Trilaterale Kommission, die Bilderberg-Konferenzen oder die jährlichen Treffen in Davos zu finden, als ob Politiker, Industrielle und Banker sich nicht privat treffen könnten, wann immer sie wollen, um über ökonomische Strategien zu entscheiden, die sich unheilvoll vor aller Augen vollziehen – und als ob die Spekulation mit Derivaten nicht als Erklärung für den Ruin unzähliger Kleinsparer genügte und man dahinter unbedingt einen geheimeren Plan aufdecken müsste.

Doch im Internet lassen sich auch Hinweise auf andere beunruhigende Geheimnisse finden, etwa die Unterstellung, Papst Franziskus stehe, unterstützt von Kardinal Martini, mit Freimaurergruppen in Verbindung.

Freimaureremblem
Wandteppich, 20. Jahrhundert
Mailand, Museo del Risorgimento

Die ärgsten Blüten hat die Verschwörungstheorie über die Zerstörung
der Twin Towers getrieben, die abwechselnd den Geheimplänen von
Bush, den Juden und vielen anderen zugeschrieben wird.

Suchen Sie einmal im Internet danach. Sie werden zu Ihrer Über-
raschung entdecken: »New York City« hat 11 Buchstaben, »Afghanistan« hat 11 Buchstaben, »Ramsin Yuseb«, der Name des Terroristen,
der mit der Zerstörung der Türme gedroht hatte, hat 11 Buchstaben,
»George W. Bush« hat 11 Buchstaben, die beiden Zwillingstürme bilde-
ten eine 11, New York ist der elfte Staat der USA, das erste Flugzeug, das
an den Türmen zerschellte, hatte die Flugnummer 11, der Flug beförderte 92 Passagiere, und 9 + 2 = 11, der Flug 77, der ebenfalls zerschell-

Hexagramm, Salomonssiegel, Sechszackiger Stern,
Davidstern, Davidschild, Doppeldreieck, Talisman des
Saturn, Symbol der Kabbalah, wie es in der Freimaurerei
benutzt wurde
Radierung, 19. Jahrhundert, Privatsammlung

Tempelritter in der Temple Church,
12. Jahrhundert, London

te, beförderte 65 Passagiere, und 6 + 5 = 11, das Datum 9/11 stimmt mit
der amerikanischen Notrufnummer 911 überein, deren Quersumme 11
ist. Die Gesamtzahl der Opfer aller gekaperten Flugzeuge betrug 254,
die Quersumme daraus ergibt wiederum 11, der 11. September ist der
254. Tag des Jahres, also auch wieder Quersumme 11. Und so wird
munter immer weiter kabbalisiert.

Was lässt sich gegen diese vermeintlich wundersamen Koinzidenzen einwenden?

New York hat nur dann 11 Buchstaben, wenn man »City« hinzufügt;
Afghanistan hat zwar 11 Buchstaben, aber die Flugzeugentführer waren keine Afghanen, sondern kamen aus Saudi-Arabien, aus Ägypten,
aus dem Libanon und aus den Arabischen Emiraten; Ramsin Yuseb hat
nur dann 11 Buchstaben, wenn man den Namen absichtlich so tran-
skribiert, hätte man »Yussef« geschrieben, dann hätte das Spiel nicht
funktioniert; George W. Bush hat nur dann 11 Buchstaben, wenn man

den *middle initial* hinzufügt; die Zwillingstürme bilden eine 11, aber auch – und eher noch – eine römische II; der Flug 77 ist nicht an einem der Türme zerschellt, sondern im Pentagon, und er beförderte nicht 65 Passagiere, sondern 59; die Gesamtzahl der Opfer war nicht 254, sondern 265 und so weiter.

Gleichfalls im Internet wird erklärt, dass man, wenn man den Namen des ersten Flugzeugs schreibt, das in den ersten Turm geflogen ist, nämlich Q33NY, die Abkürzung NYC für New York hinzufügt, die Formel markiert und vom Computer nicht in einer der üblichen Schriften wie Times oder Garamond formatieren lässt, sondern in jenen mehr oder minder kabbalistischen Zeichen namens Wingdings, erstaunliche Geheimbotschaften erhält.

Das einzige Problem ist, dass keines der Flugzeuge, das an den Türmen zerschellt ist, den Namen Q33 hatte und man diese Chiffre erfinden musste, um die angeblichen Geheimbotschaften zu erhalten.

Es gibt auch vermeintliche Geheimnisse, die sich bei der Enthüllung als sehr enttäuschend herausstellen. Zum Beispiel im Fall des dritten Geheimnisses von Fatima, das 1944 von der Schwester Lucia in einem versiegelten Umschlag überbracht wurde, der erst nach 1960 geöffnet werden sollte. Doch Papst Johannes XXIII. und seine Nachfolger hielten es auch dann nicht für opportun, den Inhalt zu enthüllen, bis er schließlich im Jahr 2000 auf Wunsch von Johannes Paul II. veröffentlicht wurde. Offenbar kannte damals nur Kardinal Ratzinger die Botschaft und hatte mit einem gewissen gesunden Menschenverstand dazu geraten, sie zu lassen, wo sie war, da sie nichts Interessantes enthielt. Aber der Reiz des Geheimnisses war auf diese Weise enorm gewachsen. Als die Botschaft geöffnet wurde, sah man, dass sie zwar einige tragische Beschreibungen enthielt, die aber von Bildern iberischer *Apokalypsen* inspiriert waren, und wenn sie überhaupt irgendeine prophetische Kraft hatte, dann die, vorauszusagen, dass in den folgenden Jahren (aber auch schon in den Jahren vor ihrer Abfassung, und nur wenige Schritte von Schwester Lucia entfernt, in Spanien) ziemlich schreckliche Dinge passieren würden – was man jedoch schon wusste oder sich vorstellen konnte, auch ohne die Madonna gesehen zu haben.

Im Unterschied zu vielen Kryptophilen, die versucht hätten, in der Botschaft verborgene Bedeutungen zu finden, etwa Beziehungen zwischen den Geheimnissen von Fatima und denen von Medjugorje, erkannte Kardinal Ratzinger, damals Präfekt der Glaubenskongregation – nachdem er sofort die Hände gehoben und darauf hingewiesen hatte, dass eine Privatoffenbarung kein Glaubensinhalt und eine Allegorie keine Prophetie ist –, sehr klar die Ähnlichkeiten mit der *Apokalypse* und merkte an: »Der Schluß des Geheimnisses erinnert an Bilder, die Lucia in frommen Büchern gesehen haben mag und deren Inhalt aus frühen Einsichten des Glaubens geschöpft ist.« Und so schloss er in einem Kapitel mit der bezeichnenden Überschrift »Die anthropologische Struktur der Privatoffenbarungen«: »Der Schauende ... sieht mit seinen Möglichkeiten, mit den für ihn zugänglichen Weisen des Vorstellens und Erkennens.«[8] Was schlicht gesagt hieß, dass Schwester Lucia in der Ekstase gesehen hatte, was sie in den Büchern ihres Konvents und in zweitausend Jahre alten Texten gelesen hatte. Was im dritten Geheimnis von Fatima stand, war schon seit langer Zeit in den Buchhandlungen der Pia Società San Paolo käuflich zu erwerben.

Enthüllte Geheimnisse sind zu nichts nütze

Wie der rosenkreuzerische Okkultist Joséphin Péladan einmal sagte, nützt ein enthülltes Initiationsgeheimnis gar nichts. Dennoch gieren die Menschen nach Geheimnissen, und wer als Träger eines noch unenthüllten Geheimnisses gilt, erwirbt stets eine Form von Macht, denn niemand weiß, was er eines Tages offenbaren könnte. Es ist schon immer ein Grundsatz der Polizei und der Geheimdienste auf der halben Welt gewesen, dass man umso mächtiger wird, je mehr man weiß oder zu wissen vorgibt. Ob es stimmt, spielt keine Rolle, man muss nur glaubhaft versichern, im Besitz eines Geheimnisses zu sein. Und ein

Die Öffnung des siebten Siegels
Miniatur, Illustration des Kommentars zur *Apokalypse*
des Beatus von Liébana (ca. 730–98), Handschrift, Spanien

Geheimdienst bricht zusammen, wenn Regierungsarchive geöffnet werden oder es Plattformen wie WikiLeaks gelingt, sie zu knacken. Dann entdeckt man, dass die geheimen Berichte der Dienste und der Botschaften gewöhnlich aus Aktenbündeln mit Collagen aus Zeitungsausschnitten bestehen, die frei zugänglich waren, bevor Spione und Agenten sie zu vertraulichen Enthüllungen erklärten, und dass diese Agenten – vom Botschafter bis zum letzten Hilfspolizisten – daher nicht mal die Gehälter wert waren, die man ihnen bezahlte, da sie lediglich mit Schere und Kleber umzugehen verstanden.

Wie also stellt man es an, die Macht zu behalten, die sich aus dem Besitz eines Geheimnisses ergibt, und gleichzeitig zu vermeiden, dass dieses Geheimnis bekannt wird? Man brüstet sich mit einem leeren Geheimnis. Ein Geheimnis zu haben und es nicht zu enthüllen heißt nicht zu lügen, höchstens eine äußerste Form von Zurückhaltung zu wahren. Aber zu sagen, man habe ein Geheimnis, während es gar nicht existiert, heißt *rings um das Geheimnis zu lügen*. Schon Georg Simmel hatte daran erinnert, dass bereits »unter Kindern [...] sich oft ein Stolz und Sich-Berühmen darauf gründet, daß das eine zum andern sagen kann: ›Ich weiß was, was du nicht weißt‹ – und zwar so weitgehend, daß dies als formales Mittel der Prahlerei und Deklassierung des Andern geäußert wird, auch wo es ganz erlogen ist und gar kein Geheimnis besessen wird«.[9]

Das Pseudo-Geheimnis der Kinder beeindruckt nur andere Kinder, doch das Pseudo-Geheimnis vieler Initiationsgruppen (oder vieler Geheimdienste) beeindruckt Erwachsene, die gerne Geheimnisse aufdecken und immer bereitwillig davon ausgehen, dass es sie wirklich gibt.

Vielleicht ist einigen hier bekannt, dass ich dieses Syndrom des leeren Geheimnisses in meinem Roman *Das Foucaultsche Pendel* behandelt habe. Darin hecken drei sarkastisch gelehrte Freunde oder gelehrte Sarkastiker einen »Großen Plan« der Weltgeschichte aus, wozu sie alle möglichen Abstrusitäten aus den okkultistischen Schriften heranziehen (auf die später, aber nicht zum Spaß, Dan Brown für seinen *Da*

Félicien Rops
Titelblatt zu *L'Initiation sentimentale*, 19. Jahrhundert
Paris, Musée d'Orsay

Vinci Code zugegriffen hat). Die drei Freunde wissen nicht, worin das Geheimnis des Großen Plans letztendlich bestehen soll, und machen sich einen Spaß daraus, es im Unbestimmten zu belassen, doch eine Meute hauptberuflicher Okkultisten nimmt sie ernst, und in einem finalen Hexentanz wird Jacopo Belbo am Foucaultschen Pendel erhängt. Aber kurz zuvor hatte sich dieser, fasziniert von seinem leeren Geheimnis und ganz in seinem Spiel befangen, in den *files* auf seinem Computer notiert:

> Glaub an ein Geheimnis, und du fühlst dich eingeweiht. Kostet nichts. Eine immense Hoffnung erzeugen, die nie entwurzelt werden kann, weil keine Wurzel da ist. Vorfahren, die man nie hatte, werden nie kommen und sagen, man hätte sie verraten. [...] Eine Wahrheit mit unbestimmten Rändern erfinden: sobald jemand sie zu definieren versucht, wird er exkommuniziert. Immer nur denen recht geben, die unbestimmter sind als du.[10]

Und nach Belbos Tod schrieb sein Freund Casaubon, der Erzähler des Romans, erschüttert:

> Wir hatten einen nicht-existenten Plan erfunden, und *sie* hatten ihn nicht nur für wahr und real gehalten, sondern [...] hatten die Fragmente ihrer krausen Vorstellungen und konfusen Projekte als Teile unseres Plans identifiziert, zusammengefügt nach einer unwiderleglichen Logik der Analogie, der Ähnlichkeit und des Verdachts. Aber wenn man einen Plan erfindet, und die anderen führen ihn aus, dann ist es, als ob der Plan existierte. Beziehungsweise dann existiert er wirklich. Von nun an werden Scharen von Diabolikern durch die Welt ziehen, um die Karte zu finden. Wir boten unsere Karte Leuten an, die gegen eine tiefe Frustration ankämpften. Was für eine Frustration? Das hatte mir Belbos letzter *file* angedeutet: Es gäbe kein Scheitern, wenn da wirklich ein Großer Plan wäre. Niederlagen ja, aber nicht aus eigener Schuld. Einem kosmischen Komplott zu unterliegen ist keine Schande. [...] Beklage dich nicht, dass du sterblich bist, eine Beute unzähliger Mikroorganismen, die du nicht beherrschst. Du bist nicht verant-

wortlich für deine schlecht greifenden Füße, für den Verlust des Schwanzes, für die Haare und Zähne, die dir nicht nachwachsen, für die Neuronen, die du rings um dich her verstreust, für die Arterien, die in dir verkalken. Verantwortlich sind die Neidischen Engel. Dasselbe gilt für das Alltagsleben. Und für die Börsenkräche. Sie kommen zustande, weil jeder eine falsche Bewegung macht, bis alle falschen Bewegungen zusammen eine Panik erzeugen. Dann fragt sich jeder, der keine starken Nerven hat: Wer steckt hinter diesem Komplott, und wem nützt es? Und wehe, du findest dann keinen Feind, dem du das Komplott in die Schuhe schieben kannst, du würdest dich selber schuldig fühlen. Oder, da du dich selber ja schuldig fühlst, du erfindest einfach ein Komplott, oder besser noch viele. Und um die Komplotte der andern zu durch-kreuzen, musst du dein eigenes organisieren.

Und je mehr du dir fremde Komplotte ausdenkst, um deine eigene Verständnislosigkeit zu rechtfertigen, desto mehr verliebst du dich in deine Phantasien und entwirfst dein eigenes Komplott nach ihrem Muster. [...] Gott blendet, wen er verderben will, man muss Ihm nur dabei helfen. Ein Komplott muss, wenn es denn eines sein soll, geheim sein. Es muss ein Geheimnis geben, dessen Kenntnis, hätten wir sie, uns entfrustrieren würde, denn entweder wäre es das Geheimnis, das uns zum Heil führt, oder die Kenntnis des Geheimnisses wäre mit dem Heil identisch. Gibt es ein so leuch-tendes Geheimnis? Gewiss, vorausgesetzt, es wird nie enthüllt. Einmal enthüllt, würde es uns nur enttäuschen. Hatte Agliè mir nicht von der Begierde nach Mysterien erzählt, die das erste Jahr-hundert nach Christus durchzog, die Epoche der Antonine? Ob-wohl doch gerade erst einer erschienen war, der sich als Gottes Sohn bezeichnet hatte, als Gottes Sohn, der Fleisch geworden sei, um die Welt von ihren Sünden zu erlösen. War das vielleicht ein Dreigroschengeheimnis? Und er versprach das Heil *allen*, man brauchte bloß seinen Nächsten zu lieben. Was das ein Geheimnis für Habenichtse? Und er hinterließ als Vermächtnis, dass jeder, der zur rechten Zeit die richtigen Worte sprach, ein Stückchen Brot und einen Krug Wein in das Fleisch und das Blut des Gottessohnes verwandeln und sich daran nähren konnte. War das ein Rätsel zum Wegwerfen? Und er brachte die Kirchenväter dazu, erst zu erwägen und dann zu erklären, dass Gott *einer und drei* sei und dass der Geist vom Vater und vom Sohne ausgehe, nicht aber der Sohn vom Vater und vom Geist. War das eine Formel für Hyliker? Und doch blieben jene, die nun das Heil in Reichweite hatten – *do it yourself* –, taub und verstockt. Das sollte die ganze Enthüllung, die ganze Offenbarung sein? Wie banal! Und so suchten sie hysterisch weiter im ganzen Mittelmeerraum nach einem anderen verlorenen Wissen, einem, für das diese Dreißig-Silberling-Dogmen nur die oberflächlichen Schleier waren, das Gleichnis für die Armen im Geiste [...] Mysterium der Trinität? Zu einfach, dahinter muss noch was anderes stecken!

Jemand, vielleicht war es Rubinstein, sagte einmal, als er gefragt wurde, ob er an Gott glaube: »O nein, ich glaube ... an etwas viel Größeres ...« [...] Aber ein anderer (war es Chesterton?) sagte: »Seit die Menschen nicht mehr an Gott glauben, glauben sie nicht etwa an nichts mehr, sondern an alles.« Aber *alles* ist kein größeres Geheimnis. Es gibt überhaupt keine »größeren Geheimnisse«, denn kaum sind sie aufgedeckt, erscheinen sie klein. Es gibt nur ein *leeres* Geheimnis. Ein Geheimnis, das einem ständig wegrutscht. [...] Man pellt das Universum wie eine Zwiebel, und eine Zwiebel ist nichts anderes als Pelle, denken wir uns eine endlose Zwiebel, die ihr Zentrum überall hat und ihre Außenhaut nirgends, Initiation ist endlos wie ein Möbiussches Band. Der wahre Initiierte ist der, der weiß, dass das mächtigste Geheimnis ein Geheimnis ohne Inhalt ist, denn kein Feind kann ihn zwingen, es zu enthüllen, und kein Gläubiger kann es ihm wegnehmen [...] Jacopo Belbo hatte behauptet, ein Geheimnis zu besitzen, und deshalb hatte er Macht über *sie* gewonnen. [...] Und je mehr Belbo sich weigerte, es zu enthüllen, desto mehr glaubten sie, es müsse ein großes

Geheimnis sein, und je mehr er schwor, es nicht zu besitzen, desto mehr waren sie überzeugt, dass er es besitze und dass es ein echtes Geheimnis sei, denn wenn es ein falsches gewesen wäre, hätte er es enthüllt. Jahrhundertelang war die Suche nach diesem Geheimnis das Band gewesen, das sie alle zusammengehalten hatte, trotz aller gegenseitigen Exkommunikationen, internen Machtkämpfe und Putsche. Nun waren sie kurz davor, es zu erfahren. Und da überfielen sie zwei Ängste: dass die Enthüllung des Geheimnisses sie enttäuschen könnte und dass es – wenn es einmal enthüllt war – kein Geheimnis mehr sein würde. Das wäre ihr Ende gewesen. An diesem Punkt hatte Agliè begriffen: wenn Belbo reden würde, würden es alle hören, und er, Agliè, würde die Aura verlieren, die ihm sein Charisma und seine Macht verlieh. [...] Er zwang Belbo, einen schärferen Ton anzuschlagen und endgültig nein zu sagen. Und aus derselben Angst zogen es die anderen vor, Belbo zu töten. Zwar verloren sie damit die Aussicht auf die gesuchte Karte – sie hatten ja noch Jahrhunderte Zeit, nach ihr zu suchen –, aber sie retteten sich die Jugendfrische ihrer alternden und sabbernden Begierde.[11]

Dies also ist das wahre Geheimnis: Die hochgespannte Erwartung eines unverletzlichen und unerreichbaren Geheimnisses ist eine sabbernde Begierde. Es genügt nicht zu wissen, dass ein paar Kamikazetypen von Al-Qaida die Zwillingstürme zerstört haben. Wir geben uns nie mit dem zufrieden, was vor aller Augen liegt, denn wir sind Kinder eines tolpatschigen und schludrigen Demiurgen.

[Vortrag im Rahmen der Milanesiana 2013, *Das Geheimnis*]

Flämische Schule
Die Trinität, um 1500
Privatsammlung

Amerikanische Ausgabe von *Das Komplott: Die wahre Geschichte der Protokolle der Weisen von Zion* von Will Eisner, 2005

Komplotte, Verschwörungen, Konspirationen

Da ich mich hier zum Thema Obsession äußern soll, kam ich darauf, dass eine der Obsessionen unserer Zeit fraglos die der Komplotte und Verschwörungen ist. Schon ein kleiner Ausflug ins Internet macht uns deutlich, wie viele (offensichtlich an den Haaren herbeigezogene) Komplotte überall entdeckt werden. Die Obsession der Verschwörung betrifft jedoch nicht nur unsere Gegenwart, sondern auch die Vergangenheit.

Dass es in der Geschichte Verschwörungen gab und immer gegeben hat, scheint mir evident zu sein, vom Komplott zur Ermordung Julius Cäsars über die Pulververschwörung in England und Georges Cadoudals Konspiration der Höllenmaschine in Frankreich bis hin zu den heutigen Finanzkomplotten, mit denen Aktiengesellschaften zur Macht an der Börse verholfen werden soll. Aber für reale Verschwörungen ist es charakteristisch, dass sie alsbald aufgedeckt werden, sowohl wenn sie erfolgreich sind (wie bei Julius Cäsar) als auch wenn sie scheitern, wie das Orsini-Komplott zur Ermordung Napoleons III. oder der versuchte Staatsstreich, den Junio Valerio Borghese Ende 1969 in Italien organisierte, oder auch die Konspirationen des Freimaurers Licio Gelli. Reale Verschwörungen sind also keineswegs mysteriös, weshalb sie uns hier auch nicht weiter interessieren.

Interessant ist dagegen das Phänomen des Verschwörungssyndroms und des Erdichtens bisweilen sogar weltumspannender Konspirationen, von denen es im Internet geradezu wimmelt und die mysteriös und unerforschlich bleiben, weil für sie dasselbe gilt wie für das Geheimnis, über das der Soziologe Georg Simmel geschrieben hat, dass

Jean-Léon Gérôme
Cäsars Tod, 1859–67
Baltimore, Walters Art Museum

es umso mächtiger und verlockender wird, je leerer es ist. Ein leeres Geheimnis erhebt sich drohend und kann weder aufgedeckt noch widerlegt werden, und genau deshalb wird es zu einem Machtinstrument.

Beginnen wir mit dem König aller Komplotte, mit dem sich zahlreiche Internetseiten beschäftigen: dem des 11. Septembers. Viele Theorien dazu sind im Umlauf, angefangen bei den extremistischen (auf arabischen oder neonazistischen Webseiten), denen zufolge der Anschlag von den Juden organisiert worden sein soll, denn angeblich hätten alle in den beiden Wolkenkratzern arbeitenden Juden die Information bekommen, an jenem Tag nicht zur Arbeit zu gehen.

Diese durch den libanesischen Fernsehsender al-Manar verbreitete Nachricht war offenkundig falsch: Tatsächlich kamen im Feuer der Zwillingstürme mindestens zweihundert Bürger mit israelischem Pass ums Leben, zusammen mit vielen Hunderten amerikanischer Juden.

Sodann gibt es die Anti-Bush-Theorien, nach denen das Attentat im Auftrag des US-Präsidenten organisiert wurde, um einen Vorwand

Romano Vittori
Attentat von Felice Orsini vom 14. Januar 1858, 1862
Paris, Musée Carnavalet

für die Invasion Afghanistans und des Irak zu haben. Und es kursieren
Theorien, die den Anschlag diversen mehr oder minder auf Abwege
geratenen amerikanischen Geheimdiensten zuschreiben; nach einer
davon sei das Komplott zwar arabisch-fundamentalistisch motiviert,
aber der amerikanischen Regierung vorher bekannt gewesen, nur habe
sie die Attacke laufen lassen, um wie gesagt einen Vorwand für den
Angriff auf Afghanistan und den Irak zu haben (ähnlich wie Roosevelt
einst nachgesagt wurde, er habe von dem bevorstehenden Angriff auf
Pearl Harbor gewusst, aber nichts unternommen, um seine Flotte in
Sicherheit zu bringen, da er einen Vorwand gebraucht habe, um den
Krieg gegen Japan zu beginnen). In all diesen Fällen behaupten die Ver-
fechter mindestens einer dieser Verschwörungstheorien, dass die of-
fizielle Rekonstruktion der Fakten bewusst gefälscht, betrügerisch und
zudem albern sei.

Wer sich ein genaueres Bild von diesen Verschwörungstheorien machen will, lese das Buch *Zero. Perché la versione ufficiale sull' 11/9 è un*

falso, herausgegeben von Giulietto Chiesa und Roberto Vignoli, erschienen 2007 im Verlag Piemme.[1] Sie werden es nicht glauben, aber darin finden sich Beiträge von höchst angesehenen Personen, deren Namen ich hier aus Respekt verschweige.

Wer jedoch auch die Gegenseite hören möchte, bedanke sich beim selben Verlag, der mit bewundernswerter *aequitas animae* (und mit der offenkundigen Fähigkeit, zwei gegensätzliche Marktbereiche zu erobern) im selben Jahr auch ein Buch *gegen* die Verschwörungstheorien herausgebracht hat: *11/9. La cospirazione impossibile*, herausgegeben von Massimo Polidoro, mit Beiträgen ebenso angesehener Persönlichkeiten. Ich möchte hier nicht auf die Einzelheiten der von den Vertretern beider Seiten angeführten Argumente eingehen, die allesamt überzeugend klingen mögen, sondern mich bloß auf das berufen, was ich den »Beweis des Schweigens« nenne. Ein Paradebeispiel für diesen Beweis des Schweigens kann man etwa gegen jene ins Feld führen, die insinuieren, dass die amerikanische Landung auf dem Mond eine Fälschung im Fernsehstudio gewesen sei. Wenn das amerikanische Raumschiff nicht auf dem Mond gelandet wäre, hätte sich damals jemand klar und deutlich dazu geäußert, denn es gab jemanden, der in der Lage war, es zu überprüfen, und der ein Interesse daran gehabt hätte, die »Wahrheit« ans Licht zu bringen, nämlich die Sowjetunion. Dass die Sowjets damals geschwiegen haben, ist für mich der Beweis, dass die Amerikaner wirklich auf dem Mond gelandet sind. Punkt und basta.

Was schließlich die Verschwörungen und die Geheimnisse angeht, so sagt uns die Erfahrung (auch die historische) Folgendes: 1.) Wenn es ein Geheimnis gibt, sei es auch nur einer einzigen Person bekannt, so wird diese Person es früher oder später offenbaren, womöglich im Bett ihrem Liebhaber – nur die naiven Freimaurer und die Adepten gewisser kindischer Templerriten glauben an ein Geheimnis, das niemals ans Licht kommt. 2.) Wenn es ein Geheimnis gibt, wird es immer auch eine angemessene Summe geben, für die jemand bereit ist, es zu enthüllen (ein paar Hunderttausend Pfund Sterling als Honorar für Autorenrechte genügten, um einen Offizier der britischen Armee alles erzählen zu lassen, was er mit Prinzessin Diana im Bett gemacht hat; und hätte er es mit Dianas Schwiegermutter getan, hätte es genügt, die Summe zu verdoppeln, und ein Gentleman seines Schlages hätte auch darüber ausgepackt). Um nun einen vorgetäuschten Anschlag auf die Twin Towers zu organisieren (also sie zu verminen, der Luftwaffe zu bedeuten, dass sie nicht eingreifen soll, störende Beweise zu beseitigen usw.), wäre die Mitwirkung wenn nicht Tausender, so doch zumindest Hunderter von Personen nötig gewesen. Die zu solchen Zwecken eingespannten Personen sind jedoch gewöhnlich keine Gentlemen, und es ist ganz undenkbar, dass nicht wenigstens eine von ihnen für eine entsprechende Summe geredet hätte. Kurzum, in dieser Geschichte fehlt der Tiefe Schlund.*

Das Verschwörungssyndrom ist so alt wie die Welt, und wer seine Philosophie am besten beschrieben hat, war Karl Popper. Schon in den Vierzigerjahren hatte er in *Die offene Gesellschaft und ihre Feinde* über die »Verschwörungstheorie der Gesellschaft« geschrieben:

Diese Theorie behauptet, daß die Erklärung eines sozialen Phänomens in der Entdeckung besteht, daß Menschen oder Gruppen an dem Eintreten dieses Ereignisses interessiert waren und daß sie konspiriert haben, um es herbeizuführen. (Ihre Interessen sind manchmal verborgen und müssen erst enthüllt werden.)

Diese Ansicht von den Zielen der Sozialwissenschaften entspringt natürlich der falschen Theorie, daß, was immer sich in einer Gesellschaft ereignet, das Ergebnis eines Planes mächtiger Individuen oder Gruppen ist. Besonders Ereignisse wie Krieg, Arbeitslosigkeit, Armut, Knappheit, also Ereignisse, die wir als unangenehm empfinden, werden von dieser Theorie als gewollt und geplant erklärt. [...] In ihren modernen Formen ist die Theorie ein typisches Ergebnis der Verweltlichung eines religiösen Aberglaubens. [...] Der

---

* Anspielung auf »Deep Throat«, das Pseudonym des Hauptinformanten der Watergate-Affäre 1972/73, der erst 2005 enttarnt wurde (A. d. Ü.).

Umschlag des Bandes *Die jüdische Gefahr. Die Protokolle der Weisen von Zion*, verfasst mutmaßlich um 1900 von Matthieu Golovinski
Privatsammlung

Glaube an die homerischen Götter, deren Verschwörungen die Geschichte des trojanischen Krieges erklären, ist verschwunden. Die Götter sind abgeschafft. Aber ihre Stelle nehmen mächtige Männer oder Verbände ein – unheilvolle Machtgruppen, deren böse Absichten für alle Übel verantwortlich sind, unter denen wir leiden –, wie die Weisen von Zion, die Kapitalisten, die Monopolisten oder die Imperialisten.

Ich will nicht sagen, daß Verschwörungen sich niemals ereignen. Im Gegenteil: Verschwörungen sind ein typisches soziales Phänomen. Sie werden zum Beispiel immer dann wichtig, wenn Menschen an die Macht kommen, die an die Verschwörungstheorie glauben. Und Menschen, die allen Ernstes zu wissen glauben, wie man den Himmel auf Erden errichtet, werden aller Wahrscheinlichkeit nach die Verschwörungstheorie übernehmen, und sie werden sich in eine Gegenverschwörung gegen nicht existierende Verschwörer verwickeln lassen.[2]

Und 1969 präzisierte Popper dann in *Conjectures and Refutations*:
Diese Theorie ist viel primitiver als die meisten Formen des Theismus; sie ähnelt Homers Gesellschaftstheorie. Homer sah die Macht der Götter so, daß alles, was auf dem Feld von Troja geschah, nur die verschiedenen Verschwörungen auf dem Olymp widerspiegelte. Die Verschwörungstheorie der Gesellschaft ist nur eine Variante des Theismus, eines Glaubens an Götter, deren Launen und Willen alles beherrscht. Sie kommt davon, daß man Gott aufgibt und dann die Frage stellt: ›Wer nimmt seinen Platz ein?‹ Sein Platz wird dann besetzt durch verschiedene mächtige Menschen und Gruppen – durch finstere Interessengruppen, denen dann unterstellt wird, daß sie die große Depression geplant haben, und alle Übel, an denen wir leiden. [...] Nur wenn Verschwörungstheoretiker an die Macht kommen, bekommt sie einen gewissen Erklärungswert für die tatsächlichen Ereignisse [...] Zum Beispiel, als Hitler an die Macht kam, der an den Mythos der Verschwörung der Weisen von Zion glaubte, versuchte er sogleich,

diese eingebildete Verschwörung mit seiner eigenen, wirklichen Verschwörung zu bekämpfen.[3]

Die Psychologie des Komplotts entsteht aus der Tatsache, dass die offensichtlichsten Erklärungen vieler besorgniserregender Dinge uns nicht befriedigen, und das nicht selten, weil es uns wehtut, sie zu akzeptieren. Man denke nur an die Theorie des »Großen Alten« nach der Entführung von Aldo Moro: Wie ist es möglich, fragte man sich, dass Dreißigjährige eine so perfekte Aktion planen und durchführen konnten? Da muss doch ein erfahreneres Gehirn dahintergesteckt haben. Ohne zu bedenken, dass andere Dreißigjährige Firmen leiteten, Jumbojets flogen oder neue elektronische Geräte erfanden. Das Problem war also nicht, wie Dreißigjährige es schaffen konnten, mitten in Rom den Premierminister zu entführen, sondern dass diese Dreißigjährigen Söhne derer waren, die vom Großen Alten fabulierten.

In der Nachfolge Poppers ist das Verschwörungssyndrom auch von vielen anderen Autoren untersucht worden, ich nenne hier nur Daniel Pipes, dessen Buch *Il lato oscuro della storia* [Die dunkle Seite der Geschichte] 2005 in italienischer Übersetzung erschienen ist. Im Original war es bereits 1997 unter dem deutlicheren Titel *Conspiracy* veröffentlicht worden (mit dem Untertitel »Wie der paranoide Stil floriert und woher er kommt«).[4] Das Buch beginnt mit einem Zitat von Metternich, der, als er vom Tod des russischen Botschafters in Wien hörte, gesagt haben soll: »Was werden seine Beweggründe gewesen sein?«

Die Menschheit war seit jeher fasziniert von eingebildeten Komplotten. Popper zitiert Homer, aber für neuere Zeiten erinnern wir an den Abbé Barruel, der die Französische Revolution einer Verschwörung der mittelalterlichen Tempelritter zuschrieb, die überlebt hätten und in Freimaurersekten aufgegangen seien, und an die Vervollständigung seiner Theorie durch einen mysteriösen Hauptmann Simonini, der auch noch die Juden ins Spiel gebracht hat, sodass die Grundlage für die späteren *Protokolle der Weisen von Zion* gelegt war.

Kürzlich bin ich im Internet auf eine Website gestoßen, die alle Niedertracht der beiden letzten Jahrhunderte den Jesuiten zuschreibt.

Präsentiert wird ein langer Text mit dem Titel *Le monde malade des jésuites* von Joël Labruyère. Wie der Titel nahelegt, handelt es sich um eine umfangreiche Auflistung aller Ereignisse der Welt (nicht nur der zeitgenössischen), die auf die jesuitische Weltverschwörung zurückgehen.

Die Jesuiten des 19. Jahrhunderts, von Abbé Barruel bis zur Gründung der Zeitschrift *Civiltà cattolica* und zu den Romanen von Pater Bresciani, gehörten zu den wichtigsten Inspiratoren der Theorie von der jüdisch-freimaurerischen Weltverschwörung, und es war nur gerecht, dass es ihnen vonseiten der Liberalen, der Mazzinianer, Freimaurer und Antiklerikalen mit gleicher Münze heimgezahlt wurde, nämlich mit der Theorie von der jesuitischen Weltverschwörung, die nicht nur durch einige Streitschriften und berühmte Bücher Verbreitung fand, von Pascals *Provinciales* bis zu Giobertis *Il Gesuita moderno* und zu den Schriften von Michelet und Quinet, sondern auch durch die populären Romane von Eugène Sue, *Der Ewige Jude* (1844–45) und *Die Geheimnisse des Volkes* (1849–57).

Nichts Neues also, aber die Website von Labruyère treibt die Jesuiten-Obsession auf die Spitze. Ich fasse nur kurz zusammen, weil die Komplottfantasie Labruyères geradezu homerische Dimensionen annimmt. Also die Jesuiten sind stets darauf aus gewesen, eine Weltregierung zu konstituieren, die sowohl den Papst als auch die verschiedenen europäischen Monarchien kontrolliert. Durch den berüchtigten Illuminatenorden (den die Jesuiten selber gegründet hatten, um ihn dann als kommunistisch zu denunzieren) versuchten sie, jene Monarchen zu stürzen, die die Gesellschaft Jesu aus ihren Reichen verbannt hatten. Es waren die Jesuiten, die den Untergang der *Titanic* verursacht hatten, weil es ihnen durch diesen Unfall möglich wurde, die Federal Reserve Bank zu gründen, vermittelt durch die von ihnen kontrollierten Malteserritter – und nicht zufällig sind beim Untergang der *Titanic* die drei reichsten Juden der damaligen Welt gestorben, Astor, Guggenheim und Strauss, die sich der Gründung jener Bank widersetzt hatten. Mithilfe der Federal Reserve Bank haben die Jesuiten dann die beiden

Jesuiten im Konklave diskutieren über Rechnungen
19. Jahrhundert
Chatsworth House, Sammlung des Duke of Devonshire

Marc Chagall
Ahasver, la figure légendaire du Juif errant, 1923
Genf, Musée di Petit Palais

Weltkriege finanziert, die eindeutig nur dem Vatikan Vorteile gebracht haben. Was den Mord an Kennedy angeht – wenn wir nicht vergessen, dass auch die CIA als ein jesuitisches Programm entstanden ist, inspiriert von den geistlichen Exerzitien des Ignatius von Loyola, und dass Jesuiten sie durch den sowjetischen KGB kontrollierten –, so verstehen wir, dass Kennedy von denselben Leuten ermordet worden ist, die schon die *Titanic* hatten untergehen lassen.

Natürlich sind auch sämtliche neonazistischen und antisemitischen Gruppierungen jesuitisch inspiriert, die Jesuiten standen hinter Nixon und Clinton, es waren Jesuiten, die das Massaker von Oklahoma City planten, von Jesuiten inspiriert war Kardinal Spellman, der den Vietnamkrieg förderte, an dem die jesuitische Federal Bank zweihundertzwanzig Millionen Dollar verdient hat. Natürlich darf in diesem Rahmen auch nicht die Organisation Opus Dei fehlen, die die Jesuiten durch die Malteserritter kontrollieren.

Dies nun bringt uns zu Dan Browns *Da Vinci Code*, einem Roman, der das Verschwörungssyndrom zu seinem Rohstoff gemacht und damit Legionen leichtgläubiger Leser gezwungen hat, Orte in Frankreich und in England aufzusuchen, wo sich die beschriebenen Dinge ganz offenkundig nicht befanden. Brown schmückt seine Erzählung fröhlich mit zahllosen Schnitzern aus, etwa wenn er behauptet, das Priorat von Zion sei in Jerusalem von einem »französischen König mit Namen Gottfried von Bouillon« gegründet worden, obwohl doch Gottfried bekanntlich die Königswürde nie akzeptiert hat; oder dass Papst Clemens V. zur Beseitigung der Templer »versiegelte Geheimbefehle ausgesandt hatte, die seine Soldaten in ganz Europa am Freitag, den 13. Oktober 1307, hätten öffnen sollen«, obwohl doch geschichtlich belegt ist, dass die Botschaften an die Vögte und Seneschallen des Königreichs Frankreich nicht vom Papst, sondern von Philipp dem Schönen verschickt wurden (und genauso wenig ist klar, wie der Papst »Soldaten in ganz Europa« gehabt haben soll); oder wenn Brown die 1947 in Qumran gefundenen Schriftrollen (die weder von der »wahren Geschichte des Gral« noch vom »Reich Christi« sprechen) mit den Schriften von Nag Hammadi verwechselt, die einige gnostische Evangelien enthalten. Oder wenn er schließlich von einer Sonnenuhr in der Kirche Saint-Sulpice in Paris behauptet, es handle sich um »einen Überrest des heidnischen Tempels, der einstmals genau an jener Stelle stand«, und dort erscheine eine sogenannte Rosenlinie, die dem Nullmeridian von Paris entspreche und sich bis ins Untergeschoss des Louvre fortsetze, unterhalb der sogenannten umgekehrten Glaspyramide, wo sich angeblich die letzte Stätte des Heiligen Grals befinde. Prompt begeben sich auch heute noch zahlreiche Geheimnissucher auf Pilgerreise nach Saint-Sulpice, um nach der Rosenlinie zu suchen, sodass sich die Kirchenleitung veranlasst sah, am Eingang eine Plakette mit folgender Richtigstellung anzubringen:

Die *Méridienne* [der »Mittagsweiser«] in Gestalt einer Messinglinie im Fußboden der Kirche ist Teil eines wissenschaftlichen Messinstrumentes, das im 18. Jahrhundert konstruiert wurde. Dies erfolgte durch die Astronomen des kurz zuvor eingerichteten Observatoriums von Paris und in vollem Einverständnis mit den kirchlichen Behörden. Die Linie wurde benutzt, um verschiedene Parameter der Erdkugel zu bestimmen [...] Anders als ein neuer Bestsellerroman fantasievoll behauptet, handelt es sich dabei nicht um die Überreste eines heidnischen Tempels, den es an dieser Stelle nie gegeben hat. Auch wurde sie nie Rosenlinie genannt. Sie ist auch nicht deckungsgleich mit dem Meridian, der den Mittelpunkt des Observatoriums durchläuft und den Karten, auf denen die Längengrade in Gradabweichungen östlich oder westlich von Paris angegeben werden, als Bezugspunkt dient. Von diesem astronomischen Instrument lässt sich keinerlei mystischer Begriff ableiten, es sei denn die Erkenntnis, dass allein der Schöpfergott Herr über die Zeit ist. Auch beachte man, dass die Buchstaben P und S in den kleinen Rundfenstern zu beiden Seiten der Vierung sich auf Pierre und Sulpice beziehen, die Patrone der Kirche, und nicht auf ein fiktives Priorat von [S]ion.

Weshalb haben Ammenmärchen so großen Erfolg? Weil sie ein Wissen verheißen, das nicht allen zugänglich ist. Erst kürzlich hat Frédéric Lordon in *Le Monde Diplomatique* die Hypothese aufgestellt, das Verschwörungssyndrom sei die Reaktion einer Bevölkerung, die gerne begreifen würde, was gerade passiert, aber feststellen muss, dass ihr der Zugang zu umfänglicher Information oft verwehrt wird. Und er zitiert Spinozas *Theologisch-politischen Traktat* (damit sind wir im 17. Jahrhundert), in dem es heißt: »Es überrascht nicht, dass der Pöbel weder Wahrheit noch Urteilskraft hat, solange die Staatsgeschäfte ohne sein Wissen verhandelt werden.« Doch zwischen Staatsgeheimnis, Verschwiegenheit und Komplott liegt noch ein gewisser Unterschied. So schreibt Richard Hofstadter in seinem Buch *The Paranoid Style in American Politics* (London 1965), die Lust am Komplott sei nur zu erklären, wenn man die Kategorien der Psychiatrie auf das gesellschaftliche Denken anwende. Es handle sich um zwei Formen von Paranoia. Der klinisch kranke Paranoiker sehe die ganze Welt gegen seine Person verschworen, während der Sozialparanoiker der Ansicht sei, die Verfolgung durch geheime Mächte richte sich gegen seine Bezugsgruppe, seine Nation oder seine Religion. Ich halte den Sozialparanoiker für gefährlicher als den klinisch kranken Paranoiker, weil er seine Obsessionen von Millionen anderer Menschen geteilt sieht und den Eindruck hat, er handle uneigennützig gegen das Komplott. Dies erklärt manches von dem, was heute in der Welt geschieht, nicht nur vieles von dem, was gestern geschah.

Auch Pier Paolo Pasolini hatte einmal geschrieben, dass Verschwörungen uns faszinieren, weil sie uns von der Last befreien, uns mit der Wahrheit auseinanderzusetzen. Nun könnte es uns ja gleichgültig sein, ob die Welt von Verschwörern wimmelt: Wer glaubt, die Amerikaner seien nicht auf dem Mond gelandet, ist selber schuld. In einem Online-Artikel mit dem Titel »The social consequences of conspiracism« ziehen Daniel Jolley und Karen M. Douglas aus diversen Studien den Schluss, »dass bei Menschen, die ihre Informationen vorwiegend aus Verschwörungstheorien beziehen, die Lust auf politische Betätigung geringer ist als bei solchen, deren Informationen auf Widerlegung der

Verschwörungstheorien abzielen«.[5] Wenn man tatsächlich davon überzeugt ist, dass die Weltgeschichte von Geheimgesellschaften gelenkt wird, seien es die Illuminaten oder die Gruppe Bilderberg, die im Begriff sind, eine neue Weltordnung zu errichten – was kann ich als Einzelner dagegen tun? Ich gebe auf und ziehe mich wütend in mein Schneckenhaus zurück. Jede Verschwörungstheorie richtet die öffentliche Fantasie auf inexistente Gefahren und lenkt sie von den echten Bedrohungen ab. Wie Noam Chomsky einmal bemerkte, als er sich gleichsam eine Verschwörung der Verschwörungstheorien ausdachte: Von den Hirngespinsten über ein mutmaßliches Komplott profitieren vor allem diejenigen Institutionen, auf die es die Verschwörungstheorie abgesehen hatte. Mit anderen Worten, wenn man sich vorstellt, Bush habe für den Einsturz der Twin Towers gesorgt, um den Irakkrieg zu rechtfertigen, bewegt man sich zwischen verschiedenen Halluzinationen und verzichtet darauf, die Techniken und wirklichen Gründe für Bushs Intervention im Irak zu analysieren und zu klären, welchen Einfluss die Neocons auf ihn und seine Politik gehabt haben.

Aber hier möchte ich mich weniger mit dem Umsichgreifen des Verschwörungssyndroms beschäftigen, das vor unser aller Augen stattfindet, sondern mit den, sagen wir, pseudo-semiotischen Techniken, mit denen die vermeintlichen Verschwörungen nachgewiesen und gerechtfertigt werden.

Gewöhnlich bedient sich eine Verschwörungstheorie zufälliger Koinzidenzen, die mit Bedeutung aufgeladen werden, und kombiniert Fakten, die nichts miteinander zu tun haben. Um ein Beispiel zu geben, hier eine hübsche Reihe von Zufälligkeiten, die, wenn noch nicht zu Verschwörungstheorien ausgeartet, zumindest auf dem besten Weg dahin sind. Im Internet lese ich: Abraham Lincoln wurde 1846 in den Kongress gewählt und John F. Kennedy 1946; Lincoln wurde 1860 zum Präsidenten gewählt und Kennedy 1960. Die Gattinnen von beiden verloren ein Kind, während sie im Weißen Haus residierten. Beide wurden an einem Freitag von einem Südstaatler in den Kopf geschossen. Lincolns Sekretär hieß Kennedy, und Kennedys Sekretärin hieß Lin-

Ermordung von Präsident Lincoln im Ford's Theatre in Washington
am 14. April 1865
Radierung, um 1900, Privatsammlung

coln. Lincolns Nachfolger war Andrew Johnson (geboren 1808), und Lyndon B. Johnson, der Nachfolger Kennedys, wurde 1908 geboren. John Wilkes Booth, der Mörder Lincolns, wurde 1839 geboren und Lee Harvey Oswald 1939. Lincoln wurde im Ford's Theatre getroffen und Kennedy in einem Wagen der Marke Ford Lincoln. Lincoln wurde in einem Theater erschossen, und sein Mörder versteckte sich in einem Lagerhaus. Der Mörder Kennedys schoss aus einem Lagerhaus und versteckte sich in einem Theater. Sowohl Booth als auch Oswald wurden erschossen, bevor es zu einem Prozess kam. Kirschlein auf der Torte (leicht anrüchig): Eine Woche vor seiner Ermordung war Lincoln in Monroe, Maryland gewesen. Eine Woche vor seiner Ermordung war Kennedy in Monroe, Marilyn gewesen.

Viele Spekulationen hat es auch über den Einsturz der Twin Towers und das dabei auffällig häufige Vorkommen der Zahl 11 gegeben.

Ebenfalls im Internet, um dabei zu bleiben, wird gezeigt, wie man, wenn man eine 50-Dollar-Note mit einer geradezu origamiartigen Technik faltet, ein Bild von den Zwillingstürmen in Flammen erhält, an dem man erkennt, dass eine Freimaurerverschwörung (es ist normal und kein Zufall, dass man auf amerikanischen Banknoten Freimaurersymbole findet, war doch ein Großteil der Verfasser der Unabhängigkeitserklärung Freimaurer) jene Katastrophe vorhergesehen und von langer Hand geplant hatte.

Fantasien dieser Art haben mich vor einiger Zeit dazu angeregt, eine Parodie auf Dan Browns *Da Vinci Code* zu verfassen. Betrachten wir Leonardos *Abendmahl*, so sehen wir dreizehn Personen am Tisch sitzen. Jesus und Judas (die beide kurz darauf sterben werden) nicht mitgerechnet, bleiben elf Tischgäste übrig. Elf ist die Anzahl der Buchstaben der beiden Namen Petrus und Judas, elf Buchstaben hat das Wort *Apocalypsis*, desgleichen der Titel *Ultima coena*, rechts und links neben Jesus sitzen je zwei Apostel mit ausgebreiteten Armen und einer mit ausgestrecktem Zeigefinger, sodass in beiden Fällen eine 11 gebildet wird. Und elf an der Zahl sind auch die großen Rechtecke (Seitenpaneele und Fenster), die auf dem Gemälde erscheinen. Mehr noch, wenn man, einem elementaren Prinzip der Kabbala folgend, den 26 Buchstaben des Alphabets eine fortlaufende Zahl zuordnet und jeden Buchstaben durch diese Zahl ersetzt, so ergibt der Name Leonardo da Vinci die Rechnung $12 + 5 + 15 + 14 + 1 + 18 + 4 + 15 + 4 + 1 + 22 + 9 + 14 + 3 + 9 = 146$, und die Quersumme von 146 ist 11. Führt man dieselbe Operation mit dem Namen Matthäus durch, so ist die Summe aus dem Zahlenwert der Buchstaben 74 und deren Quersumme wiederum 11. Elf mal elf ergibt 121: Zieht man davon die zehn Gebote ab, so erhält man 111.

Die Zahlenwerte der Buchstaben des Namens Judas betragen zusammengezählt 42, Quersumme 6. Das Auftauchen der Zahl 6 veranlasst uns, 111 mit 6 zu multiplizieren, und siehe da, schon sind wir bei 666, der »Zahl der Bestie«.

Somit verkündet das *Abendmahl*, indem es den Verrat an Jesus anprangert, zugleich die Ankunft des Antichristen.

Natürlich musste ich, damit die Rechnung aufging, Petrus lateinisch

Leonardo da Vinci
Das Abendmahl, 1494–98
Mailand, Santa Maria delle Grazie

Giotto
Reise der hl. Magdalena nach Marseille
Magdalenenkapelle, 1307–1308
Assisi, Basilika San Francesco

benennen und Matthäus italienisch (Matteo), Judas einmal italienisch (Giuda) und einmal eben Judas, *Ultima coena* musste lateinisch sein (nicht italienisch *Ultima cena*, wofür es keinen triftigen Grund gab), und um auf 111 zu kommen, musste ich die 10 Gebote abziehen und nicht etwa die fünf Wunden Christi oder die sieben Werke der Barmherzigkeit. Aber so geht es nun einmal bei der Numerologie.

Schließen möchte ich hier mit der Rekonstruktion eines weiteren hohlen Komplotts, das noch heute Tausende Neugierige in die Ortschaft Rennes-le-Château führt und auf der Idee beruht, Christus habe Maria Magdalena geheiratet, mit ihr die Dynastie der Merowinger begründet und damit ein phantomhaftes Priorat von Zion, das noch heute aktiv sei. Dieses Komplott verbindet sich, wie es nicht anders sein konnte, mit dem Geheimnis des Grals.

Die legendäre Reliquie hat verschlungene Wege zurückgelegt, sich bald da und bald dort befunden, und eine der jüngsten Legenden, die sich den Büchern des Nazis Otto Rahn verdankt, wollte sie in Montségur in Südfrankreich verorten. Die Gegend war also günstig für ein Wiederaufflackern der Legende, man brauchte nur einen Vorwand. Den lieferte die Geschichte des Abbé Bérenger Saunière, von 1885 bis 1909 Gemeindepfarrer in Rennes-le-Château, einer kleinen Ortschaft ungefähr vierzig Kilometer von Carcassonne entfernt. Saunière hatte die dortige Kirche außen und innen restauriert und sich als Wohnsitz eine Villa Bethanien errichtet, dazu einen Turm auf einem Hügel, den Magdala-Turm, der an den Davidsturm in Jerusalem erinnerte.

Die Baukosten waren auf 200 000 damalige Francs veranschlagt worden, was ungefähr zweihundert Jahresgehältern eines Provinzpfarrers entsprach, weshalb der Bischof von Carcassonne Ermittlungen eingeleitet und Saunière in eine andere Pfarrei versetzt hatte. Aber Saunière hatte sich geweigert und ins Privatleben zurückgezogen, wo er 1917 starb.

Nach seinem Tod jedoch begann es Hypothesen förmlich zu hageln. Es hieß, Saunière habe während der Renovierungsarbeiten in der Pfarrkirche einen Schatz gefunden. In Wahrheit hatte der gewiefte Pfarrer in Annoncen dafür geworben, dass ihm Geld geschickt werde, und den Spendern im Gegenzug versprochen, für ihre Verstorbenen Messen zu lesen, und so hatte er Geld für Hunderte von Messen erhalten, die er tatsächlich nie las – und eben deshalb hatte der Bischof von Carcassonne Ermittlungen gegen ihn aufgenommen.

Bei seinem Tod hinterließ Saunière alles von ihm Erbaute seiner Haushälterin Marie Dénarnaud, die, um dem Geerbten Wert zu verleihen, der Legende vom Schatz weiter Nahrung gab. 1946 erbte dann ihre Besitztümer eine gewisse Noël Corbu, eröffnete ein Restaurant im Dorf und streute in der Lokalpresse Nachrichten über das Geheimnis des »milliardenschweren Pfarrers«, was für die Ankunft etlicher Schatzjäger sorgte.

An diesem Punkt trat Pierre Plantard auf den Plan, ein Mann, der sich politisch in rechtsextremen Gruppen betätigt, antisemitische Gruppen gegründet und im Alter von siebzehn Jahren die Bewegung Alpha Galates ins Leben gerufen hatte, die auf der Seite des Kollaborationsregimes von Vichy stand. Was ihn nach der Befreiung nicht daran hinderte, seine Organisationen als Gruppen des Partisanenwiderstands zu verkaufen.

Im Dezember 1953, nachdem er wegen Vertrauensbruchs sechs Monate im Gefängnis gesessen hatte (später sollte er noch zu einem Jahr wegen Verführung Minderjähriger verurteilt werden), präsentierte Plantard sein Priorat von Zion, dem er auf der Grundlage von Dokumenten, die Saunière entdeckt habe, eine fast zweitausendjährige Geschichte zuschrieb. Angeblich bewiesen diese Dokumente das Überleben der merowingischen Herrscherlinie, und Plantard behauptete, von Dagobert II. abzustammen.

Plantards Schwindel überkreuzte sich dann mit einer Publikation von Gérard de Sède, der schon 1962 ein Buch über die Geheimnisse des Schlosses Gisors in der Normandie geschrieben hatte, wo er mit Roger Lhomoy in Kontakt gekommen war, einem Sonderling, halb Penner, halb Besessener, der eine Zeit lang als Gärtner und Aufseher im

Schloss gearbeitet und später zwei Jahre damit verbracht hatte, nachts im Keller nach antiken Geheimgängen zu graben, bis er schließlich verkündete, er sei auf einen Saal gestoßen, in dem er einen steinernen Altar gesehen habe, an den Wänden Bilder von Jesus und den zwölf Aposteln und längs der Wand aufgereiht steinerne Sarkophage und dreißig aus Edelmetall gearbeitete Truhen.

Alle später von de Sède angeregten Forschungen brachten zwar ein paar Tunnel zum Vorschein, führten aber nicht zu dem fabelhaften Saal. In der Zwischenzeit war de Sède jedoch von Plantard angesprochen worden, der behauptete, er besitze nicht nur geheime Dokumente, die er leider nicht vorzeigen könne, sondern auch eine Karte des geheimnisvollen Saales. Tatsächlich hatte er diese Karte selbst nach den Angaben des besagten Lhomoy gezeichnet, der wiederum de Sède ermuntert hatte, sein Buch zu schreiben und darin anzudeuten, in dieser Geschichte hätten, wie fast immer in solchen Fällen, die Tempelritter die Hand im Spiel. 1967 veröffentlichte de Sède sein Buch *Der Schatz von Rennes-le-Château* und verschaffte damit dem Mythos des Priorats von Zion endgültig die Aufmerksamkeit der Medien, zusammen mit der Reproduktion der falschen Pergamente, die Plantard in diverse Bibliotheken zu streuen verstanden hatte. In Wahrheit, wie Plantard später selber zugab, waren diese Pergamente von Philippe de Chérisey, einem Schauspieler und Humoristen beim französischen Rundfunk, gezeichnet worden, der 1979 schließlich bekannte, Autor der Fälschungen zu sein und die Unzialschrift von Dokumenten aus den Beständen der Pariser Nationalbibliothek abgekupfert zu haben.

In diesen Dokumenten entdeckte de Sède einen beunruhigenden Hinweis auf ein weltberühmtes Gemälde von Nicolas Poussin, auf dem (wie zuvor bereits auf einem Gemälde von Guercino) einige Hirten an einem Grab mit dem eingravierten Schriftzug *Et in Arcadia ego* dargestellt sind. Dabei handelt es sich um ein klassisches *memento mori*, in dem auf die Anwesenheit des Todes auch im glücklichen Arkadien hingewiesen wird. Plantard aber hatte behauptet, der Satz tauche seit dem 13. Jahrhundert auch in seinem Familienwappen auf (was unwahrscheinlich ist, denn Plantard war der Sohn eines Kellners), die Landschaft auf den Gemälden erinnere an die Umgebung von Rennes-le-Château (während Poussin aus der Normandie stammte und Guercino überhaupt nie in Frankreich gewesen war), und die Gräber auf den Gemälden Poussins und Guercinos ähnelten einem Grab, das bis in die Achtzigerjahre an einer Straße zwischen Rennes-le-Château und Rennes-les-Bains zu sehen war. Leider ist dann aber nachgewiesen worden, dass dieses Grab erst im 20. Jahrhundert angelegt worden ist.

In jedem Fall sah man darin den Beweis, dass die Gemälde sowohl bei Poussin als auch bei Guercino vom Priorat von Zion in Auftrag gegeben worden waren. Aber damit war die Entschlüsselung des Poussin-Gemäldes noch nicht zu Ende: Durch ein Anagramm von *Et in Arcadia ego* gelangte man zu dem Fluch *I! Tego arcana Dei*, was so viel heißt wie »Weiche! Ich (ver)berge die Geheimnisse Gottes«, und das nahm man dann als »Beweis«, dass es sich bei dem Grab um die Grabstätte Jesu handele.

De Sède vermerkte, dass in der von Saunière restaurierten Kirche die Inschrift *Terribilis est locus iste* auftaucht, was die auf Mysterien Versessenen ganz aus dem Häuschen brachte. Tatsächlich handelt es sich um ein Zitat aus Genesis 28,17, das in vielen Kirchen auftaucht und sich auf Jakobs Vision von der Himmelsleiter bezieht. Denn als Jakob aus seinem Traum erwacht, stellt er in der lateinischen Vulgata fest: »terribilis est [...] locus iste [furchtbar ist dieser Ort]«. Im Lateinischen bedeutet *terribilis* freilich, dass etwas verehrungswürdig und ehrfurchtgebietend ist – der Ausdruck hat daher nichts Bedrohliches an sich.

In der Kirche dient dem Weihwasserbecken ein kniender Dämon als Stütze, der als Asmodeus gedeutet wurde, und auch hier könnte man einwenden, dass es etliche romanische Kirchen mit Teufelsabbildungen gibt. Außerdem überragen den Asmodeus die Abbildungen von vier Engeln, unter denen der Satz »Par ce signe tu le vincrais« prangt, der auf Konstantins *In hoc signo vinces* verweisen könnte, aber das eingefügte »le« hat die Geheimnisjäger darauf gebracht, die Buchsta-

Guercino
Et in Arcadia ego, 1618–22
Rom, Galleria nazionale d'arte antica

Nicolas Poussin
Arkadische Hirten I, um 1637/38
Paris, Louvre

ben des Satzes zu zählen: Es sind 22, so viel wie die Zähne des Schädels am Eingang zum Friedhof, so viel wie die Zinnen des Magdala-Turms und so viel wie die Stufen der beiden Treppen, die zum Turm hinaufführen. Die Buchstaben von »le« sind zudem der dreizehnte und der vierzehnte des Satzes; fügen wir 13 und 14 zusammen, so haben wir 1314, das Jahr, in dem Jakob von Molay, der Großmeister des Templerordens, auf dem Scheiterhaufen hingerichtet wurde. Betrachten wir dann die anderen Standbilder und setzen die Anfangsbuchstaben der dargestellten Heiligen (Germaine, Rochus, Antonius der Eremit, Antonius von Padua und Lukas) zusammen, so haben wir GRAAL, die französische Form von Gral.

Vielleicht wäre die Legende von Rennes-le-Château mit der Zeit demontiert worden, wenn de Sèdes Buch nicht so großen Eindruck auf einen Journalisten gemacht hätte, nämlich auf Henry Lincoln, der für die BBC drei Dokumentarfilme über Rennes-le-Château drehte. Zusammen mit Richard Leigh, einem weiteren glühenden Anhänger okkulter Mysterien, und dem Journalisten Michael Baigent publizierte er 1982 das Buch *Der heilige Gral und seine Erben*, das sofort hohe Auflagen erzielte.

Das Gemeinschaftswerk fasste sämtliche von de Sède und Plantard verbreiteten Behauptungen zusammen, schmückte sie romanhaft aus und ließ, indem es das Ganze als unbestreitbare geschichtliche Wahrheit darstellte, die Gründer des Priorats von Zion direkt von Jesus Christus abstammen, der nicht am Kreuz gestorben sei, sondern sich mit Maria Magdalena vermählt habe, nach Frankreich geflohen sei und dort die Dynastie der Merowinger begründet habe. Was Saunière gefunden habe, sei nicht ein Schatz gewesen, sondern eine Reihe von Dokumenten, die bewiesen, dass die Nachkommenschaft Jesu von königlichem Blut, *Sang Real*, sei, was dann verballhornt zu *Saint Graal*, Heiliger Gral, wurde. Den Grundstein zu Saunières Reichtum habe das Gold des Vatikans gelegt, das ihm für die Geheimhaltung seiner schrecklichen Entdeckung bezahlt worden sei. Außerdem habe bereits Plantard versichert, es hätten im Lauf der Jahrhunderte

Teufel als Ständer eines Muschelbeckens am Portal
der Kirche in Rennes-le-Château

Sandro Botticelli, Leonardo da Vinci, Robert Boyle, Robert Fludd, Isaac Newton, Victor Hugo, Claude Debussy und Jean Cocteau dem Priorat angehört. Fehlte nur noch Asterix.

All diese falschen Dokumente haben den Mythos von Rennes-le-Château bestärkt und es zum Ziel vieler Pilgerreisen gemacht. Die Einzigen, die im Grunde nicht daran glaubten, waren die Initiatoren des Märchens. Als die Geschichte von Baigent und Co. bereits romanhaft aufgeplustert worden war, ließ de Sède in einem Buch von 1988 die diversen Schwindeleien und Betrügereien rund um Saunières Dorf auffliegen. Und 1989 widerrief auch Pierre Plantard alles, was er zuvor behauptet hatte, und schlug eine zweite Version der Legende vor, der zufolge das Priorat erst 1781 in Rennes-le-Château entstanden sei. Außerdem revidierte er einige seiner falschen Dokumente und erweiterte die Liste der Großmeister des Priorats um Roger-Patrice Pelat, einen Freund von François Mitterrand, der später wegen illegaler Börsengeschäfte angeklagt wurde. Plantard, der als Zeuge bestellt war, gab unter Eid zu, dass er die ganze Geschichte des Priorats erfunden hatte.

Jetzt nahm ihn niemand mehr ernst. 2003 erschien jedoch Dan Browns *Da Vinci Code*, der sich klar und eindeutig auf de Sède, auf Baigent, Leigh und Lincoln und viele weitere okkultistische Literatur bezog. Brown behauptete nun, alle von ihm gemachten Angaben seien historisch wahr. Doch Lincoln, Baigent und Leigh strengten eine Plagiatsklage gegen ihn an. Im Vorwort zu ihrem *Der heilige Gral und seine Erben* wird allerdings der ganze Inhalt des Buches als historische Wahrheit präsentiert. Und wenn jemand die Wahrheit eines historischen Faktums feststellt (etwa die, dass Cäsar an den Iden des März ermordet wurde), geht diese historische Wahrheit im selben Moment, in dem sie öffentlich gemacht wird, in kollektiven Besitz über, und wer erzählt, dass Cäsar im Senat dreiundzwanzig Dolchstöße versetzt bekommen hatte, kann deswegen nicht als Plagiator angeklagt werden. Indem Baigent, Leigh und Lincoln nun also Brown des Plagiats bezichtigten, gestanden sie damit öffentlich ein, dass alles, was sie als historische Wahrheit verkauft hatten, Frucht ihrer Fantasie und damit ihr exklusives literarisches Eigentum war. Freilich, um an einen Teil von Browns milliardenschweren Tantiemen heranzukommen, wäre wohl mancher bereit, Brief und Siegel darauf zu geben, dass er nicht Sohn seines rechtmäßigen Vaters sei, sondern eines der vielen Matrosen, die bei seiner Mama aus- und eingingen, und Baigent, Leigh und Lincoln müssten unser vollstes Verständnis finden. Aber noch kurioser ist, dass Brown im Prozessverlauf angab, er habe das Buch von Lincoln und Co. nie gelesen – eine widersprüchliche Verteidigung für einen Autor, der behauptet hatte, all seine Faktenaussagen aus zuverlässigen Quellen bezogen zu haben (die exakt mit dem übereinstimmten, was die Verfasser von *Der heilige Gral und seine Erben* geschrieben hatten).

An diesem Punkt können wir die Geschichte von Rennes-le-Château auf sich beruhen lassen, wäre es nicht noch heute Ziel von Pilgerfahrten, als handle es sich um Medjugorje. Der Fall Rennes-le-Château lehrt nicht nur, wie einfach es ist, eine Legende aus dem Boden zu stampfen, sondern auch, wie dauerhaft diese sich durchsetzen kann, obwohl Historiker, Gerichte und andere Institutionen erkannt haben, dass es sich um eine Lüge handelt. Und somit erinnert uns die ganze Geschichte an einen Aphorismus, der Chesterton zugeschrieben wird: »Seit die Menschen nicht mehr an Gott glauben, glauben sie nicht etwa an nichts mehr, sondern an alles.« Das entspricht einer der Beobachtungen von Karl Popper und ist mir ein willkommenes Schlusswort für meine Ausführungen zum Verschwörungssyndrom.

[Vortrag im Rahmen der Milanesiana 2015, *Manien und Obsessionen*]

Darstellungen des Heiligen

Ich bin jemand, der tut, was man ihm sagt. Die Leiterin der Milanesiana sagte mir, dieses Jahr sei unser Thema das Unsichtbare, und daran halte ich mich.

Als ich vor einigen Jahren bei einer Tagung der Associazione italiana di studi semiotici, die dem Heiligen gewidmet war, ein ähnliches Thema behandelt habe, konnte ich feststellen, dass das Heilige zu den allerunsichtbarsten Dingen überhaupt gehört, und deshalb möchte ich mich hier jetzt mit den Vorgehensweisen beschäftigen, in denen man versucht hat, etwas naturgemäß Unsichtbares sichtbar zu machen.

Ich weiß noch gut, dass ich mich vor ein paar Jahren über das Absolute äußern musste (es ist nicht meine Schuld, wenn die Milanesiana etwas obsessiv immer wieder so sperrige Themen wählt), und mir ist ebenso bewusst, dass das Heilige gemeinhin als eine Empfindung oder Vision von etwas verstanden wird, was unsere Erfahrung übersteigt, aber dieser Erfahrung zugleich einen Sinn gibt. Nun könnte man der Auffassung sein, das Heilige sei dasselbe wie das Absolute, doch das Absolute ist Gegenstand einer Philosophie oder Religion und zugleich ein philosophischer Begriff, wohingegen das Heilige als eine geheimnisvolle Kraft gegolten hat, als der Ursprung jeglichen religiösen Gedankens oder Gefühls. Während der Weg vom Absoluten zur Philosophie führt, kann Philosophie vom Heiligen allenfalls die Existenz anerkennen, wenigstens seine Erscheinung als eine psychologische Konstante des menschlichen Geistes. In simplen Worten gesagt: Ein Blitz, der von einem Donnerschlag begleitet in einen Baum fährt, wäre bloß ein erschreckender und sinnloser Zufall, sähe und rechtfertigte man ihn nicht als Manifestation eines höheren Wesens oder Willens – ohne dass dadurch das Ehrfurcht gebietende Ereignis weniger schrecklich würde.

Giuseppe Angeli
Der Mannaregen, 18. Jahrhundert
Venedig, San Stae

Caravaggio
Bekehrung des hl. Paulus, 1601
Rom, Santa Maria del Popolo

Das Heilige präsentiert sich daher als *Numinoses*, als *Mysterium tremendum et fascinans*, das die Vernunft verstört, indem es Staunen, Verwunderung, Schrecken erregt, Abscheu und zugleich Anziehung hervorruft und sich in dieser Eigenschaft nicht unmittelbar begrifflich fassen lässt, sondern eher, um mit Friedrich Schleiermacher zu sprechen, als Abhängigkeit, Schwäche, Ohnmacht und Nichtigkeit angesichts des Unendlichen empfunden wird.

Auf die Erfahrung des Heiligen, dessen Gegenwart man spürt, ohne es definieren zu können, reagiert man zuweilen mit Unterwerfungs- oder Opferpraktiken bis hin zum Menschenopfer. Andere Male – und das kommt vor allem bei einfachen Menschen vor – will man das Heilige *sehen*, und so entsteht das Bedürfnis nach einer Hierophanie, das heißt einer sichtbaren Form, die das Heilige annimmt, um sich uns verständlich zu machen. Wer also die Präsenz des Heiligen spürt, der will, um darüber sprechen zu können, das Numinose auch sehen, da sonst nur dessen Wirkungen blieben (denen man ja gerade zu entkommen versucht), also das Staunen, die Verwunderung und Bestürzung, der Schrecken.

Nicht immer erscheint das Heilige in Menschengestalt, in einigen Kulturen kann es stellvertretende Formen verschiedener Art annehmen, es kann ein Baum sein oder auch ein Stein, in dem die Menschen in jedem Fall etwas »anderes« erblicken.

Doch für die einfachen Gemüter geht es offensichtlich um den Versuch, dem Heiligen eine menschliche oder tierhafte Wiedererkennbarkeit zu verleihen, sei's in Gestalt eines Totembildes oder auf jene Weise, an der Mystiker und Theologen immer am meisten Anstoß genommen haben: indem sie ihm anthropomorphe Gestalt geben.

Daher ist das Grundproblem des Heiligen, um als das zu erscheinen und sich zu erweisen, was unserer Erfahrung Sinn verleiht, dass man von ihm sprechen und es in Gestalt von *idola*, *amalgamata*, also von Bildern sichtbar machen kann. Aber wie kann man sich Bilder vom Heiligen machen, wenn das Heilige per definitionem das ist, was unsere Erfahrung übersteigt?

Es gibt einen ziemlich verstörenden Text von Wilhelm von Ockham, in dem es heißt, ein Bild könne nur ein Zeichen sein, das uns an etwas erinnert, was wir bereits als individuelle Wesenheit kennen, andernfalls würde uns das Bild nicht als dem Dargestellten ähnlich erscheinen – weshalb mich eine Statue von Herkules niemals an Herkules denken ließe, wenn ich den Herkules nicht schon einmal gesehen hätte (*Quaestiones in librum secundum Sententiarum (Reportatio)* 12/13).

Dieser Text setzt als Tatsache voraus (als etwas, worüber allgemeines Einvernehmen herrscht), dass wir nicht in der Lage sind, uns beim Anblick eines Bildes etwas vorzustellen, was wir bis dahin nicht kannten. Es stünde im Widerspruch zu unserer Erfahrung, da die Menschen ja Bilder, Fotos oder Phantombilder benutzen, um andere Menschen, Tiere oder noch unbekannte Dinge zu erkennen, und auch zu Ockhams Zeiten schickten die Monarchen Bildnisse ihrer Tochter an den in einem anderen Land lebenden Cousin, dem sie zur Braut bestimmt war. Es gibt eine epistemologische Erklärung für diese so unerfreuliche Behauptung. Für Augustinus war ein Zeichen etwas, das etwas anderes dazu brachte, *in cogitationem venire,* in die gedankliche Vorstellung zu gelangen, und für die aristotelische Tradition mindestens bis Thomas von Aquin verwies das Zeichen unmittelbar auf den Begriff, der seinerseits Bild einer Sache war. Für Ockham hingegen ist das wahre *signum* einer Sache der Begriff, nicht das Wort, das nur darauf verweist. Die Begriffe sind die natürlichen Zeichen, die eben die Dinge *bezeichnen,* während die gesprochenen Worte den Dingen durch direkte Bezugnahme auferlegt sind: *voces sunt signa secundario significantia illa quae per passiones animae primario importantur* [gesprochene Ausdrücke bezeichnen dasjenige auf mittelbare Art und Weise, was durch die Eindrücke der Seele auf unmittelbare Weise bedeutet wird] (*Summa logicae* I, 1).[1] Die Worte bezeichnen zwar dieselben Dinge, die von den Begriffen bezeichnet werden, aber sie bezeichnen nicht die Begriffe!

Wenn der Begriff das einzige Zeichen der individuellen Dinge ist

Schule des Raffael
Erscheinung des Kreuzes, 1520–24
Vatikanstadt, Sala di Costantino

und der materielle Ausdruck (gleich ob Wort oder Bild) nur ein Symptom des inneren Bildes, dann kann der materielle Ausdruck ohne eine vorausgehende *notitia intuitiva* des Gegenstandes überhaupt nichts bezeichnen. Die Worte oder Bilder erschaffen weder etwas noch lassen sie es im Geist des Empfängers entstehen (wie es in der augustinischen Semiotik vorkommen konnte), wenn das einzige mögliche Zeichen der erfahrenen Wirklichkeit, also das geistige, nicht schon in jenem Geist vorhanden ist.

Nun könnten wir Ockham zwar entgegnen, dass eine beliebige Darstellung (wie das Phantombild) unseren Geist dazu anregt, ein mentales Zeichen hervorzubringen, dank dessen wir das entsprechende Ding erkennen können, weshalb wir uns Herkules oder Hitler vorstellen können, auch wenn wir ihnen nie begegnet sind. Aber Ockhams Text wirft ein interessantes Problem auf: Kein Polizist könnte ein Phantombild erstellen, wenn der Zeuge, der ihn mit Input versorgt, das entsprechende Individuum nicht wirklich getroffen oder gesehen hätte, und Pietro Annigoni hätte kein Porträt der Königin Elisabeth malen können, wenn er sie nicht leibhaftig vor sich gehabt hätte. Folglich kann es unbestreitbar kein Bild von etwas geben, das noch nie jemand gesehen hat – es sei denn, man erschafft, wie im Fall des Zentauren, etwas Unbekanntes durch Kombination bekannter Dinge. Aus genau diesen Gründen können wir uns zwar ein Bild von Hitler und sogar von Mickymaus machen, aber keines von einem Kreis, dessen Mittelpunkt überall und dessen Rand nirgends ist. Die ockhamsche Bildtheorie ist also anfechtbar im Hinblick auf Dinge, die für unsere Erfahrung erreichbar sind, aber sie eignet sich perfekt, sobald es um Bilder von Dingen geht, die unsere Erfahrung übersteigen.

Vielleicht der Erste, der sich das Problem der Unmöglichkeit einer Darstellung oder Benennung des Heiligen gestellt hat, war der Pseudo-Dionysius Areopagita. Er begreift das oder den Einen als unerforschlich und widersprüchlich, und in seinen Schriften wird die Gottheit benannt als etwas, das »kein Körper« ist: Sie »besitzt weder Gestalt noch Form, weder Qualität noch Quantität noch Gewicht. Sie ist nicht auf einen Ort beschränkt; weder Auge noch Tastsinn erreicht sie. Sie wird weder sinnlich wahrgenommen, noch ist sie sinnlich wahrnehmbar [...] sie [ist] weder Seele noch Geist; ihr ist auch weder Einbildungskraft, Meinung, Vernunft oder Denken zuzuschreiben [...] Sie ist weder Zahl noch Ordnung, weder Größe noch Kleinheit [...] Auch ist sie nicht Sein, nicht Ewigkeit, nicht Zeit [...] Sie ist weder mit Finsternis noch mit Licht gleichzusetzen, weder mit Irrtum noch mit Wahrheit« und so immer weiter, Seite für Seite in einer wunderbaren mystischen Aphasie (*Mystische Theologie* IV und V).[2] Da er nicht weiß, wie er sie anders benennen soll, schreibt der Pseudo-Dionysius von den Mysterien der Gottheit, sie seien »in überlichtem Dunkel geheimnisvoll verhüllten Schweigens verborgen« und von »überseiender Dunkelheit«.[3] Aber auch dies sind Bilder, die auf Erfahrungswerte verweisen. Wie kann man etwas auf Erfahrungswerte gründen, das diese Werte doch überhaupt erst begründen müsste?

Für den Pseudo-Dionysius ist Gott effektiv unaussprechlich, und die einzige Art, angemessen von ihm zu sprechen, ist das Schweigen. Wenn jemand spricht, dann um die göttlichen Geheimnisse vor denen zu verbergen, die kein Ohr für sie haben (*Brief* IX, 1).

Dieser mystischen Haltung steht jedoch die entgegengesetzte Vorstellung gegenüber, nämlich die theophanische Überzeugung, dass für Gott, da er der Grund aller Dinge ist, alle Bezeichnungen passen, in dem Sinne, dass jede Wirkung stets auf ihn als ihre einzige Ursache verweist (*Die Namen Gottes* I, 7), sodass buchstäblich alles auf Gott zurückgeführt und ihm zugeschrieben wird. Die Verfasser der Heiligen Schriften geben ihm die Form und Gestalt des Menschen und die Natur des Feuers wie auch des Bernsteins, sie preisen die Ohren, die Augen, die Haare, das Angesicht Gottes, seine Hände, Schultern, Flügel, Arme, seinen Rücken und seine Füße, sie legen ihm bildlich Kränze, Ruhesitze, Becher, Mischkrüge und andere geheimnisvolle Gegenstände bei (*ebd.* I, 8).

Dennoch betont der Pseudo-Dionysius, dass diese symbolischen Benennungen nie angemessen sind. Daher müssen diese Darstellungen ihre überschwache Übertriebenheit (wenn das Oxymoron gestattet ist) deklarieren: Man kann das Göttliche nur durch *ungleichartige Gleichartigkeit* oder *unpassende Nichtähnlichkeit* benennen (zum Beispiel in *Die himmlische Hierarchie* II, 4), sodass Gott manchmal auch mit den Namen der niedrigsten Dinge bedacht und als »wohlriechendes Öl« oder als »Eckstein« benannt wird. »Aber auch Tiergestalt legen sie ihm zu und hängen ihm den Charakter eines Löwen oder Panthers an und sagen, [er] werde ein Leopard sein oder eine ihre Jungen suchende Bärin«,[4] und schließlich schreibt man ihm gar die Gestalt eines Wurmes zu. Der deutlichste Fall von Nichtähnlichkeit steht in *Brief* IX, 5, wo eine Stelle aus Psalm 78 behandelt wird, in der es vom zürnenden Gott heißt: »Da erwachte der Herr wie aus dem Schlaf, wie ein Starker, der vom Wein fröhlich ist.«

Doch auch hier erfolgt die Anspielung auf das unaussprechliche Heilige durch die Darstellung von Dingen, die der Erfahrung zugänglich sind – denn nichts anderes sind die Versuche einer Anthropomor-

Jacopo Tintoretto
Das Paradies, Detail, 1582–88
Paris, Louvre

phisierung der Gottheit (Gott mit Vollbart und dreieckigem Heiligen-schein), zu schweigen von der beliebten Mode, den Heiligen Geist als Taube darzustellen, ihm also eine Tiergestalt zu geben.

Infolgedessen, da es nicht wirklich gelingt, eine negative Theo-logie auszuarbeiten, die nur sagt, was Gott nicht ist, versucht man es schließlich mit einer widersprüchlich positiven Theologie und gibt sich am Ende mit Gottesdarstellungen zufrieden, als wäre er einer von uns. Das zeigt sich sogar am Anfang der *Genesis*, denn wenn Gott den Menschen »nach seinem Bilde« geschaffen hat, heißt das schließlich auch, dass der Mensch sich Gott nach seinem Bilde vorstellen darf.

Das Christentum hat diese Unmöglichkeit bis zu einem gewissen Grad aufgelöst, indem es von einem Gott spricht, der Mensch gewor-den ist. Die Inkarnation wäre damit der semiotische Kunstgriff, durch den Gott sich denkbar und darstellbar und auch für schlichte Gemüter verständlich macht – nicht nur durch das Bildnis Jesu, sondern auch

369

durch das Äußere jener, die wie die Jungfrau Maria und die Heiligen gewissermaßen Vermittler des Heiligen waren.

Der ockhamsche Einwand lässt sich jedoch auch in diesen Fällen erheben, denn niemand, der Bildnisse von Jesus oder der Jungfrau Maria gemalt oder in Stein gemeißelt hat, hat die beiden jemals zuvor gesehen – zumal das Porträtieren von Personen aus dem Evangelium erst Jahrhunderte nach dem Tod Christi aufkam –, und auch das Mandylion, das Schweißtuch der Veronika oder das Turiner Grabtuch (sofern man solche Fundstücke überhaupt ernst nehmen will) sind erst in sehr viel späterer Zeit aufgetaucht.

Wenn überhaupt jemand je eine direkte Gotteserfahrung hatte, dann waren es die Mystiker, und gerade aus Treue zur Idee der Nichtwahrnehmbarkeit des Heiligen und der Unmöglichkeit, es in Bilder zu übersetzen, haben sie die Erfahrung des Göttlichen immer in Begriffen der Dunkelheit, der finsteren Nacht, der Leere und des Schweigens beschrieben.

Alle großen Mystiker haben bekräftigt, dass man auch in der mystischen Schau, die ja eine unaussprechliche Gabe ist, ein Bild Gottes haben und ausdrücken kann. Dem Mystiker erscheint Gott als ein Großes Nichts.

So schrieb Dionysius der Kartäuser: »Mein allerliebster Gott, du selbst bist das Licht und die Sphäre des Lichts, in dem sich deine Erwählten süß zur Ruhe betten, wo sie Schlaf finden und schlafen. Du bist wie eine unendlich weite, vollkommen ebene und unermessliche Einöde, in der das wirklich fromme Herz, geläutert von jeder besonderen Liebe, aus höchster Höhe erleuchtet und gluterfüllt, umherschweift, ohne sich zu verlieren, in der es selig vergeht und zugleich heil wird.«

Meister Eckhart spricht vom end- und formlosen Abgrund der stillen wüsten Gottheit und möchte eingehen in den einfältigen Grund, in die stille Wüste, wo alle Unterschiede erloschen sind, auch die zwischen Vater, Sohn und Heiligem Geist, er möchte vordringen in jenes Innerste, wo niemand heimisch ist. Dort kommt jenes Licht zur Ruhe, dort ist es eher eins als bei sich selbst, denn jener Grund ist ein schlichtes regloses Schweigen. Nur so erreicht die Seele höchste Glückseligkeit, indem sie eintaucht in die leere Gottheit, in der es weder Werk noch Bild gibt.

Johannes Tauler schreibt in seinen *Predigten*:

Der geläuterte und verklärte Geist versinkt in der göttlichen Finsternis, in ein Stillschweigen und ein unbegreifliches, unaussprechliches Einswerden, und in diesem Versinken wird verloren sein alles Gleich und Ungleich, in diesem Abgrund wird auch der Geist sich verlieren und nichts mehr wissen von Gott noch von sich selbst noch von Gleich und Ungleich noch sonst etwas; denn er ist eingetaucht in die Einheit mit Gott und hat alle Unterschiede vergessen.[5]

Und weiter heißt es, zur wahren Einfachheit gelange man, wenn man seine Sinne verschließe, ohne Bilder auskomme und selbstvergessen sei. Bei jedem Ereignis und bei jeder äußerlichen Handlung müsse man Herr der eigenen Sinne sein, denn in Wahrheit trügen die Sinne den Menschen von sich fort und brächten fremde Bilder in ihn hinein. Berichtet werde von einem Ordenspater, der sich, als er im Frühling vor seine Zelle treten musste, die Kapuze seiner Kutte über die Augen zog. Gefragt weshalb, habe er geantwortet: »Ich schütze meine Augen vor dem Anblick der Bäume, um nicht in der Schau meines Geistes behindert zu werden.« Wenn schon der Anblick des wilden Waldes jenem Pater ein Hindernis gewesen sei, wie schädlich müsse dann erst die Fülle der eitlen irdischen Dinge für uns Menschen sein.

Johannes vom Kreuz präzisiert:

Denn um soweit zu kommen, daß ein Mensch zur übernatürlichen Gleichgestaltung gelangt, ist es ganz klar, daß er sich gegenüber allem, was seine Natur ausmacht, und das ist das Sinnenhafte wie das Vernunftgemäße, verdunkeln und es übersteigen muß, denn übernatürlich heißt ja gerade, daß es über das Natürliche hinausgeht; folglich bleibt das Natürliche unten. Denn da diese Gleichgestaltung und Gotteinung etwas ist, das nicht dem Sinnenbereich

371

und der Machbarkeit des Menschen ausgeliefert sein kann, muß er sich vollkommen und freiwillig von allem leermachen, was ihr verfallen kann [...]

In bezug auf sie alle [die Sinnesorgane] vermögen und pflegen bei spirituellen Menschen übernatürliche Vorstellungen und Gegenstände zu entstehen. Denn in bezug auf das Sehen pflegen sich bei ihnen Abbildungen und Personen des jenseitigen Lebens einzustellen, mancher Heiliger und Abbildungen von Engeln, guten und bösen, und so manche Lichter und außergewöhnliche Schimmer. Und mit den Ohren pflegen sie so manche außergewöhnlichen Worte zu hören, die das eine Mal von diesen Gestalten, die sie sehen, ausgesprochen werden, das andere Mal sehen sie nicht, wer sie ausspricht. Mit dem Geruchssinn nehmen sie bisweilen spürbar zarteste Düfte wahr, ohne zu wissen, woher sie kommen. Auch im Geschmackssinn kommt es zur Wahrnehmung sehr süßen Verkostens und im Tastsinn zu großer Wonne, und das mitunter so stark, daß es aussieht, als würden alle Teile des Knochenmarks und die Knochen genießen und aufblühen und sich in Wonne baden.

Das ist gewöhnlich das, was man Salbung des Geistes nennt, die aus ihm zu den Gliedern der herzensreinen Menschen hinströmt. Und dieses Verschmecken des Sinnes ist bei den spirituellen Menschen ganz normal, denn aus der spürbaren Gemütsregung und Andacht des Geistes strömt es mehr oder weniger jedem von ihnen auf seine Weise zu.

Man muß wissen, daß man in all diesen Dingen, obwohl sie den leiblichen Sinnesorganen durchaus von Gott her zukommen können, niemals seine Sicherheit suchen noch ihnen stattgeben, sondern sie lieber ganz meiden soll, ohne untersuchen zu wollen, ob sie gut oder schlecht sind. Denn je äußerlicher und leiblicher sie sind, umso weniger sicher sind sie von Gott, da es für Gott eigentümlicher und normaler ist, sich dem Geist mitzuteilen, wo es für den Menschen mehr Sicherheit und Nutzen gibt als im Bereich des Sinnes, in dem die Gefahr der Täuschung normalerweise groß ist [...]

Und somit irrt derjenige sehr, der solche Dinge hochschätzt, und er begibt sich in große Gefahr, betrogen zu werden, zumindest aber schleppt er eine totale Blockade mit sich, um zum Geistigen zu gehen [...]

Denn abgesehen von der Schwierigkeit, die darin besteht, daß man es lernt, bei inneren Ansprachen und Visionen, die von Gott kommen, keinem Irrtum zu verfallen, gibt es unter ihnen für gewöhnlich viele, die vom Bösen stammen, im allgemeinen geht er nämlich in derselben Bekleidung und Begleitung mit dem Menschen um wie Gott [...].[6]

Jakob Böhme machte die mystische Grunderfahrung, die ihn durch eine Art blendender Epiphanie in Verbindung mit dem Innersten des Weltalls brachte, als er eines Morgens einen sich in einem Zinnkrug spiegelnden Sonnenstrahl sah. Was er gesehen hat, wissen wir nicht, er hat es uns nicht gesagt, aber alle Buchausgaben, die seine mystischen Ahnungen zu veranschaulichen suchten, zeigen schwer zu entziffernde kreis- und strahlenförmige Strukturen. Böhme schreibt:

In der Ewigkeit als im Ungrunde außer der Natur ist nichts als eine Stille ohne Wesen. Es hat nichts, das etwas gäbe. Es ist eine ewige Ruhe und keine Gleiche [ohne ihresgleichen], ein Ungrund ohne Anfang und Ende. Es ist auch kein Ziel noch Stätte, auch kein Suchen oder Finden oder etwas, da eine Möglichkeit wäre. Derselbe Ungrund ist gleich einem Auge, denn er ist sein eigener Spiegel. Er hat kein Wesen, auch weder Licht noch Finsternis, und ist vornehmlich eine Magia, und hat einen Willen, nach welchem wir nicht trachten noch forschen sollen, denn es turbieret [verstört] uns. Mit demselben Willen verstehen [meinen] wir den Grund der Gottheit, welcher keines Ursprungs ist, denn er fasset sich selber in sich, daran wir billig stumm sind, denn er ist außer der Natur.[7]

Auch wenn ich kein Experte in der Geschichte der Mystik bin, möchte ich doch mit aller Vorsicht eine Hypothese wagen: Während mir die Erfahrung des reinen, unaussprechlichen Nichts ein fester Bestandteil männlicher Mystik zu sein scheint, habe ich nicht den Eindruck, dass viele Mystikerinnen von Gott als reinem Nichts gesprochen haben, sondern dass gerade die bedeutendsten unter ihnen von Christus als einer fast körperlichen Präsenz sprachen. In der weiblichen Mystik triumphiert die Hierophanie, die sichtbare Erscheinung des Heiligen, und die Schauende, die das Gottesbild sieht, lässt sich seitenlang in unstrittig erotischer Ekstase über ihren Austausch von Liebesgefühlen mit dem Gekreuzigten aus.

Folgendes Zitat aus I quaranta giorni (Die vierzig Tage, 1598) der Karmelitin Maria Maddalena de' Pazzi mag das veranschaulichen:

Liebe, Liebe, o Liebe, gib mir eine starke Stimme, damit ich, wenn ich dich Liebe rufe, gehört werde von Osten nach Westen und überall auf der Welt, selbst in der Hölle, auf dass von dir, Liebe, alle erfahren und du von allen geliebt werdest; Liebe, Liebe, eine starke Liebe bist du, eine mächtige Liebe. Liebe, du allein dringst ein, alles durchdringst du, durchbrichst und bezwingst du. Liebe, Liebe. Himmel und Erde bist du, Feuer und Luft, Blut und Wasser, o Liebe, Gott und Mensch bist du, Liebe und Hass, edelste göttliche Wonne, Alte und Neue Wahrheit. O Liebe, weder geliebt noch erkannt. Und doch sehe ich eine, die teilhaftig geworden ist dieser Liebe.

Oder die Seiten, auf denen Teresa von Ávila über den Wein der göttlichen Liebe spricht, der durch ihre Adern strömt und sie berauscht, und über den göttlichen Bräutigam, der sie auf unaussprechliche Weise in einem Augenblick alle Schönheit und alle Herrlichkeit des Paradieses genießen lässt:

Oft war ich auf diese Weise wie außer Sinnen und berauscht von dieser Liebe, und doch hatte ich nie verstehen können, wie das war [...]. Ich sah einen Engel neben mir, an meiner linken Seite, und zwar in leiblicher Gestalt [...] sehr schön, mit einem so leuchtenden Antlitz [...] Ich sah in seinen Händen einen langen goldenen

Pfeil, und an der Spitze dieses Eisens schien ein wenig Feuer zu züngeln. Mir war, als stieße er es mir einige Male ins Herz, und als würde es mir bis in die Eingeweide vordringen. Als er es herauszog, war mir, als würde er sie mit herausreißen und mich ganz und gar brennend vor starker Gottesliebe zurücklassen. Der Schmerz war so stark, dass er mich diese Klagen ausstoßen ließ, aber zugleich ist die Zärtlichkeit, die dieser ungemein große Schmerz bei mir auslöst, so überwältigend, dass noch nicht einmal der Wunsch hochkommt, er möge vergehen [...] Es ist dies kein leiblicher, sondern ein geistiger Schmerz, auch wenn der Leib durchaus Anteil daran hat, und sogar ziemlich viel.[8]

Unter den Gedichten der Teresa von Ávila findet sich folgendes:

Als der sanfte Jägersmann
mich getroffen und bezwungen
in der Liebe Arme dann
meine Seel' blieb hängen [...]
Glück, mein Geliebter,
nahe bei dir sein!
sehnend zu sehn dich
sterben möcht' ich. [...]
Ach, wann geruhst du,
mich heimzusuchen,
mein Gott, ich fürchte
dich zu verlier'n gleich.[9]

Die französische Salesianerin Marguerite Maria Alacoque (1647–1690) hielt sich, seit sie fünfzehn Jahre alt war, für »verlobt mit Jesus« und berichtet sogar, einmal habe sich Jesus mit ganzem Gewicht auf sie gelegt und auf ihren Protest entgegnet: »Laß mich nur gewähren, alles kommt zu seiner Zeit. Ich will, dass du jetzt der Spielball meiner Liebe seist, die mit dir spielen will nach ihrem Wohlgefallen [...] Du musst dich also ganz mir überlassen, ohne Rückhalt und Widerstand, so daß ich mich auf deine Kosten zufriedenstellen kann.« In ihrer Autobiografie *Leben, von ihr selbst geschrieben* berichtet sie:

Als ich einmal vor dem Allerheiligsten betete und ein wenig mehr Muße fand als sonst – gewöhnlich ließen mir die Beschäftigungen, die man mir gab, nicht viel Zeit –, wurde ich ganz in seine göttliche Gegenwart eingehüllt, so sehr, daß ich Ort und Zeit vollkommen vergaß. Ich überließ mich diesem göttlichen Geist und übergab mein Herz der Macht seiner Liebe. Lange Zeit ließ er mich an seiner Brust ruhen und entdeckte mir die Wunder seiner Liebe und die unaussprechlichen Geheimnisse seines heiligsten Herzens, die er mir bis dahin verborgen hatte […] Dann forderte er mein Herz von mir. Ich bat ihn inständig, es zu nehmen. Er nahm es und versenkte es in das seine. Dort sah ich es wie ein winziges Stäubchen, das sich in dieser brennenden Glut verzehrte. Wie eine herzförmige Flamme sah es aus, als er es wieder herausnahm und an den Ort zurückversetzte, von wo er es genommen hatte. Dabei sprach er zu mir: »Hier hast du, meine Vielgeliebte, ein kostbares Unterpfand meiner Liebe. Ich habe einen kleinen Funken ihrer heißesten Flamme in deine Brust eingeschlossen, der dir künftighin als Herz dienen und dich bis zum letzten Augenblick deines Lebens verzehren soll. Seine Glut wird nie erlöschen, noch wirst du irgendeine Linderung finden können, außer ein wenig im Aderlaß […].«

Was ich von den Schmerzen in meiner Brust sagte, erneuerte sich an jedem ersten Freitag im Monat auf folgende Weise: Das heiligste Herz wurde mir vorgestellt wie eine leuchtende Sonne, von der unaussprechliches Licht ausging. Ihre Strahlen trafen direkt mein Herz, das sofort in so glühendem Feuer entbrannte, daß ich glaubte, ich müsse zu Asche vergehen. Das empfand ich besonders heftig zu der Zeit, als der göttliche Meister mir kundgetan, was er von mir verlangte, und mir die Geheimnisse seines liebevollen Herzens entdeckt hatte. […] Einmal, als wieder das Allerheiligste ausgesetzt war und ich mich durch eine außer-

ordentliche Sammlung aller meiner Sinne und Kräfte ganz in mein
Inneres zurückgezogen fühlte, erschien mir Jesus Christus, mein
geliebter Meister, im Glanz seiner Verherrlichung mit seinen fünf
Wundmalen, die wie fünf Sonnen leuchteten. Überall aus seiner
heiligen Menschheit drangen Flammen hervor, besonders aus
seiner anbetungswürdigen Brust, die einem Glutmeer glich. Er
zeigte mir sein liebevolles und liebenswertes Herz, das der Quell
dieser Flammen war. [...]
Ich war so empfindlich, daß die geringste Unsauberkeit meinen
Ekel erregte. So war es auch, als einmal eine Kranke sich erbrochen
hatte und ich den Boden reinigen sollte; da tadelte er mich so
streng, daß ich nicht widerstehen konnte und die Reinigung mit
der Zunge vornahm und den Auswurf aß; und ich sagte zu ihm:
»Wenn ich tausend Körper hätte, tausend Lieben, tausend Leben,
ich würde sie alle hinopfern, um mich Dir zu unterwerfen.« Von
diesem Augenblick an bereitete mir diese Handlung so große
Freude, daß ich gewünscht hätte, alle Tage ähnliche Gelegenheiten
zu haben, damit ich lernte, mich zu überwinden und Gott allein
dabei zum Zeugen zu haben. Doch seine Güte, der allein ich die
Kraft zur Selbstüberwindung verdanke, ließ mich erkennen, welch
große Freude ich ihm damit bereitet hatte. Denn in der nächsten
Nacht, wenn ich nicht irre, hielt er zwei oder drei Stunden meinen
Mund an die Wunde seines heiligsten Herzens. Es wäre mir sehr
schwer, wenn ich sagen sollte, was ich dabei empfand oder welche
Wirkungen diese Gnade in meiner Seele und in meinem Herzen
auslöste. [...]
Auf diese Weise spielt die göttliche Liebe mit ihrer unwürdigen
Sklavin. Als ich einmal eine Kranke versorgte, die an Dysenterie
litt, spürte ich mehrmals starken Brechreiz; deshalb tadelte er
mich so streng, daß ich mich gezwungen sah, als ich ihre Aus-
scheidungen hinausbrachte, einige Zeit meine Zunge hinein-
zutauchen und alles in den Mund zu nehmen, um den Fehler
gutzumachen. Ich hätte es auch hinuntergeschluckt, wenn mich

mein Herr nicht an den Gehorsam gemahnt hätte, wonach ich nichts ohne Erlaubnis essen durfte.[10]

Weshalb es die Frauen sind, die einen erotischen Umgang mit dem (männlichen) Gottesbild pflegen, und nicht die Männer (die mit der Jungfrau Maria ja eine ähnliche Ekstase erfahren könnten), vermag ich nicht zu erklären. Charcot hätte gesagt, dass es sich bei der Hysterie um eine reine Frauenkrankheit handelt, aber er wurde ja widerlegt; man könnte behaupten, bei Frauen sei die Körperwahrnehmung stärker ausgeprägt, oder man könnte auch rein kulturelle Gründe anführen: Schließlich war es den Männern nicht verwehrt, erotische Beziehungen zu unterhalten, und Keuschheit wählten sie aus freien Stücken, während die Frauen zwangsweise von jeder sexuellen Erfahrung außerhalb der Ehe abgehalten wurden und in der hierophanischen Vereinigung womöglich viele ihrer unterdrückten Begierden befriedigen konnten. Aber darin kenne ich mich nicht aus, und damit will ich mich nicht beschäftigen.

Ich halte nur fest: Da jene Frauen das Heilige in Menschengestalt gesehen haben, sollten wir uns an ihre Erfahrung halten. In der *Dunklen Nacht* des Johannes vom Kreuz dagegen verliert man sich und schweigt.

Es steht also außer Zweifel, dass das Heilige, obwohl per definitionem unaussprechlich, immer wieder zur Sprache gebracht wird, weil es den Menschen (außer den heldenhaftesten Mystikern) ein Bedürfnis ist, es zu *sehen*. Da es jedoch unerreichbar ist, ob nun aufgrund seines Wesens oder weil es uns an Erfahrung mit Individuen mangelt, die es verkörpert haben, kann es nur in menschlicher Gestalt dargestellt werden, aber auch nur unter Bezugnahme auf historisch verortete Modelle.

Mit der Frage, welche verschiedenen Formen das Heilige je nach der historischen Epoche und dem Kunstgeschmack einer Zeit annimmt, möchte ich mich nun befassen.

Im Mittelalter war man der Auffassung, *pulchra enim sunt ubera quae paululum supereminent et tument modice*, mit anderen Worten: Als schön galt, wenn Frauen kleine und in ein enges Korsett geschnürte

Detail einer Büste der Maria Magdalena, 15. Jahrhundert
Paris, Musée de Cluny
Musée National du Moyen Âge

Brüste hatten. Und genau so stellte man sie sich vor, sowohl weltliche Damen als auch Madonnen.

In der Renaissance erinnert die Üppigkeit der Damen bei Holbein und Raffael an die Üppigkeit mancher Madonnen bei Lorenzo Lotto, und die beinah zellulitische Emphase, mit der dann Rubens die körperlichen Reize der Venus darstellt, kommt auch durch die Gewänder der Unbefleckten Jungfrau Maria zum Vorschein oder zeigt sich jedenfalls in den anmutig engelshaften Fettpölsterchen der Putten.

Wir könnten fortfahren und überlegen, wie sich der Stil anderer Kulturen auf die sakralen Darstellungen zum Beispiel im asiatischen Raum auswirkt, aber genauso gut können wir uns auf die Darstellung der romantischen und dekadenten männlichen Schönheit beschränken, um daran zu erinnern, wie sehr sich dieses Ideal auch in den Bildern vom Heiligen Herzen im 19. und 20. Jahrhundert niederschlug – zu schweigen von der Sehnsucht des Fin-de-siècle-Ästheten, die sich in schmachtenden Heiligenfiguren ausdrückt.

Gerade im Hinblick auf die Herz-Jesu-Mystik als Epiphanie göttlicher Liebe hat Raymond Firth (in seinem Werk *Symbols Public and Private* von 1973) darauf aufmerksam gemacht, dass zu dem Zeitpunkt, als die heilige Marguerite Maria Alacoque ihre mystische Vision hatte, bereits bekannt war, dass der Sitz der Gefühle nicht das Herz ist. Aber Jesus, als er ihr erschien, oder ihr Beichtvater, als er ihr dabei behilflich war, ihre mystische Erfahrung in sichtbare Begriffe zu fassen, haben sich nicht nach der Wissenschaft gerichtet, die auch den Gläubigen erklärt, wie Gott die Welt erschaffen hat, sondern nach dem allgemeinen Weltverständnis, das noch heute von Herz und Liebe oder von gebrochenen Herzen spricht. Als würden wir sagen, die einzige Brücke zum Heiligen seien die Schlager.

Maria erschien in Lourdes der vierzehnjährigen Bernadette, und durch zeitgenössische Fotografien ist uns bekannt, wie die wirkliche Bernadette Soubirous aussah. Aber sogar die kirchlichen Behörden hatten erlaubt, dass sie bei verschiedenen Gelegenheiten fotografiert wurde, und so sehen wir, wie es den Fotografen gelang, als der Ruf

Giorgione
Schlafende Venus, 1508–10
Dresden, Gemäldegalerie Alte Meister, Staatliche Kunstsammlungen

Lorenzo Lotto
Venus und Amor, um 1530
New York, Metropolitan Museum of Art

Carlo Maratta
Heilige Familie, um 1675
Rom, Musei Capitolini
Privatsammlung

Porträt des Goffredo Mameli, undatiert
Mailand, Museo del Risorgimento

ihrer Heiligkeit sich verbreitete, sie immer verführerischer aussehen zu lassen, bis Hollywood sie schließlich in den Fünfzigerjahren mit den Zügen von Jennifer Jones präsentierte – ich erinnere mich noch an den Skandal, der die katholische Welt erschütterte, als sich dieselbe Jennifer Jones mit ihrem Bernadette-Gesicht ein paar Jahre später in *Duell in der Sonne* für heiße Liebesszenen hergab.

Die Hirtenkinder von Fatima waren kein Inbegriff von Anmut und Lieblichkeit, aber Hollywood weiß, ebenfalls in den Fünfzigerjahren, wie es sie ummodeln muss. Und man verfolge nur einmal die Verwandlungen des seligen und später heiligen Domenico Savio, der in den ersten Darstellungen noch als ein zwar ordentlich, aber eher plump gekleideter Junge erschien, die Hosen vom zu vielen Knien ausgebeult, und der nach und nach immer hübscher wurde, bis er in unseren Tagen ein gut aussehender, viriler junger Mann geworden ist, der sogar mit einer anderen, sehr früh verstorbenen jungen Frau gezeigt wird, der seligen und gleichfalls im Ruf der Heiligkeit stehenden Laura Vicuña, als wären sie ein Liebespaar.

Ganz zu schweigen von den Verwandlungen der Jungfrau Maria. Ein altes Standbild der Madonna von Lourdes lässt an die Frauen von Francesco Hayez denken, und manche Statuen der Madonna von Fatima haben noch das Gesicht einer Schönheit aus anderen Zeiten. Aber bedenken wir, wie sich die Jungfrau Maria von Medjugorje heute den Gläubigen präsentiert: viel ähnlicher einer Monica Bellucci als den schmerzensreichen Madonnen von einst.

Eine ganz ähnliche Verwandlung lässt sich bei der heiligen Maria Goretti beobachten, die sich aus einem kitschigen Andachtsbild nach und nach zu einem Ebenbild der zeitgenössischen Schauspielerinnen verwandelt.

Kommen wir nun noch zu einem kuriosen Fall: der Veröffentlichung des dritten Geheimnisses von Fatima.

Wenn man das Dokument von Schwester Lucia über das dritte Geheimnis von Fatima liest, stellt man fest, dass dieser Text, den die gute Schwester nicht 1917 als analphabetisches Hirtenmädchen, sondern

Bernadette Soubirous
1860, Fotografie

Jennifer Jones in *Das Lied von
Bernadette*, 1943, Regie: Henry King

1944 als erwachsene Nonne geschrieben hat, durchsetzt ist mit gut er-
kennbaren Zitaten aus der *Offenbarung* des Johannes. Sie schreibt, sie
habe links oberhalb Unserer Lieben Frau einen Engel gesehen, der ein
Feuerschwert in der linken Hand trug. Das Schwert sprühte Flammen,
die aussahen, als sollten sie die Welt anzünden. Doch sie erloschen, als
sie mit dem Glanz in Berührung kamen, den Unsere Liebe Frau von ihrer rechten Hand ausströmte. Und der Engel, der mit der rechten Hand
auf die Erde zeigte, rief mit lauter Stimme: »Buße, Buße, Buße!« Und da
sahen die Kinder in einem ungeheuren Licht, das Gott war, »etwas, das
aussah wie Personen in einem Spiegel, wenn sie davor vorbeigehen«,
einen in Weiß gekleideten Bischof (»wir hatten das Gefühl, dass es der
Heilige Vater war«), mehrere andere Bischöfe, Priester, Mönche und
Nonnen einen steilen Berg hinaufsteigen, auf dessen Gipfel sich ein
großes Kreuz aus rohen Stämmen befand, das aussah wie aus Kork-
eiche mit Rinde. Bevor er dort ankam, war der Heilige Vater durch

Porträts von Domenico Savio

eine große Stadt gegangen, die halb in Trümmern lag, und zitternd mit wankendem Schritt, von Schmerz und Sorge gedrückt, betete er für die Seelen der Leichen, denen er auf seinem Weg begegnete. Auf dem Gipfel des Berges angelangt, kniete er zu Füßen des großen Kreuzes nieder. Da wurde er von einem Trupp Soldaten getötet, die mit Feuerwaffen und Pfeilen auf ihn schossen, und genauso starben einer nach dem anderen die Bischöfe und die Priester, die Mönche und Nonnen und allerlei weltliche Personen, Männer und Frauen unterschiedlicher Klassen und Stellungen. Unter den beiden Armen des Kreuzes waren zwei Engel, jeder mit einer kristallenen Gießkanne in der Hand, in der sie das Blut der Märtyrer auffingen und mit ihm die Seelen tränkten, die sich Gott näherten.[11]

Lucia sieht also einen Engel mit einem Feuerschwert, der Funken und Flammen sprüht, als wollte er die Welt anzünden. Von feuersprühenden Engeln ist in der *Offenbarung* zum Beispiel in 8,8 die Rede, wo es um den Engel der zweiten Posaune geht. Zwar hat dieser Engel kein

Statue der Jungfrau von Medjugorje

Monica Bellucci bei den Dreharbeiten zum Film *Tränen der Sonne*, 2003, Regie: Antoine Fuqua

Flammenschwert in der Hand, aber wir werden später noch sehen, woher das Schwert in Lucias Vision vielleicht kommt (abgesehen davon, dass die traditionelle Ikonografie reich an Erzengeln mit flammenden Schwertern ist).

Dann sieht Lucia im göttlichen Licht »etwas, das aussieht wie Personen in einem Spiegel«: Hier stammt das Bild nicht aus der *Offenbarung*, sondern aus dem ersten Paulusbrief an die Korinther (wir sehen die himmlischen Dinge jetzt nur *wie in einem Spiegel*, aber später werden wir sie von Angesicht zu Angesicht sehen).

Danach kommt ein weiß gekleideter Bischof, in dem sie den Heiligen Vater zu sehen glaubt. Er ist nur einer, während in der *Offenbarung* weiß gekleidete Diener des Herrn, die zum Martyrium bestimmt sind, mehrmals vorkommen (so in 6,11, in 7,9 und in 7,13) – aber Geduld. Sodann steigen Bischöfe und Priester einen steilen Berg hinauf, und hier sind wir in *Offenbarung* 6,15, wo die Mächtigen der Erde sich in den

Klüften und Felsen der Berge verstecken. Auf dem Weg dorthin geht der Heilige Vater durch eine große Stadt, die »halb in Trümmern« liegt, und begegnet den Seelen der Leichen: Die Stadt samt Leichen wird in *Offenbarung* 11,8 erwähnt, in 11,13 wird sie durch ein Erdbeben zerstört und dann noch einmal als Babylon in 18,19.

Vergleichen wir weiter: Der weiß gekleidete Bischof und viele andere Priester, Ordensleute und Gläubige aller Art werden nun von Soldaten mit Pfeilen und Feuerwaffen getötet, und mag Schwester Lucia hier auch mit den Feuerwaffen etwas Neues hinzugefügt haben, Massaker mit spitzen Waffen werden in *Offenbarung* 9,7 von Heuschrecken, die wie Rosse in Kriegsrüstung aussehen, zum Klang der fünften Posaune verübt. Am Ende der Vision stehen zwei Engel, jeder mit einer kristallenen Gießkanne (portugiesisch *regador*), in der sie das Blut der Märtyrer auffangen, um die Seelen damit zu tränken. Von Engeln, die Blut ausgießen, wimmelt es in der *Offenbarung*, aber in 8,5 ist von einem Räuchergefäß die Rede, in 14,20 fließt das Blut aus einem Bottich, und in 16,3 wird es aus einer Schale gegossen. Warum hier die Gießkanne? Mir kam der Gedanke, dass Fatima nicht weit von jenem Asturien liegt, wo im frühen Mittelalter die prächtigen mozarabischen Miniaturen zur Johannesoffenbarung entstanden, die mehrmals reproduziert worden sind. Auf einigen Bildern der Posaune blasenden Engel kann man die Posaune jedoch für ein Feuerschwert halten, und kombiniert mit den Wasserstrahlen, die darunter zu sehen sind, kann man sie mit einer Gießkanne verwechseln; auf anderen Bildern sind Engel zu sehen, die aus Kelchen unklarer Machart Blut vergießen, ganz so, als würden sie damit die Welt gießen.

Interessant ist, dass der damalige Kardinal Joseph Ratzinger sich in seinem theologischen Kommentar zur Vision der Schwester Lucia zwar absichert und darauf hinweist, dass eine Privatoffenbarung kein Glaubensinhalt und eine Allegorie keine wörtlich zu nehmende Wahrsagung sei, aber ausdrücklich die Parallelen zur *Offenbarung* erwähnt und dazu bemerkt: »Der Schluß des Geheimnisses erinnert an Bilder, die Lucia in frommen Büchern gesehen haben mag und deren Inhalt aus frühen Einsichten des Glaubens geschöpft ist.« In einem Kapitel seines theologischen Kommentars zur *Botschaft von Fatima* mit der bezeichnenden Überschrift »Die anthropologische Struktur der Privatoffenbarungen« präzisiert er:

Die theologische Anthropologie unterscheidet in diesem Zusammenhang drei Arten von Wahrnehmung oder »Schau«: das Schauen mit den Sinnen, also die äußere körperliche Wahrnehmung; das Wahrnehmen von innen her und die geistige Anschauung (*visio sensibilis – imaginativa – intellectualis*). Es ist klar, daß es sich bei den Visionen von Lourdes, Fatima usw. nicht um die gewöhnliche äußere Sinneswahrnehmung handelt: Die Bilder und Gestalten, die gesehen werden, stehen nicht äußerlich im Raum da, wie etwa ein Baum oder ein Haus da sind. Das ist [...] ganz offenkundig, [...] zumal nicht alle Anwesenden die Gesichte sahen, sondern eben nur die »Seher«. Ebenso ist deutlich, daß es sich nicht um bildlose intellektuelle »Schau« handelt, wie sie in den hohen Stufen der Mystik vorliegt. So geht es um die mittlere Kategorie, das innere Wahrnehmen [...] Schauen von innen bedeutet nicht, daß es sich um Fantasie handelt, die nur Ausdruck subjektiver Einbildung wäre. Vielmehr bedeutet es, daß die Seele vom Impuls realer, wenngleich übersinnlicher Wirklichkeit berührt und für das Sehen des Nichtsinnlichen, des nicht den Sinnen Sichtbaren geöffnet wird [...] Vielleicht wird von daher sogar verständlich, warum gerade Kinder bevorzugte Empfänger solcher Erscheinungen sind: Die Seele ist noch weniger verstellt, die innere Wahrnehmungsfähigkeit noch weniger versehrt. [...] Die »innere Schau« ist nicht Fantasie [...] Aber sie bringt auch Einschränkungen mit sich. Schon bei der äußeren Schau ist immer auch der subjektive Faktor beteiligt: Wir sehen nie das reine Objekt, sondern es kommt zu uns durch den Filter unserer Sinne, die einen Übersetzungsvorgang zu leisten haben. Das ist bei der Schau von innen noch deutlicher, vor allem dann, wenn es sich um Wirklichkeiten handelt, die an sich unseren Horizont überschreiten. Das Subjekt, der Schauende, wird noch stärker in Anspruch genommen. Er sieht mit seinen Möglichkeiten, mit den für ihn zugänglichen Weisen des Vorstellens und Erkennens. In der inneren Schau liegt noch weit mehr als in der äußeren ein Übersetzungsvorgang vor, so daß das Subjekt an der Bildwerdung dessen, was sich zeigt, wesentlich mitbeteiligt ist. Das Bild kann nur nach seinen Maßen und seinen Möglichkeiten ankommen. Deswegen sind solche Schauungen nie die reine »Fotografie« des Jenseits, sondern sie tragen auch die Möglichkeiten und Grenzen des wahrnehmenden Subjekts an sich.

Das kann man an allen großen Visionen der Heiligen zeigen; es gilt natürlich auch für die Schauungen der Kinder von Fatima. Die von ihnen aufgezeichneten Bilder sind keineswegs bloß Ausdruck ihrer Fantasie, sondern Frucht einer wirklichen Wahrnehmung von oben und innen her, aber sie sind auch nicht so vorzustellen, daß für einen Augenblick der Schleier vom Jenseits weggerückt würde und der Himmel in seinem reinen An-sich-sein erschiene, wie wir ihn einmal in der endgültigen Vereinigung mit Gott zu sehen hoffen. Die Bilder sind vielmehr sozusagen zusammengesetzt aus dem von oben kommenden Anstoß und aus den dafür vorliegenden Möglichkeiten des wahrnehmenden Subjekts, das heißt der Kinder.[12]

Ein bisschen laienhafter gesprochen heißt das: Jeder Schauende sieht nur das, was ihn seine Kultur zu sehen gelehrt hat. Die Billigung dieser Einsicht durch den regierenden Papst ist, so scheint mir, ein vernünftiges Schlusswort für meine kurzen Anmerkungen zur Ikonografie des Heiligen.

[Verfasst für La Milanesiana 2009]

Anmerkungen

Auf den Schultern von Riesen

1 Mailand 1969, franz. Original »Nains et géants«, in: *Entretiens sur la renaissance du 12e siècle*, Paris 1968, S. 21-38 (A. d. Ü.).

2 *Auf den Schultern von Riesen. Ein Leitfaden durch das Labyrinth der Gelehrsamkeit*, übers. von Reinhard Kaiser, Syndikat, Frankfurt/M. 1980; Nachdruck Suhrkamp, stw 426, Frankfurt/M. 1983 (A. d. Ü.).

3 *Entropie. Ein neues Weltbild*, übers. von Christa Falk und Walter Fliss, Hoffmann und Campe, Hamburg 1982 (A. d. Ü.).

Über Schönheit

1 Frei nach *Des Clemens von Alexandrien ausgewählte Schriften*, Band 4: *Teppiche. Wissenschaftliche Darlegungen entsprechend der wahren Philosophie (Stromateis)*, Buch IV bis VI., übers. von Otto Stählin, Kösel & Pustet, München 1937 (A. d. Ü.).

2 Eugène Sue, *Les mystères de Paris*. Édition établie par Francis Lacassin, Éditions Robert Laffont, Paris 1989, S. 932 f. (A. d. Ü.).

3 Frei nach der Übers. von Maura Böckeler, in: Hildegard von Bingen, *Wisse die Wege*, Otto Müller Verlag, Salzburg 1954, S. 156 (A. d. Ü.).

4 Shaftesbury, *The Moralists. A Philosophical Rhapsody* (1709), Part III, Section II, in: ders., *Characteristics of Men, Manners, Opinions, Times, etc.*, Bd. 2, London 1900, S. 125 (A. d. Ü.).

5 Edmund Burke, *Philosophische Untersuchung über den Ursprung unserer Ideen vom Erhabenen und Schönen*, übers. von Friedrich Bassenge, Felix Meiner Verlag, Hamburg 1989, S. 134 (A. d. Ü.).

Über Hässlichkeit

1   Jamblich, *Pythagoras. Legende, Lehre, Lebensgestaltung*, hg. von Michael von Albrecht u. a., WBG, Darmstadt 2002 (A. d. Ü.).

2   *Summa theologiae*, hg. und übers. von Joseph Bernhart, Kröner, Stuttgart 1985 (A. d. Ü.).

3   Zitiert nach W. Tatarkiewicz, *Geschichte der Ästhetik*, Bd. 2: *Die Ästhetik des Mittelalters*, Schwabe, Basel 1980 (A. d. Ü.).

4   Karl Marx, Friedrich Engels: *Werke*. Berlin 1968, Bd. 40, S. 563 f. (A. d. Ü.).

5   Charles Darwin, *Die Fahrt der Beagle*, übers. von Eike Schönfeld, Mare, Hamburg 2006.

6   Friedrich Schiller, *Sämtliche Werke*, Bd. 5, Hanser, München 1962³, S. 371 f. (A. d. Ü.).

7   Deutsch in: *Byzantinische Geschichtsschreiber*, Bd. 8: *Abenteurer auf dem Kaiserthron*, hg. von Franz Grabler, Graz 1958 (A. d. Ü.).

8   *Menschenjagd in Manhattan*, übers. von Walter Ahlers, Heyne, München 1990 (A. d. Ü.).

9   *Ilias* II, 217-219, übers. von Wolfgang Schadewaldt, Insel, Frankfurt/M. 1992 (A. d. Ü.).

10 Zitiert nach Äsop. *Der frühneugriechische Roman*, hg. und übers. von Hans Eideneier, Reichert, Wiesbaden 2011 (A. d. Ü.).

11 G. W. F. Hegel, *Werke*, Bd. 14: *Vorlesungen über die Ästhetik II*, Suhrkamp, Frankfurt/M. 1970, S. 153 (A. d. Ü.).

12 Friedrich Nietzsche, *Die fröhliche Wissenschaft*, Aphorismus 130 (A. d. Ü.).

13 Paolo Segneri, *Panegirici Sacri*, 1684 (A. d. Ü.).

14 *Der Verbrecher in anthropologischer, ärztlicher und juristischer Beziehung*, bearb. von M. Fraenkel, Hamburg 1887 (A. d. Ü.).

15 *Testamentum Domini*, Apokryphe aus dem 4.-5. Jahrhundert, hg. und übers. von Ignatius Ephraim II. Rahmani, Mainz 1899 (A. d. Ü.).

16 Zitiert in der Übers. von Maura Böckeler, in: Hildegard von Bingen, *Wisse die Wege*, Otto Müller Verlag, Salzburg 1954, S. 334 f. (A. d. Ü.).

17 Übers. von Raimund Wülser, Basel 1926 (A. d. Ü.).

18 Louis-Ferdinand Céline, *Die Judenverschwörung in Frankreich*, übers. von Willi Könitzer und Arthur Pfannstiel, Zwinger-Verlag, Dresden 1938, (A. d. Ü.).

19 Richard Wagner, *Das Judenthum in der Musik*, Leipzig 1869, S. 13 f. (A. d. Ü.).

20 Andreas Gryphius, *Gesamtausgabe der deutschsprachigen Werke*, Bd. I: *Sonette*, hg. von Marian Szyrocki, Tübingen 1963 (A. d. Ü.).

21 Edmond Rostand, *Cyrano de Bergerac*, übers. von Ludwig Fulda, Stuttgart 1898 (A. d. Ü.).

22 Mary Shelley, *Frankenstein*, übers. von Friedrich Polakovics, Hanser, München 1970 (A. d. Ü.).

23 *Œuvres complètes: Cromwell, Hernani*, 1912, Bd. 23 (A. d. Ü.).

24 Victor Hugo, *Der Lachende Mann*, übers. von Georg Büchmann, Berlin 1869 (A. d. Ü.).

25 Übers. von Karl von Haverland, Privatdruck 1909 (A. d. Ü.).

26 Ian Fleming, *007: Dr. No*, übers. von Dieter Heuler, Scherz, Bern u. a. 1992 (A. d. Ü.).

27 Ian Fleming, *007: Leben und sterben lassen*, übers. von Günther Eichel, Scherz, Bern u. a. 1993 (A. d. Ü.).

28 Charles Dickens, *Harte Zeiten*, übers. von Paul Heichen, Insel, Frankfurt/M. 1986 (A. d. Ü.).

29 Deutsch von Friedhelm Kemp, in: *Sämtliche Werke in acht Bänden*, Bd. 3: *Die Blumen des Bösen*, Hanser, München 1975 (A. d. Ü.).

30 Olindo Guerrini, *Postum. Il canto dell'odio e altri versi proibiti*, Rom 1981. Bisher nicht ins Deutsche übertragen (A. d. Ü.).

31 Übers. von Ré Soupault, in: Lautréamont, *Gesamtwerk*, Rothe, Heidelberg 1954 (A. d. Ü.).

32 Filippo Tommaso Marinetti, »Technisches Manifest der futuristischen Literatur«, in: Hansgeorg Schmidt-Bergmann, *Futurismus. Geschichte – Ästhetik – Dokumente*, Rowohlt, Reinbek 1993 (A. d. Ü.).

33 Aldo Palazzeschi, »Der Gegenschmerz«, in: Hansgeorg Schmidt-Bergmann, *Futurismus. Geschichte – Ästhetik – Dokumente*, Rowohlt, Reinbek 1993 (A. d. Ü.).

34 Guido Gozzano, *Le poesie*, hg. von E. Sanguineti, Einaudi, Turin 2016. Bisher nicht ins Deutsche übertragen (A. d. Ü.).

35 Hermann Broch, *Kommentierte Werkausgabe*, Bd. 9/2, hg. von Michael Lützeler, Suhrkamp, Frankfurt/M. 1976, S. 150 (A. d. Ü.).

36 Deutsch von B. A. Egger, in: *Flitterwochen in der Hölle und andere Schauer- und Science-Fiction-Geschichten*, Diogenes, Zürich 1979 (A. d. Ü.).

37 Robert Burton, *Schwermut der Liebe*, übers. von Peter Gan, Manesse, Zürich 1992 (A. d. Ü.).

Absolut und relativ

1　Frei nach der Übers. von Klaus Reichert, in: James Joyce, *Ein Porträt des Künstlers als junger Mann*, Suhrkamp, Frankfurt/M. 1973, S. 242 (A. d. Ü.).

2　Übers. von Christiane Trabant-Rommel und Jürgen Trabant, in: Umberto Eco, *Semiotik und Philosophie der Sprache*, Fink, München 1985, S. 112 (A. d. Ü.).

3　*Paradiso* XXXIII, 82–96, übers. von Hermann Gmelin (Klett, Stuttgart 1949–57), Nachdruck dtv, München 1988 (A. d. Ü.).

4　*Paradiso* XXIV, 61, übers. von Hermann Gmelin (A. d. Ü.).

5　Übers. von Cornelia Capol, in: Johannes vom Kreuz, *Die dunkle Nacht, die Gedichte*, Johannes Verlag Einsiedeln, Freiburg 2003⁵ (A. d. Ü.).

6　*Ohne Wurzeln. Der Relativismus und die europäische Kultur*, Sankt Ulrich Verlag, Augsburg 2005 (A. d. Ü.).

7　*Missa pro eligendo romano pontefice*, Predigt von Kardinal Joseph Ratzinger am 18. April 2005, zitiert, wie schon Voriges, nach der offiziellen Website des Vatikans (A. d. Ü.).

8　Friedrich Nietzsche, *Ueber Wahrheit und Lüge im aussermoralischen Sinne*, in: *Kritische Studienausgabe in 15 Bänden*, hg. von Giorgio Colli und Mazzino Montinari, 1967–70, Neuausgabe dtv, München 1999, Bd. 1, S. 875 ff., hier besonders S. 885 und 887 (A. d. Ü.).

Die Flamme ist schön

1　Gaston Bachelard, *Psychoanalyse des Feuers*, übers. von Simon Werle, Hanser, München 1985, S. 23 f. (A. d. Ü.).

2　Frei nach der Übers. von Josef Stiglmayr, in: *Des heiligen Dionysius Areopagita angebliche Schriften über die beiden Hierarchien* (Bibliothek der Kirchenväter, 1. Reihe, Bd. 2), Kösel, Kempten/München 1911, S. 76 f. (A. d. Ü.).

3　Übers. von Hermann Gmelin, a. a. O. (A. d. Ü.).

4　Iohannes Scotus Eriugena, *Expositiones in hierarchiam coelestem* 1, zitiert nach der ital. Ausgabe Giovanni Scoto Eriugena, *Commento alla Gerarchia celeste*, trad. di Rocco Montano, *L'estetica nel pensiero cristiano*, in: *Grande antologia filosofica*, Bd. 5, Mailand 1954 (A. d. Ü.).

5　Frei nach der Übers. von A. Hülsmann, in: Alfons Maria von Liguori, *Vorbereitung zu einem seligen Tode*, Kösel & F. Pustet, Regensburg 1923² (A. d. Ü.).

6　Kongregation für die Glaubenslehre, *Die Botschaft von Fatima*, 6. Juni 2000 (http://www.vatican.va/roman_curia/congregations/cfaith/documents/rc_con_cfaith_doc_20 000 626_message-fatima_ge.html, aufgerufen am 24.10.18, A. d. Ü.).

7　Zitiert in der Übers. von Rudolf Rufener, in: Platon, *Protagoras*, Artemis & Winkler, München 1960, 1987 u. a. (A. d. Ü.).

8 Zitiert in der Übers. von J. W. v. Goethe, in: *Leben des Benvenuto Cellini, florentinischen Goldschmieds und Bildhauers, von ihm selbst geschrieben*, Insel, Frankfurt/M. 1981, S. 403 ff. (A. d. Ü.).

9 Frei nach der Übers. von Wilhelm Schölermann, in: Walter Pater, *Die Renaissance. Studien in Kunst und Poesie*, Leipzig 1902, Neuausgabe, hg. v. Sven Brömsel u. Viktor Otto, Weidler, Berlin 2008, S. 219 f. (A. d. Ü.).

10 Übers. von Maria Gagliardi und Gianni Selvani, in: Gabriele D'Annunzio, *Das Feuer*, hg. u. eingel. von Vincenzo Orlando, Matthes und Seitz, München 1988 sowie Ullstein, Berlin 1999, S. 119. – Zum Begriff der Epiphanie und zum Einfluss von D'Annunzios *Il fuoco* auf den jungen Joyce vgl. Umberto Eco, *Das offene Kunstwerk*, übers. von Günter Memmert, Suhrkamp, Frankfurt/M. 1973, S. 329 ff., besonders S. 334, Anm. 48 (A. d. Ü.).

11 Zitiert in der Übers. von Klaus Reichert, in: James Joyce, *Stephen der Held*, Suhrkamp, Frankfurt/M. 1972, S. 233 (A. d. Ü.).

12 *Das Feuer*, op. cit., S. 213 (A. d. Ü.).

13 James Joyce, *Ein Porträt des Künstlers als junger Mann*, übers. von Klaus Reichert, Suhrkamp, Frankfurt/M. 1972, S. 201 (A. d. Ü.).

14 Friedrich Hölderlin, *Der Tod des Empedokles*, Zweiter Akt, Dritter Auftritt, in: *Sämtliche Werke und Briefe*, Bd. 1, hg. von Michael Knaupp, München 1992, S. 811 (A. d. R.).

15 *Storia universale della distruzione dei libri*, Viella, Rom 2007, S. 12 (A. d. Ü.).

Das Unsichtbare

1 Erster Teil, Kap. XVIII, XXII und XXIII, zitiert in der Übers. von Rosemarie Tietze, München, Hanser 2009 (A. d. Ü.).

2 »Gegenermittlung über den Tod der Emma Bovary«, Actes Sud, Arles/Paris, deutsch bisher nicht erschienen (A. d. Ü.).

3 »Das Zwischenspiel mit Kugelmaß«, in: Woody Allen, *Nebenwirkungen*, übers. von Benjamin Schwarz, Rowohlt, Reinbek 1983.

Paradoxe und Aphorismen

1 Salvatore Battaglia, *Grande dizionario della lingua italiana*, Turin, UTET, 1984, Bd. 12, s. v. »Paradosso« (A. d. Ü.).

2 »Pitigrilli: l'uomo che fece arrossire la mamma«, in: *Il superuomo di massa*, Bompiani, Mailand 1978².

3 Eco zitiert aus der Buchfassung von 1891, die sechs Kapitel mehr als die 1890 veröffentlichte Fassung in *Lippincott's Monthly Magazine* enthält. In deutschen Übersetzungen, die dem Erstdruck folgen, wie der von Christine Koschel und Inge v. Weidenbaum in der Werkausgabe von Rainer Gruenter, Hanser, München 1970, oder der von Jörg W. Rademacher, Eichborn, Frankfurt/M. 2000, sind dieses und die folgenden Zitate daher nicht zu finden (A. d. Ü.).

4 »Entschuldigen Sie die Verfrühung, aber alle [Ampeln] waren grün«, hrsg. v. AlFb (Alfredo Bucciante), Einaudi, Turin 2010 (A. d. Ü.).

5 Übers. von Karl Dedecius, Hanser, München 1982 (A. d. Ü.).

Falsches sagen, lügen, fälschen

1 Maria Bettetini, *Eine kurze Geschichte der Lüge: von Odysseus bis Pinocchio*, übers. von Klaus Ruch, Wagenbach, Berlin 2003 (A. d. Ü.).

2 Frei nach der Übers. von Rudolf Zorn in Niccolò Machiavelli, *Der Fürst*, Kröner, Stuttgart 1978⁶, S. 71 ff. (A. d. Ü.).

3 Francis Bacon, *Essays*, übers. von Elisabeth Schücking, Dieterisch'sche Verlagsbuchhandlung, Leipzig 1979⁴, S. 21 (A. d. Ü.).

4 Immanuel Kant, *Über ein vermeintes Recht aus Menschenliebe zu lügen*, in: *Werke in zwölf Bänden*, hg. von W. Weischedel, Bd. VIII, Suhrkamp, Frankfurt/M. 1979, S. 638 (A. d. Ü.).

5 Zitiert nach *Die katholische Wahrheit oder die theologische Summa des Thomas von Aquin*, übers. von Ceslaus Maria Schneider, Regensburg 1886–1892, 12 Bde., online verfügbar unter http://www.unifr.ch/bkv/summa/buch1.htm (aufgerufen am 26.10.18, A. d. Ü.).

6 Hier und im Folgenden zitiert nach der Übers. von Marianne Schneider, in: Torquato Accetto, *Von der ehrenwerten Verhehlung*, Wagenbach, Berlin 1995, S. 23, 25, 29 und 18 (A. d. Ü.).

7 Zitat aus Ovids *Tristien* 3, 4, 25, und Lebensmotto Descartes', zu Deutsch: Gut hat der sein Leben geführt, der sich gut verborgen hat (A. d. Ü.).

8 Baltasar Gracián, *Das Kritikon*, übers. von Hartmut Köhler, Amman, Zürich 2001², S. 130 (A. d. Ü.).

9 Baltasar Graciáns *Hand-Orakel und Kunst der Weltklugheit*, übers. von Arthur Schopenhauer, Dieterich'sche Verlagsbuchhandlung, Leipzig 1982, Abschnitt 181,

S. 116 f. Für die nachfolgend zitierten Stellen vgl. die Abschnitte 220, 99, 3, 12, 152, 267 und 13 (A. d. Ü.).

10 Frei nach der Übers. von Franz Kottenkamp in Jonathan Swift, *Reisen in verschiedene ferngelegene Länder der Erde von Lemuel Gulliver, erst Wundarzt, später Kapitän mehrerer Schiffe*, Aufbau Taschenbuch Verlag, Berlin 1992, S. 5 (A. d. Ü.).

11 Jean-Paul Sartre, *Das Sein und das Nichts. Versuch einer phänomenologischen Ontologie*, übers. von Hans Schöneberg und Traugott König, Rowohlt, Reinbek bei Hamburg 1991, S. 133 f. (A. d. Ü.).

12 Vgl. Harald Weinrich, *Linguistik der Lüge*, C. H. Beck, München 2016[8], S. 62 ff. (A. d. Ü.).

13 Vgl. Roberto De Feo, *La visione di Ezechiele. Un'indagine su Raffaello*, Marcianum Press, Venedig 2012 (A. d. R.).

14 Nesta Webster, *Secret Societies and Subversive Movements*, Boswell Printing & Publishing Co., London 1924, S. 408 f. (A. d. Ü.).

15 Hannah Arendt, *Wahrheit und Lüge in der Politik. Zwei Essays*, Piper, München 1972, S. 8 (A. d. Ü.).

16 Jonathan Swift, *Satiren und Streitschriften*, ausgewählt und übers. von Robert Schneebeli, Manesse, Zürich 1993, S. 157 f. (A. d. Ü.).

Über einige Formen
der Unvollkommenheit in der Kunst

1 Giacomo Leopardi, *Das Gedankenbuch. Aufzeichnungen eines Skeptikers*, übers. von Hanno Helbling, Winkler, München 1985, S. 128 (A. d. Ü.).

2 Michel de Montaigne, *Essais*, übers. von Hans Stilett, Die andere Bibliothek, Berlin 2016[9], S. 520 f. (A. d. Ü.).

3 Junichiro Tanizaki, *Der Schlüssel*, übers. von Sachiko Yatsushiro und Gerhard Knauss, Kein & Aber, Zürich/Berlin 2016, S. 30 (A. d. Ü.).

4 Chateaubriand, *Oeuvres complètes*, Bd. XIII, IX, X, Honoré Champion Éditeur, Paris 2011, S. 622 (A. d. Ü.).

5 Denis Diderot, *Salons*, Bd. 2, J. L. J. Brière Libraire, Paris 1821, S. 367 f. und 371 (A. d. Ü.).

6 Ebd., S. 398 (A. d. Ü.).

7 Benedetto Croce, *Die Dichtung. Einführung in die Kritik und Geschichte der Dichtung und der Literatur*, übers. von Wolfgang Eitel, Max Niemeyer Verlag, Tübingen 1970, S. 71 ff. (A. d. Ü.).

8 Ebd., S. 77 (A. d. Ü.).

9 Alberto Moravia, *Die Gleichgültigen*, übers. von Tobias Eisermann, Zeitverlag, Hamburg 2015, S. 183 (A. d. Ü.).

10 T. S. Eliot, *Hamlet and His Problems* (1919), in: Ders., *The Sacred Wood and Major Early Essays*, Dover Publications, Mineola (N. Y.), S. 57 (A. d. Ü.).

11 Marcel Proust, *Freuden und Tage und andere Erzählungen und Skizzen aus den Jahren 1892–1896*, übers. von Luzius Keller, Suhrkamp, Frankfurt a. M. 1988, S. 166 ff. (A. d. Ü.).

12 Marcel Proust, *Tage des Lesens. Drei Essays*, übers. von Helmut Scheffel, Insel, Frankfurt/M. 2001, S. 22 (A. d. Ü.).

Einige Enthüllungen
über das Geheimnis

1 Jules Mazarin, *Breviarium Politicorum Secundum Rubricas Mazarinicas*, Coloniae Agrippinae 1684, S. 35 f. (A. d. Ü.).

2 Joh. Valentin Andreae, *Fama Fraternitatis* (1614), *Confessio Fraternitatis* (1615), *Chymische Hochzeit* (1616), hrsg. v. Richard van Dülmen, Calwer Verlag, Stuttgart 1981³, S. 30, 29 (A. d. Ü.).

3 Frances A. Yates, *Aufklärung im Zeichen des Rosenkreuzes*, übers. von Eva Zahn, Klett-Cotta, Stuttgart 1997², S. 110 (A. d. Ü.).

4 René Guénon, *Aperçus sur l'initiation*, Editions traditionnelles, Paris 1986, S. 241 (A. d. Ü.).

5 Heinrich Neuhaus, *Advertissement pieux et très utile des Frères de la Rosée Croix à scavoir s'il y en a? Quels ils sont? D'où ils ont pris ce nom et à quelle fin ils ont espandu leur renommée escrit et mis en lumière pour le bien public*, Paris 1623, S. 5 (A. d. Ü.).

6 Giacomo Casanova, *Geschichte meines Lebens*, übers. von Heinrich Conrad (1907–1909), Gustav Kiepenheuer Verlag, Leipzig/Weimar 1984, Bd. 3, S. 128 (A. d. Ü.).

7 Giuliano Di Bernardo, *Die Freimaurer und ihr Menschenbild. Über die Philosophie der Freimaurer*, übers. von Walter Hess, Passagen-Verlag, Wien 1996, S. 57 ff. (A. d. Ü.).

8 Joseph Kardinal Ratzinger, *Kommentar zum Geheimnis von Fatima*, Mai 2000, online unter http://www.vatican.va/roman_curia/congregations/cfaith/documents/rc_con_cfaith_doc_20 000 626_message-fatima_ge.html, aufgerufen am 30.10.18 (A. d. Ü.).

9 Georg Simmel, *Das Geheimnis und die geheime Gesellschaft*, in: ders., *Gesamtausgabe*, Bd. 11: *Soziologie. Untersuchungen über die Formen der Vergesellschaftung*, Suhrkamp, Frankfurt/M. 1992, S. 408 (A. d. Ü.).

10 *Das Foucaultsche Pendel*, übers. von Burkhart Kroeber, Hanser, München 1989, S. 622. (A. d. Ü.).

11 Ebd., S. 727 ff. (A. d. Ü.).

Komplotte, Verschwörungen, Konspirationen

1 Nicht ins Deutsche übersetzt, vgl. aber den sehr detailreichen und ausführlichen Wikipedia-Artikel »Verschwörungstheorien zum 11. September 2001«, der auch zahlreiche Literaturangaben enthält (A. d. Ü.).

2 Karl R. Popper, *Die offene Gesellschaft und ihre Feinde*, Bd. II: *Falsche Propheten: Hegel, Marx und die Folgen*, übers. von Paul K. Feyerabend, verbessert u. ergänzt durch Karl R. Popper u. a., Mohr Siebeck, Tübingen 2003[8], S. 112 (A. d. Ü.).

3 Ders., *Vermutungen und Widerlegungen. Das Wachstum der wissenschaftlichen Erkenntnis*, hg. von Herbert Keuth, übers. von Gretl Albert, Melitta Mew, Karl R. Popper u. a., Mohr Siebeck, Tübingen 2009[2], S. 190 (A. d. Ü.).

4 *Verschwörung. Faszination und Macht des Geheimen*, übers. von Gerhard Beckmann, Gerling Akademie Verlag, München 1998 (A. d. Ü.).

5 D. Jolley und Karen M. Douglas, »The social consequences of conspiracism: exposure to conspiracy theories decreases intentions to engage in politics and to reduce one's carbon footprint«, in: *British Journal of Psychology*, 105/1 (2014), S. 35–56.

Darstellungen des Heiligen

1 Die Übersetzung folgt der von Peter Kunze in: Wilhelm von Ockham, *Summe der Logik. Aus Teil I: Über die Termini*. Lateinisch-deutsch, Felix Meiner Verlag, Hamburg 1984, S. 5 (A. d. Ü.).

2 Pseudo-Dionysius Aeropagita, *Über die Mystische Theologie und Briefe*, übers. von Adolf Martin Ritter u. Anton Hiersemann, Stuttgart 1994, S. 79 f. (A. d. Ü.).

3 Ebd., S. 74.

4 Pseudo-Dionysius Areopagita, *Über die himmlische Hierarchie / Über die kirchliche Hierarchie*, übers. von Günter Heil u. Anton Hiersemann, Stuttgart 1986, S. 33 u. 35 (A. d. Ü.).

5 Vgl. Johannes Tauler, *Predigten*, hg. von G. Hofmann, Herder, Freiburg 1961, S. 197 (A. d. Ü.).

6 Johannes vom Kreuz, *Aufstieg auf den Berg Karmel*, übers. von Ulrich Dobhan, Elisabeth Hense und Elisabeth Peeters, Herder, Freiburg/Basel/Wien 1999, S. 132 f., 171 ff., 254 (A. d. Ü.).

7 Jakob Böhme, *Von der Menschwerdung Jesu Christi*, hg. von Gerhard Wehr, Insel, Frankfurt/M. 1995, S. 175 (A. d. Ü.).

8 Teresa von Ávila, *Das Buch meines Lebens*, in: *Werke und Briefe*, Gesamtausgabe, Bd. 1, übers. von Ulrich Dobhan und Elisabeth Peeters, Herder, Freiburg/Basel/Wien 2015, S. 238 und 367 f. (A. d. Ü.).

9 Dies., *Gedichte*, in: ebd., S. 1496 (P 2), 1506 und 1508 (P 10) (A. d. Ü.).

10 Marguerite Maria Alacoque, *Leben und Offenbarungen*, 2. Auflage, Paulusverlag, Freiburg/Schweiz 1974, S. 63, 75 ff., 79 und 128 ff., übers. von der Redaktion des Sendboten des göttlichen Herzens, im letzten Absatz leicht modifiziert und ergänzt nach der frz. Originalausgabe *Vie et Œuvres de sainte Marguerite-Marie Alacoque*, Tome 1, Éditions Saint-Paul, Paris/Fribourg 1990, S. 99 (A. d. Ü.).

11 Vgl. den dritten Teil des Geheimnisses von Fatima unter www.vatican.va/ roman_curia/congregations/cfaith/documents/rc_con_cfaith_doc_20 000 626_ message-fatima_ge.html, aufgerufen am 30.10.18 (A. d. Ü.).

12 Joseph Kardinal Ratzinger, *Kommentar zum Geheimnis von Fatima*, Mai 2000, unter www.vatican.va/roman_curia/congregations/cfaith/documents/rc_ con_cfaith_doc_20 000 626_message-fatima_ge.html, aufgerufen am 30.10.18 (A. d. Ü.).

Abbildungsnachweis

ADAGP, Paris / Scala, Firenze: S. 90, 98, 195, 202, 225; Archives Charmet / Bridgeman Images: S. 336; Archivi Alinari, Firenze: S. 209; Authenticated News / Getty Images: S. 251; Beaux-Arts de Paris / RMN-Réunion des Musées Nationaux / distr. Alinari: S. 200; Bridgeman Images: S. 183 (links), 242, 269, 300, 329; Cameraphoto / Scala, Firenze: S. 362; Christie's Images / Bridgeman Images: S. 172; Christie's Images, London / Foto Scala, Firenze: S. 35 (2 x), 268; Collection Christophel / Mondadori Portfolio: S. 181, 183 (2 x); De Agostini Picture Library, concesso in licenza ad Alinari: S. 132; De Agostini Picture Library / Bridgeman Images: S. 87; De Agostini Picture Library / Scala, Firenze: S. 72, 160, 208, 232, 271, 307 (2 x); Erich Lessing / Contrasto, Milano: S. 47, 341; Fine Art Images / Archivi Alinari, Firenze: S. 332; Foto Ann Ronan / Heritage Images / Scala, Firenze: S. 112; Foto Art Media / Heritage Images / Scala, Firenze: S. 252; Foto Austrian Archives / Scala, Firenze: S. 386 (links); Foto Fine Art Images / Heritage Images / Scala, Firenze: S. 136; Foto Scala Firenze – su concessione dei Musei Civici Fiorentini: S. 68; Foto Scala, Firenze – su concessione dell'Opera del Duomo di Orvieto: S. 263; Foto Scala, Firenze – su concessione Ministero Beni e Attività Culturali e del Turismo: S. 39, 42, 69, 70, 128, 247 (links), 249 (links), 348, 354; Foto Scala, Firenze: S. 50, 164, 317, 349, 355, 366, 383-384; Foto Scala, Firenze / Bildagentur für Kunst, Kultur und Geschichte, Berlin: S. 106, 381; Foto Scala, Firenze / Fondo Edifici di Culto – Ministero dell'Interno: S. 363; Fototeca Gilardi, Milano: S. 77, 78 (links); Getty Images / Fred W. McDarrah: S. 57; Getty Images / Hulton Archive: S. 84; Godong / UIG / Bridgeman Images: S. 319; Granger / Bridgeman Images: S. 307 (links); Guido Cozzi / Sime: S. 290; Iberfoto / Archivi Alinari: S. 153; Leemage / Corbis / Getty Images: S. 306; Mary Evans Picture Library, London / Scala, Firenze: S. 241, 387 (links); Mary Evans / Scala, Firenze: S. 171, 314; Michèle Bellot / RMN-Réunion des Musées Nationaux / distr. Alinari: S. 324; Mondadori Portfolio: S. 168; Mondadori Portfolio / Akg Images: S. 35 (links), 56, 66, 78 (2 x), 180; Mondadori Portfolio / Electa / Sergio Anelli: S. 258; Mondadori Portfolio / Leemage: S. 176; Mondadori Portfolio / Rue Des Archives / Pvde: S. 39; Mondadori Portfolio / Rue Des Archives / Rda: S. 288; Mondadori Portfolio / Rue Des Archives / Tallandier: S. 81; Photo by Luc Roux / Sygma via Getty Images: S. 388 (2 x); Photo by Silver Screen Collection / Getty Images: S. 386 (2 x); Photo by Studio Paolo Vandrasch, Milano: S. 293; Photo Josse / Scala, Firenze: S. 140, 312, 333, 369; Prismatic Pictures / Bridgeman Images: S. 233; RMN-Grand Palais (musée de Cluny – musée

Personenregister

(einschließlich der fiktiven Personen)

411

Umberto Ecos
Weltbestseller wird 40

Ecos legendärer Roman in einer Prachtausgabe mit Zeichnungen des Autors: Italien, 1327. In einem Benediktinerkloster kommt es zu unheimlichen Todesfällen. Ein Mönch ertrinkt im Schweineblutbottich, ein anderer springt aus dem Fenster, ein dritter liegt tot im Badehaus. Der Abt bittet den für seinen Scharfsinn weithin bekannten Franziskaner William von Baskerville um Hilfe. Mit *Der Name der Rose* – über 50 Millionen Mal verkauft, mehrfach verfilmt und inszeniert – hat der große Kenner des Mittelalters das Genre des historischen Romans neu erfunden. Die unterschiedlichen Lesarten, vom wissenschaftlichen Diskurs bis hin zum Thriller, verblüffen und begeistern bis heute.

Erscheint am 14. Februar 2022
Ü.: Burkhart Kroeber. Ca. 816 Seiten
Gebunden. Lesebändchen. Kopffarbschnitt

HANSER
hanser-literaturverlage.de